奇蹟課程釋義

教師指南 行旅

Journey through the Manual of A Course in Miracles

第二冊（18～29篇）

肯尼斯·霍布尼克博士（Kenneth Wapnick, Ph.D.）◎著

若　水◎譯

奇蹟課程基金會授權出版

目　次

詞彙解析行旅

拾捌. 如何修正錯誤？

　　前面幾篇討論了世界虛幻不實的本質，以及我們與上主之間的病態關係，本篇則將我們從形上峰頂帶回人間，直搗《奇蹟課程》的核心——人間所有的關係。接下來的三篇，將更具體切入判斷與憤怒的主題，它們可說是小我鞏固一己利益並抵制共同福祉的殺手鐧。

　　延續前一篇「上主之師該怎樣面對怪力亂神之念？」的理路往下鋪陳，本篇的要旨與〈正文〉第九章第三節「修正錯誤」正好緊密呼應：我們對犯錯者的反應心態才是問題的關鍵。比如，你是一位數學老師，看到學生寫 $3+4=9$，你當然得糾正，但重點不在形式層次的修正，而是內涵層次。你要修正的是「認定彼此是兩個不同生命體」這個根本的錯誤，修正之道則是一再親身示範我們**並非**兩個不同生命體。只要把握住聖靈的內涵，起心動念都出於正念，不論你以何種形式修正弟兄的錯誤，你的言行舉止必然散發出慈悲與愛，絕不可能做出任何羞辱或令人難堪的攻擊手法。

(1:1) 只有等到上主之師不再把詮釋與事實，或把幻相與真相混為一談時，才可能作出持久性的修正，而也唯有這種修正才是真實的。

耶穌所談的修正，當然不是數學課的加減計算或解題，而是一勞永逸的修正。說到究竟，修正之道，仍在於親自領受救贖，向人示範自己的福祉與他人的福祉是同一回事。耶穌在上一篇已經明白說了，所有的憤怒都是建立在自己的詮釋上，而絕非客觀的知見。換言之，即使我看到你的行為傷了人，但我未必要將你的行為詮釋為攻擊；我不是刻意漠視眼之所見，而是盡量「不認同」小我對此事的詮釋。為此之故，我必須隨時警覺自己經常把詮釋與事實，幻相與真相混為一談的一貫傾向。所謂的幻相，即是指我認為你對**我**的所作所為證明你是邪惡之輩，你理當為此付出代價。真相則是：不論你做了什麼，都是對你自己做的，如果我覺得自己被你的作為「打到」了，原因只有一個，就是我「自願被你打到」。這個真相的基石仍是：我們是同一個生命，沒有任何事物能分化我們的一體性。

(1:2) 他若與學生為了一個怪力亂神的說法而起爭執，且大肆抨擊，總想找出它的毛病，證明它的謬誤，這反而加重了那種說法的真實性。

難以苟同他人的政治立場或宗教信仰，是一回事，暗中想證明別人錯了而與他爭執，則又是另一回事。在表相層面，人們對許多事物抱持不同的看法，原本即是常態之事；然而，如

果你老是想證明自己對而別人是錯的，就要知道小我已經當家作主了。請記得，《奇蹟課程》從不著眼於形式，只重視心靈的內涵層次。世上本來就找不到想法完全一致的兩個人，但他們仍可在內涵層次彼此和合；因為在這一層次，雙方真的毫無不同，除非他們存心把表相的分歧差異拉到內涵的層次來。

　　總之，我若看到彼此的差異，只因我存心著眼於差異。**這**才是問題之所在。因此，如果我對你的怪力亂神之念（你說的笨話或幹的傻事）心生反感，真正有病的其實是**我**。我竟然容許你攪擾了我的平安與內心本有的愛，是我出了問題，和你有沒有問題毫無關係。只要我心裡暗藏一絲想證明別人錯了的念頭，真正犯錯的便是**我**。這又牽扯到我們在無始之始，企圖證明上主錯了、自己才是對的那一檔子事。上主好似向我們說，我們的自性是祂生命的一部分，不可能活成一個個體生命的。我們卻反唇相譏：「祢錯了！我要活出個體生命給祢看。現在能跟祢對話，不正是最好的證明？」就在我們企圖證明上主錯了而為自己打造出個體身分之際，小我誕生了。這一企圖成了肉體生命的存在原型。難怪，非要證明自己是對的不可，對我們是如此攸關重大！

　　即使我們的外在表現看起來是對的，但只要我們一旦把心力投注在外在表相，我們在內涵層次就一定錯了。這類的投注必然只是在為個別利益撐腰，因為若要證明我是對的，就必須證明你錯才行。這種心態，不過影射出我們內心極度渴望對上

主反唇相譏。不幸的是，我們每天都在不斷重複這一悲劇。

(1:3) 這麼一來，他不會不感到沮喪的，因他不只向學生同時也向自己「證明」了，他們又多了一份擺脫某個「真實之物」的負擔。

　　「證明」一詞加上引號，讓我們明白那並非道地的證明。試想，有誰能夠證明幻相是真的？這類企圖只會讓我們更加挫折沮喪而已，它源自於人心的分裂信念，和你我之間發生的事件毫無關係，而純粹是因為我的小我想要證明自己是對的。這就是為什麼耶穌一再告訴我們，他的《課程》單純無比，因為所有事件都可歸結到同一起因。為此之故，我若真心拜他為師，不論外在發生什麼事，我仍能活得平安幸福，因為我知道自己不過是想錯了而已。反之，如果我選擇了小我，不論發生了什麼事或我如何欺瞞自己，都不可能活得心安理得的。也許我跟自己說：「我好幸福啊，因為我終於證明自己是對的，也總算心想事成了。」但終究說來，這類的自我催眠一點也不管用，因為小我必會警告我，對方遲早會以其人之道還治其人，從我手中奪回一切的。別忘了，小我思維永遠脫離不了「非此即彼，非你即我」的原則──我若活得稱心，你就不能過得如意，因為我若要活得幸福，你必須付出代價，你不可能跟我一樣的平安幸福。你既然是我按照自己的形象（盜賊、騙子、兇手）打造出來的，你跟我必然是一丘之貉，只不過我常常忘了這個事實而已。我不想去看自己對自己的譴責，只好把你當成

盜賊，指責你只顧一己私利而不惜犧牲我。

也因此，為了保護自己的權益，我不得不枕戈待旦，隨時戰戰兢兢。這種生活怎可能不令人緊張焦慮？小我那種「攻擊—防衛」的惡性循環，保證人人活得草木皆兵。這個沒有出路的絕境，又怎能不令人沮喪？只要我攻擊你的怪力亂神之念，企圖證明你的錯，我便已掉入這一惡性循環了。難怪耶穌在〈正文〉說，如果弟兄提出蠻橫無理的要求時，就去做吧！（T-12.III.4）你若當下心生反感，不願去做那不可理喻的怪力亂神之事，你便陷入和他一樣的錯誤。對方認定你必須去做某件事他才有救，而你卻認定不做那件事你才有救，表示你和他其實半斤八兩，因為救恩與那件事根本無關，純粹只看你接受救贖與否。無論如何，這並非要你老是去附和別人蠻橫無理的要求，耶穌在〈正文〉明白地澄清了：「但請留意，我不是要你去做傷害他或你自己的事；凡是對一方有害的，必會殃及另一方。」（T-16.I.6:5）耶穌先前的說法只不過在提醒你，如果當下心生反感，表示你已經被小我打敗了，你變得跟你所控訴的對象一樣神智不清了。

(1:4) 這絕非事實。

換句話說，我們是不可能擺脫「真實之物」的。想一想，一旦把罪咎弄假成真，還擺脫得了它嗎？即使在小我體系內，我們也脫不了身，因為我們相信上主終有一天會用死亡來報復我們的罪。小我編寫人生劇本時，故意把身體打造成會死

的可朽之物，因為唯有死亡才能證明我們罪有應得。話說回來，縱然我們逃離不了身體的死亡命運，但我們仍能重施怪力亂神之技，妄想把罪咎投射到別人身上之後，自己便有跨入天堂大門的希望。然而，我們的下場已成定局，只因**觀念離不開它的源頭**，不論如何投射，罪和咎依舊會在我們心中不斷作祟，因為我們相信自己投射之物遲早會潛回我們的心中（T-7.VIII.3:11）。也就是說，我們暗自相信別人必會反身回擊我們，而這正是人生夢境的寫照。在小我思想體系之下，罪與咎操控大局，恐懼便也勢所不免。除非我們決心撤換老師，否則，我們是不可能徹底扭轉自己的人間經歷的。

(1:5~6) 實相永遠不會改變。怪力亂神之念純屬幻相。

　　〈正文〉有兩節生動的描述，與這一真理相互呼應，「千古不易的安居之所」（T-29.V），以及「永恆不易的真相」（T-30.VIII）。反之，小我的天堂卻是由「改變」起家的：聖子不喜歡上主的天國，決定要大大改變現狀，建立自己的王國，同時也自立為王。縱然如此，救贖原則始終未變——只因真相是不可能改變的，「連天堂之歌的一個音符都不曾錯過」（T-26.V.5:4）。上主始終是上主，祂的一體生命始終是一體之愛，即使怪力亂神打造出來的幻相拼命提出反證，我們依舊是上主的唯一聖子，完美聖愛中最完美的一部分。

(1:6~7) 怪力亂神之念純屬幻相。否則，救恩也會淪為跟它們一樣古老也同樣不可能實現的夢了，只是形式有所不同而已。

　　這段話好似賞了傳統宗教一記耳光，基督信仰尤其首當其衝。基督教的救恩與小我的救恩計畫可說是換湯不換藥，都是先把罪惡當真，繼而設法用受苦來贖罪，試圖擺脫天譴。《聖經》裡的耶穌為世人犧牲，即是最典型的例子。問題是，罪一旦被弄假成真，我們便天網恢恢、厄運難逃了。除了撤換老師以外，其他任何「得救」的方式，《課程》一概視為怪力亂神，也就是前文所說的「**對不存在的問題最糟的解決方案**」。耶穌被釘死在十字架上，以代罪羔羊的身分為世人完成救恩，這正是聖經版成為「最糟的解決方案」之例證。不惜把上主扭曲成精神失常的罪魁禍首，竟以謀殺、犧牲等等手段來掙得所謂的救恩，而它所要解決的「罪」，根本就是個「不存在的問題」。為此，我們必須特別當心，因為這類「為達目的不擇手段」的手法，必然後患無窮。

　　如上所述，《聖經》的救贖計畫與人間的小我計畫如出一轍。唯有正視錯誤，同時領悟一切不曾發生過，才稱得上是道地的救恩。但小我總是堅持罪真的存在，然後絞盡腦汁想出一套應戰策略，只因它心中認定那一切真的發生了，必須除此心頭大患才行。其實，唯一有待化解的，只有我們的錯誤選擇而已。換句話說，我們只需正視幻相，而且確信根本沒有這回事，它就消失了。如同「這世界會如何結束？」（M-14）那一篇所說的，我們只需正視幻相背後的妄念，對自己說一句：「這毫不真實，絲毫左右不了真相。」那麼，由幻覺中誕生的

世界，也會在幻覺中結束。

(1:8~9) 然而，救恩之夢有它獨到的新內涵。它們不同之處絕不限於外在形式而已。

根據《奇蹟課程》，救恩與寬恕都是夢境的一部分，但它們屬於正念之夢，具有化解小我噩夢的功效。寬恕之夢之所以異於小我之夢，不僅在形式層次，也包含了內涵層次。簡言之，小我救恩計畫的內涵是「罪不僅是真的，還需要為此贖罪」，聖靈計畫的內涵則是「根本**沒有**罪這一回事，所以什麼也不需要做」。這同時也是〈正文〉第十八章「我什麼都不需要做」那一節的宗旨所在。我無需做什麼，因為我們在此沒有必須解決的問題。耶穌指的當然不是行為層次，只因人間永遠有解決不完的問題；而在心靈層次，唯一有待解決的，只有那根本不存在的分裂信念。

要知道，**只要不含攻擊之意**，修正別人的錯誤，可以成為很美的表達關愛的方式。這正是耶穌和《課程》為我們修正錯誤時的基本心態。我們很清楚，耶穌會毫無保留地指出我們錯誤的心念，卻不帶一絲攻擊或懲罰之意。他甚至不要求我們做什麼，而只是說：「你作了錯誤的選擇，正在自食惡果。如果你願意用我『不判斷的眼光』重新正視這個錯誤，那麼，它會連同所有後遺症一併化解的。此後，你就會活得無比快樂了。」僅此而已。耶穌既不會代替我們作選擇，更不會要求我們作出不同的選擇。他所做的，僅僅是揭發小我企圖隱藏的陰

謀，讓我們看清兩種選擇的內涵有如天壤之別，只因我們對小我所進行的計畫往往渾然不覺。為此，唯有當我們開啟自己的眼睛，心甘情願地允許自己選擇愛來取代小我的恨，這時，才算是真正接受修正了。

(2:1) 上主之師的主要課程就是學習如何不慍不怒地去應付那些怪力亂神的看法。

　　這兒說的「不慍不怒」，是指**全然地**不慍不怒，而非**少一點**慍怒而已。這成了資深上主之師的必要條件。切莫忘了，和《奇蹟課程》中所有的觀念一樣，憤怒指的是心靈內涵的層次，與行為表現無關。因此，某人在某種場合下**呈現**憤怒的表相，有時可能是必要的，只要不失去自己內在的平安，也無意抓著他人的錯誤不放即可。

(2:2) 他們必須透過這一形式才能向世人宣告自己的真相。

　　生命的真相即是「我們全是上主純潔無罪的聖子，與造物主一體不分，也與聖子奧體一體不分」。每當我憤怒時，無異於為分裂之境撐腰：「你攻擊我，害我不得安寧，這個『我』理所當然可以攻擊我身外的那個『你』。」這不啻在為小我的分裂「現實」背書，徹底違背了「我是上主一體不分的聖子」這個真實身分。

(2:3) 而聖靈也唯有透過他們才能道出上主之子的實相。

　　請注意，能夠「道出上主之子的實相」的，是聖靈而不是我們。唯當我們甘願放下自己阻擋聖愛來臨的障礙，不再著眼於特殊性與個別利益，也不再為**非此即彼**原則撐腰，這時，代表上主聖愛記憶的聖靈（也就是活在我們心中的聖念），自然會透過我們的臨在而直接「道出」生命的實相。問題是，我們始終相信自己是一具身體，身邊每個人也如此相信，上主的愛才需要透過外在的言語行為而傳遞出來。然而，重點永遠只在內涵的層次，如同耶穌所描述的奇蹟：

> 奇蹟本身無足輕重。重要的是它的終極源頭，它的價值超乎人間的評估。
>
> 奇蹟是愛的自然流露。真正的奇蹟在於那能激發奇蹟的愛。（T-1.I.2:1~3:2）

(2:4) 如今，祂終於能夠重申世界的清白無罪了，那是一個不曾改變、也永不改變之境，猶如上主的其他造化。

　　清白無罪一詞，在《奇蹟課程》裡多次出現，它完全是指我們在分裂之前的存在狀態。未分裂之前，你我都是一體不分的聖子奧體，因此才說，身為上主之師，我們向人示範的是自己真的相信共同福祉而非個別利益。一般說來，人們不太會對個性與自己相近的人發牢騷；但只要我們誤信了小我的說詞，判定別人跟自己並非同類，發火生氣便是遲早的事。因為事實擺在眼前，在形體、國籍、信仰，乃至於想法上，我們如此不

同。然而，在上主聖子的層次，我們卻毫無差別。唯有試著活出這一慧見，我們才可能真正學會這一慧見。

(2:5~7) 如今，祂能夠向開啟的耳朵宣講上主的聖言，為開啟的眼睛帶來基督的慧見。如今，祂能自由地向所有的人解說心靈的真相，他們才可能欣然回歸於祂。如今，在上主的眼中以及祂的聖言下，罪咎已蒙寬恕，從此一筆勾銷了。

　　耶穌此處指的是「所有」的心靈，請特別留意，耶穌的教誨中多麼注重這個詞。我們不可能只教**某些**心靈，因為所有心靈都是相連的。只要不受罪咎所惑，任何人心中的愛自然會通傳到一體不分的聖子奧體，因為上主之子只有一個心靈。為此，如果想讓聖靈的愛成為自己言行的唯一指標，憑靠的僅僅是「下定決心不再讓小我從中作梗」，也就是正視小我的種種，敢對它說：「我再也不要這一切了！分裂最多只能帶來平安喜悅的幻覺，但我要的是真實的平安。」可以確定的是，這話若屬肺腑之言，我們必會徹底將它活出來。也就是說，完全甘願放下自己的批判、憤怒、怨尤，連小小的不悅之念都不輕易放過。

(3:1) 然而，憤怒依然叫囂著：「罪咎真的存在！」

　　當我發怒時，無異於宣稱對方活該受此批判：「瞧瞧你幹的好事，你真的該為自己的自私冷酷、毫無愛心而感到罪孽深重。」不僅如此，這憤怒的指頭背後還暗藏了一個心願——竊

自盼望上主不只聽見了我的控訴，還能附和地說：「你說的很對，我該懲罰的是**那個傢伙**，而不是你。」

(3:2) 當這神智不清的信念取代了上主的聖言時，真理實相就被蒙蔽了。

上主的聖言即是救贖原則「分裂不曾發生過」，因此，既無罪也無咎，更無需害怕任何懲罰。憤怒所表達的恰恰相反：「因為罪的緣故，分裂已成不爭的事實，天譴是正義而且是必須的。」無可否認的，我們對此堅信不疑，因為這個論調會幫我們保住在罪與分裂中妄造出來的自我。

(3:3~5) 於是，只有肉眼能「看」，只有耳朵能「聽」。身體所在的小小空間以及苟延殘喘的呼吸反倒成了衡量真實生命的標準。真理顯得微不足道且了無意義。

〈正文〉也同樣明白指出，我們寧可放棄上主的莊嚴偉大，而選擇小我的虛誇自大（T-9.VIII）。換言之，我們寧可選擇微不足道的小我思維來取代天堂的莊嚴偉大之念。為此之故，我們造出身體，才能在他人身上看到罪的蹤跡，這便是「罪咎的魅力」（T-19.IV.一.(1)）。我為了要把自己的罪咎投射出去，便不能沒有**你**這個對象，由是，才造出這具有眼有耳的肉體，好親眼親耳見證自己企圖隱藏而投射於你的罪，替自己找一個攻擊你的完美藉口。

(3:6~8) 針對上述觀點以及由此而生的世界，修正只會提供一

個答覆：

你只是誤把自己的詮釋當成真相而已。你錯了。

如同〈正文〉說的「上主的想法則恰恰相反」（T-23. I.2:7），耶穌再次直截了當告訴我們，我們錯了。但請注意，他毫無攻擊之意。這正是關鍵所在。事實上，指出別人的錯誤，原本無可厚非，很多時候還會有益於人。然而，必須特別留意的是，當你修正對方的錯誤時，絕非出自小我，而是懷著耶穌的心，明白自己的幫助純然出於愛，完全沒有一絲一毫攻擊或羞辱的意圖。

(3:9~12) 但是錯誤並非罪惡，你的錯誤也篡奪不了真理實相的寶座。上主永遠君臨天下，唯有他的律法對你及世界有約束力。他的聖愛才是唯一真實的存在。恐懼只是幻覺而已，因為你其實與他一樣。

我不過是夢到了自己謀害上主，推翻了祂的王國，另起爐灶，自立為王。事實上，什麼也未曾發生，我只是作了個夢而已，絲毫動搖不了真理實相。因此，如果我在正念之境與你建立關係，必能向你親身示範，不論你做了什麼或說了什麼，我對你的愛始終不渝。無條件的愛不會因對方行為或個性的改變而有所增減。我也許認為你的所作所為是偏差的，但我深知那與真實的你毫無關係；而且我也明白，倘若我攻擊你的作為，等於再一次把我們共同認定的分裂信念弄假成真了。

(4:1) 若要獲得療癒，上主之師首要之務就是修正自己的一切錯誤。

要修正的，並不是**你的**錯誤，而是**我的**。正如〈心理治療〉一文指出的，**治療師**本身必須接受療癒，才可能為患者帶來療癒；唯一有待療癒的，乃是治療師心中的妄見：

> 治療師必須先在病患身上看到自己內在的不寬恕，給
> 自己一個勇於面對、重新評估，然後寬恕自己的機
> 會。（P-2.VI.6:3）

有趣的是，〈心理治療〉全文隻字未提病患的療癒，因為病患並非真正的重點，關鍵是在於治療師。他們一旦療癒了自己心內的罪咎，解除自己對病患的投射，那麼，那位「真治療師」的聖愛便會通傳到他們身上，治療師與病患便同時獲得了療癒。總而言之，每當我們相互示範「我倆並非不同的生命」時，等於為彼此清除那些阻擋療癒進入我們覺知的障礙，如此，我們便一起療癒了。

(4:2) 只要他一意識到自己對任何人生出一絲不滿，願他即刻覺察自己已經作了一個不實的詮釋。

想要隨時儆醒於上主及其天國，我必須時時刻刻警覺自己的小我，不論是看電視新聞、身在職場、與家人相處，或僅僅想起某個人，我都要十分留意自己的起心動念。一旦覺察心裡有一絲不悅或焦慮，立刻明白那是自己的問題。不論外在發生

任何事，當下唯一該做的，就是請耶穌幫助我用不同的眼光去看待此人，誠實面對自己多麼想要把彼此看成兩個不同生命的這個傾向。

(4:3~4) 也願他隨即轉向心內那位永恆的嚮導，讓祂來決定應當如何回應才是。如此，他便已療癒了，而他的學生也會與他一起獲得痊癒。

　　〈教師指南〉的兩大主題曲在這段引文裡交織並列。其一，唯有向耶穌求助，借用他的目光，我才可能學會看出你的福祉即是我的福祉。其二，我的分裂信念若得到療癒，你的也就療癒了；你的分裂信念若獲得療癒，我必也同時療癒了。療癒不可能只出現於一方而不發生於另一方，誠如〈練習手冊〉所說：「當我痊癒時，我不是獨自痊癒的。」（W-137）只因我們共享同一心靈，發生於一方的，必定會發生在另一方心內。毋庸贅言，這一原則只適用於心靈層面，完全和身體層面無關。

(4:5) 上主之師的唯一責任就是自己先接受救贖。

　　大家一定注意到，「親自領受救贖」這一主題不知重現多少次了，運用在人際關係，便是我不再把你的福祉與我的福祉看成兩回事。也就是說，我若快樂，**你**必然快樂；你若幸福，**我**也一定幸福。不再是「非此即彼，非你即我」，而是「若不一起，絕無可能」（T-19.IV.四.12:8），以及「進入和平方舟

的，都是成雙成對的」（T-20.IV.6:5）。再確定不過了，如果沒有你，我是斷然進不了方舟的。這個真理對小我全面痛下針砭：為了把自己不想面對的罪污投射於外，便處心積慮將你剔除於寬恕之外。也因此，我只要一感受到自己的不悅、憤怒、煩躁、沮喪、焦慮或擔心害怕，這時，便該立即察覺自己已經跟小我同流合污了。

(4:6) 所謂救贖，不過是修正或化解自己的種種錯誤而已。

正因如此，明白錯誤不屬於身體層面而是心靈層面的事，是如此的重要。救贖只可能發生於心靈。奇蹟學員倘若企圖把耶穌或聖靈拉入夢境，祈求祂們來人間解決問題，便已步上了歧途。因為世界不僅不是問題所在，它根本就不存在，這是本課程所要傳遞的核心觀念（W-132.6:2~3）。世界與身體全都出於心靈的妄念，妄念才是有待化解的錯誤，而歸根究柢，只因我們選錯了老師。因此，修正之道其實很簡單，重新選擇那位正確的老師就成了。

(4:7~10) 當上主之師完成了這門功課，他就名副其實地成了奇蹟志工。他的罪既已得到了寬恕，他便不再定自己的罪。那麼他豈會定任何人的罪？還有什麼人是他的寬恕所無法療癒的？

寬恕足以療癒所有的人。這個說法對於早已認同身體且習慣用世俗眼光看待一切的人，簡直不可思議。直到有一天，我們終於明白世上**所有一切**都是從心靈層次衍生出來的，我們才

可能了悟箇中的深意。世界徹頭徹尾只是一場夢而已。唯有等
我們覺醒之後，才會恍然大悟，原來夢中的種種情境真的純然
是自己的念頭打造出來的。只要我們仍在昏睡之中，所有夢裡
的人、事、物、境都會顯得栩栩如生，連身體與心理的感覺也
莫不真實無比，我們渾然不知這一切只可能存於自己心靈裡。
由此類推，必得等到我們學會以基督慧見來看這場世界大夢，
並且從小我的分裂之夢醒來，我們方能真正領悟祂的真理。若
想領悟這一喜悅的真相，我們不能不求助於耶穌這位良師與嚮
導，幫助我們把他人的福祉視為自己的福祉。〈教師指南〉的
兩大主題曲再度聯手帶領我們，跟著耶穌，和所有的弟兄一起
快快樂樂踏上歸鄉的旅程。

拾玖. 何謂正義？

　　讀完本篇後，不難發現耶穌只是藉由不同形式來傳遞同一理念而已。所謂的**正義**，即指修正個別利益之信念，也就是針對**不義**的修正；而所謂的**不義**，內涵則建立在相信你我是兩個不同生命體——我若要活得幸福，你就得付出代價。耶穌希望我們明白，我們是有福同享、有難同當的生命共同體，既擁有同樣的正念之心與妄念之心，也面對相同的人生功課。因此，正義即是學習在正心與妄念之間發揮抉擇者的能力。試想，不義若不存在，又何需正義來修正？故耶穌說，天堂裡沒有正義或不義的問題，因為那兒根本沒有任何問題有待化解。

(1:1) **正義乃是針對不義的一種修正。**

　　身為上主之子，我們共同承繼了一體本質，這才是生命中最神聖的真相。正義只是這一真相反映於幻境中的一個倒影。換句話說，我們共享同一福祉，面對同一個人生功課，也具有同樣的清明神智與同樣的瘋狂失常。

(1:2) 世間所有判斷的基礎都是不公正的。

確實如此，只因人間所有的判斷都出自分裂的信念：你和我是兩個不同的生命體，我此生的目標就是要證明自己的純潔無罪，因此你不能不成為代罪羔羊。反之，你若是清白的，我就成了有罪的一方，對此，我必須不擇手段地批判你，緊咬你的罪過不放。

(1:3) 正義不只修正了那孳生不義的種種詮釋，還會將它們一筆勾消。

所謂「不義的種種詮釋」，即指我們自認為是分立的個體，我若受到攻擊，理當怒斥攻擊者，而且不加以懲罰絕不罷休。「正義」則提醒我們，世間沒有一事是衝著我們來的，攻擊在它眼中僅僅是一種求助的信號，反映出我們其實也需要同樣的援助，如果我反擊回去，無異於攻擊自己，更是正中小我下懷，因它總是千方百計不讓我們由夢中覺醒。

(1:4) 天堂裡沒有正義或不義這一回事，因那兒既無犯錯的可能，修正自然顯得毫無意義了。

我們會在整部課程不斷看到類似的概念，例如「上主不用寬恕，因為祂從不定人的罪」（W-46.1:1）。造物主對罪一無所知，故沒有寬恕的必要。然而，在小我的救恩計畫中，罪惡顯得真實無比，正如《聖經》裡的描述，上帝不只看到罪的存在，而且還採取了行動。從此，人類的處境每況愈下，因著祂

施加的報應，為人間的迫害、苦難、犧牲，甚至謀殺罪行提供了最佳的藉口，難怪西方宗教一直陷於這類磨難之中。這一切對天堂境界而言，顯得如此荒謬無稽，因為罪與攻擊在那兒連丁點的立足之地都沒有。

(1:5~7) 然而，人間的寬恕所靠的就是這個正義，因為所有的攻擊均是不義之舉。聖靈對世界的判決就是要還它一個公道。只有他的審判才可能公正無私，因為世上沒有人能夠放下所有不義的心態而作出全然公正的詮釋的。

　　請注意，**不義**與**個別利益**，可視為同義詞；**正義**與**共同福祉**，亦是如此。所謂「聖靈對世界的判決」，即指沒有個別生命這一回事，沒有好人與壞人，加害者及受害者之分，只有一個純潔無罪且與所有上主之子平等共享的生命。相信上主內有一部分可能脫離圓滿一體的生命，實在愚不可及！只要明白分裂之見等於愚蠢這個道理，如何還能為自己在人間的憤怒、焦慮、沮喪、罪惡感與報復心態憑空找藉口？

　　「只有他的審判才可能公正無私」，這句話與〈正文〉「世上沒有毫無衝突的愛」的說法（T-4.III.4:6）頗有異曲同工之妙。既然真愛具有完美的一體本質，那麼代表分裂的身體就不可能真正愛人，更不可能活出正義的內涵。我們在人間只有一個選擇，就是效法聖靈的正義。一旦心中的小我妄念獲得了療癒，我們自然能夠活出正義，因為我們從此不再將任何人視為另一生命了。

(1:8~9) 上主之子若能得到公正的判決，就不需要救恩了。分裂之念也就永遠成了不可思議之事。

我們不公地審判了上主之子，還利用自己和別人的身體來攻擊他，因此，真正有待拯救的其實是我們自己。《奇蹟課程》為此來到人間，因為我們需要象徵上主聖愛的耶穌或聖靈來助我們一臂之力。只要還相信自己是一具身體，我們便需要這一套能夠對人類處境痛下針砭的修正方案，「正義」於是成了一門深具意義的功課，因為它能為我們具體修正小我所設下的騙局。

(2:1~2) 正義與不義一樣，只是一種詮釋而已。然而它的詮釋能夠將人導向真理。

換句話說，正義仍屬於幻境，最多只能算是反映天堂之愛的正面詮釋而已。

(2:3~4) 它之所以有此能耐，是因為它本身雖非真實的存在，它的內涵卻無一處與真理相違。正義與真相之間沒有本質上的矛盾，正義只是邁向真相的小小一步罷了。

何謂「與真理相違」？就是分裂。在人際關係裡，與真理相違的又是什麼？當然就是個別利益。「正義」清楚地知道，人們只可能在表相上彼此有別，內涵則毫無不同。由於正義能在夢境中反映出天堂的一體心性，因此，它絕不會與真理相違。就這一層意義而言，正義和寬恕、救恩、慧見一樣，都是

將我們領向真理之境的一小步。如同〈練習手冊〉所說：「勿
再拒絕祂要求你的這一小步了。」（W-193.13:7）也就是我們
時時刻刻所操練的這小小一步而已。

　　接著，耶穌以幾句鼓舞人心的話做為本段的結語。

**(2:5~6) 只要踏出了這一步，它就會將你領至另一方向。你此
行所遇到的壯麗景觀和遼闊的視野，絕不是你舉步之初預想得
到的。**

　　即使我們還在旅程的開端，但至少我們已經選對了嚮導，
邁上了正途。祂獨特的途徑一再重申我和他人毫無不同，這
與我們往昔所學大相逕庭，我們實在無法想像那種感受何等
美妙，還記得耶穌在〈正文〉所說的：「你若不以評判的心態
對待自己及你的弟兄，那種如釋重負的平安絕對超乎你的想
像。」（T-3.VI.3:1）一旦放下自己的判斷，我們就會慢慢認
清，不管是把別人視為仇敵或是救主，只要企圖歸咎別人或向
他人索愛，我們都必須付出慘痛的代價。唯有認出自己和別人
的同一性，才可能放下我們視如至寶的「特殊性」。因此，耶
穌在此提醒我們，改變自己的想法所帶來的喜悅，絕對是超乎
想像的。然而，不論多麼美好、多麼令人神往，與天堂殊勝之
美相較，依然不可同日而語。

**(2:7) 隨著腳步的前進，即使柳暗花明，日臻佳境，但與此路
的盡頭，時間告終之境的奇絕景觀相比，它就相形失色了。**

　　〈正文〉的「被寬恕的世界」以及「罪離去之後」（T-17.
II; T-26.IV）這兩節非常精彩，它們生動而感人地描繪出，當
我們放下自己的怨恨哀傷，不再冥頑不靈地堅持自己是對的，
我們眼前的世界會變得多麼美妙。然而，我仍需重申一下，不
論真實世界多麼美妙，它在燦爛輝煌的天堂之愛前，僅如一星
小小燭光，只可惜，那個境界不是我們目前所能了解的。

(2:8~9) 然而，千里之行始於足下。這個起點就是正義。

　　我們還有好長一段路要走，但無論如何，就此啟程吧！只
要上了路，時間與不耐之感便會慢慢消退，因為我們會發現沿
途美景如此賞心悅目。只要放得下罪咎、怨恨及判斷，此後的
經歷只會愈來愈美好，焦慮也會逐漸減弱，日益恢復我們在被
造之初的生命活力。此刻，我們唯一需要做的，就是向自己心
內那位神聖導師請益，祂會指點我們，問題都在自己心內，也
只能從心內化解。如此，我們便卸下了企圖改造世界的沉重負
擔，再也沒有責任去修正任何人了。

**(3:1) 你對自己及弟兄的一切看法，對未來的憂懼及對過去的
所有掛慮，都源自於一種不義之心。**

　　顯然的，耶穌這句話正是指小我那不神聖的「罪咎懼」三
胞胎。在「罪咎懼」的眼光中，上主之子面對的不外乎罪孽深
重的過去、充滿罪咎的現在，以及步步為營、猶疑不定的未
來，所有這些扭曲的自我界定全都源自於分裂的不義之心。

(3:2) 因為心靈先為自己打造了一副心愛的眼鏡，戴在眼前，扭曲了一切所見，再把世上飽經扭曲的種種有形見證，帶回心靈之中。

　　這是《奇蹟課程》反覆重申的理念。心靈需要利用罪與咎來充當自己心頭之恨的藉口，於是派遣身體向外尋找證據，身體自然也不負所託完成任務。事實上，分裂是所有「不義」的溫床。一旦把分裂之念當真，我們的所見所聞必然全面扭曲變形，一切事物在肉眼中都成了支離破碎而互不相關的碎片。我們只要放眼望去，處處可見罪與咎的蹤跡，反倒看不見自己心裡的罪與咎。這便是小我當初投射出一個形色世界的目的所在。由此可見，最基本的「不義」以及它所形成的世界，保全了「我」這個微不足道的存在，讓我感到這樣活著真是愜意美好，甚至神聖無比，難怪我們如此珍惜這個獨特的存在。

(3:3~5) 世上的每一種觀念都是經由這種自導自演的操縱伎倆，加以分別取捨而成的。人們也是透過這一分別取捨的過程，看到了「罪」的行蹤，而且証據確鑿；所有圓滿之念就此失落了。在這項陰謀內，寬恕無法容身，因為每一個「罪」永遠都會顯得真實無比。

　　我們之所以情不自禁地著眼於罪，是為了抹殺完美的一體之念，慣用的伎倆就是把心靈的分裂之念往外投射，造出一個充滿罪惡的世界。從此，一群小我肩負向外搜證的重任，我們不但能在每個人身上找到罪證，還會設法在他身上消滅

罪證——幻想除掉那個「壞蛋」之後，我們便能神奇地保住自己的純潔無罪。這就是百姓會全力支持政府發動戰爭的基本心態。我們全都癡心妄想，以為只要揪出敵人、一舉殲滅之後，我們就自由了。因為問題不在我們，他們才是罪魁禍首！

消滅敵人之後，我們如釋重負地享受短暫的喜悅：「終於自由了！我得救了！」然而才一轉眼，焦慮再度升起了，只因我們心中的罪咎從未真正化解。於是，我們只得繼續尋找敵人，而「你隨時都能造出另一位神來」（W-170.8:7）。小我打造世界時，故意把每個人造得不一樣，不同的性別、種族、宗教、國籍、政治和經濟的立場，為我們心中的怨尤提供更充分的藉口。我再度借用法國這句流行口號：「差異萬歲！」這句話簡直是為小我發聲，證明了我和上主的不同是千真萬確的。再重複一次，這就是最基本的不義。無庸贅言，除了小我毀滅性的寬恕之外，真寬恕在這個世間根本無立足之地。

(4:1~2) 何謂救恩？它即是上主的正義。它讓你能夠在那些支離破碎的現象背後覺察圓滿的存在。

救恩並不會救回所有的碎片，也不會把碎片重新塑回一個整體，它只是幫我們再次意識到「根本就沒有分裂或分化過」這個真相。切莫忘了，寬恕與救恩不曾改變任何事情，正義也是如此。它們不過是提醒我們，那始終存在的完整生命被一層一層的怨恨、對立與判斷掩蓋住了。因此，我們唯一的責任只是清除這些覆蓋物，請耶穌陪伴我們以不同的眼光看個究竟，

並且認清它們帶給自己多少痛苦。只要掀開這些覆蓋物，「我們原是上主之子的圓滿生命」這個記憶便立即浮現了。雖然我們一直把聖子奧體視為支離破碎、互不相干的生命，但在真理實相中，那不可分割的完整性始終未曾失落。

(4:3) 只有這一覺知才能克服死亡的恐懼。

何以必然如此？因為死亡的恐懼源自於罪咎，而罪咎又源自分裂與不義，因此，只要解除了分裂之念，便能同時化解罪咎與不義；既然懲罰甚至死亡都是罪咎招來的，沒有了罪咎就沒有死亡，如此一來，還有什麼好怕的呢？請留意，解除死亡的威脅，並非在操弄什麼神奇幻術，讓自己脫胎換骨或永生不死，它僅僅是化解我們對死亡的**信念**，也就是自認為罪該萬死的那個詛咒。由是，我們才可能與《薄伽梵歌》一起讚頌：「不朽的生命怎麼可能死亡？」（T-19.II.3:6）至此，我們終於了悟自己的生命是不朽的靈性，而完全與肉體無關。我們真的是永生上主的一部分。

(4:4~5) 因為支離破碎之物註定會腐朽滅亡，只有圓滿的生命才能永恆不朽。它永永遠遠都與自己的造物主相似，而且一體不分。

要知道，支離破碎與老死腐朽的現象純屬肉體層次。根據耶穌的教誨，我們一旦不再受制於分裂與罪咎之念，在那神聖一刻，身體根本就不存在（T-15.IX.7:3），換句話說，根本沒

有什麼東西會腐朽或死亡。

(4:6) 上主的正義就在於祂的審判。

　　上主的審判就是我們仍是祂的聖子（W-PII. 十.5:1），而且什麼也未曾改變。救贖，依舊是夢境中代表「千古不易」的運作原則；而分裂則代表「變化無常」的運作原則，它不僅一手打造出夢境，還讓我們沉溺其中，長睡不醒。至於「上主的正義」，反映的則是「天堂不曾改變，我們其實始終醒著」這一真相。

(4:7~9) 上主的審判從不定人之罪，祂的評估也純粹出於愛；是你把自己不公正的判斷投射到祂身上，把你那扭曲變形的鏡片掛在祂的眼前。於是，那一看法頓時成了祂的看法，而與你無關了。你開始怕祂，絲毫看不出自己又怕又恨的敵人其實是你自己的真實自性。

　　可以說，這段話對照的是《聖經》裡的上帝，祂的審判心態和耶穌在《課程》中所說的審判簡直南轅北轍。從猶太傳統出身的基督教上帝，善惡分明而且嫉惡如仇，懲罰世人絕不手軟。歷史上屢見世人引用《聖經》作為仇視他人的說詞，其中也包含不少的軍事將領和國家元首。他們會說，既然連上帝都會憎恨人及審判人，他們當然要替天行道，義正詞嚴地借上帝之名來審判與懲罰他人。再強調一次，一旦把自己的怨恨投射到上帝身上，我們便更能振振有詞地定人之罪了：這個人該

活，那個人該死，「非此即彼」的原則完全表露無遺。只有極少人能意識到，他們在神明身上所看到的其實是自己的影子。

然而，耶穌告訴我們，那種神明跟上主一點關係都沒有。真正的上主不只深愛自己的聖子，而且全部一視同仁。當耶穌說他所有的弟兄都同樣的特殊時（T-1.V.3:6），一句話就把特殊的意義全面否定掉了。我們全是同一生命，上主眼中沒有眾多不同的聖子，只有**一個**聖子奧體。既然如此，任何製造對立或分裂的判斷豈有立足之地？難怪世界要想盡辦法扭曲祂、誤解祂。事實上，唯有聖靈的判斷才真實可靠，因為祂一再聲明我們彼此毫無不同。《課程》一再強調，人們若非在表達愛，就是向愛求助，不管是哪一種，都左右不了我們的回應心態，因為我們只可能報之以愛。為此，我們需要好好覺察自己一天之中是多麼容易掉回攻擊之念，認為它有解決問題的神奇能力，甚至還深信上主託付我們一份天職，專門來修正別人或證明別人錯了。我們正是這樣把罪弄假成真，而且成功地將它推出自己的心外。一旦我們「把扭曲變形的鏡片（即分裂與不義）掛在祂的眼前」，從此，自己也只能從這副扭曲的鏡片去看萬事萬物了，而且還會愈來愈痛恨、愈來愈害怕真實的自己（自性），很自然的，也痛恨害怕所有的人。接下來，我再重述一遍這幾句話：

(4:8~9) 於是，那一看法頓時成了祂的看法，而與你無關了。你開始怕祂，絲毫看不出自己又怕又恨的敵人其實是你自己的

真實自性。

　　一旦投射出去之後，我們便能否認這神聖的救恩計畫全是**自己**的傑作了。畢竟，連《聖經》都說那是上主的計畫。在那個計畫裡，有人贏了，另一個人就輸了；罪真的存在，故有贖罪的必要；尚未贖清罪債之人，必死無疑。如果這真是上主的計畫，我們怎能不害怕這種神明？然而事實上，是我們故意想要仇視、畏懼上主，才不會發覺自己真正仇視畏懼的其實是自己的自性——基督真實自性這完美的一體性。然則，它和眼前這個有名有姓的個體之「我」，以及我的過去和未來，是完全無法並存的，為此，自性反倒成了我們的頭號仇敵。耶穌在〈正文〉中也說過類似的話：「你害怕的其實不是十字架。你真正恐懼的是救贖。」（T-13.III.1:10~11）我們真正害怕的是憶起自己原是基督，而聖靈負有喚醒我們本來真相的任務，正因如此，我們不得不將祂消音，根除祂的救贖聖念。同時，我們為這個「罪」內疚不已，只好將它投射於外，此後，我們更有理由畏懼外在的敵人了，也許是生活場景裡的某個人，或某個國家，甚至就是上主本身。難怪我們看到的盡是「他們」的不義而不是我們的錯！一切問題的禍端便如此順理成章埋到心靈深處去了。

(5:1) 祈求上主的正義來臨吧！別讓你失常的神智誤解了祂的仁慈。

　　在世人眼中，上主的恩慈只會降臨於某些人，而非所有的

人。為此，耶穌才提醒我們，切莫被自己分別取捨的瘋狂心態魚目混珠而誤解了真正的仁慈，它應如上主聖愛一般，無所不容。當我們祈求上主的正義時，其實是在向自己祈求能夠認清自己一無所缺，正如耶穌所說：「但只有祈求寬恕才算是有意義的祈禱，因為已受寬恕的人擁有一切。」（T-3.V.6:3）我們是在向自己的抉擇者祈禱，並請耶穌幫助我們憶起真實的正義只可能存於心靈。此念一起，等於接受了救贖，這才是我們真心之所願。總之，我們不是祈求任何他方神聖使出怪力亂神，賜給我們正義或奇蹟。當初既然是我們決定背離上主聖愛，故也只有我們才能選擇回歸祂的聖愛。我們唯一需要做的，只是與象徵上主正義的耶穌結合，讓他健全清明的愛進入我們瘋狂恐懼的心靈。

(5:2~4) 知見確實有能力造出心靈想要看到的任何東西。請記住這一點。天堂或地獄就在於你這一選擇中。

這句話再度重申《課程》的中心思想：**投射形成知見**。我們想要的究竟是小我的分裂與地獄，還是聖靈的救贖與天堂，全繫於自己的心靈。一旦作了決定，我們所看到的世界若非充斥傷害與痛苦，就是反映了自己心中的一體性。縱然我們看到的世界和小我所見略同，但兩者的詮釋卻大相逕庭。也就是說，肉眼仍會看到恐懼、殘酷及痛苦，但我們不再將它視為攻擊，而是一種求助的呼籲。這個求助的呼籲會讓我想起自己同樣有待求助的事實，我和別人真的沒有什麼不同。

(5:5~6) **上主的正義指向天堂之境，因為它是徹底公正不阿的。它接受人們提供的所有證物，不剔除任何一項；但它評估時，絕不會單獨針對某人而不把所有相關人物一併列入考慮的。**

正是如此，「**徹底公正不阿**」——上主的正義絕不會在全然相同之物當中分別取捨，因為上主之子在聖靈眼中是一個生命。在此，我們又看到耶穌思維無所不包的本質：「絕不會單獨針對某人而不把所有人一併納入其中。」也就是《課程》一再強調的，萬事萬物在聖靈眼中，若非表達愛，就是呼求愛。表達愛的必然出自正念之心，呼求愛的則出於妄念之心。再說一次，所有的人都有兼具正念與妄念的分裂心靈，以及從中選擇其一的能力。確確鑿鑿，我們真的毫無二致。

(5:7~8) **這是它審判的唯一原則與立場。所有的攻擊與定罪在它面前變得毫無意義，也無法自圓其說了。**

既然每個人都一樣，那就沒有理由攻擊別人，更不可能怪罪上主的無情打擊，因為所有人在祂眼中都是同一生命，祂只知道自己的自性、完美的愛和一體生命。

(5:9~11) **知見就此終結，心靈開始安靜下來，光明再度來臨。如今，慧見終於重新現身了。曾經失落的，如今都已尋回。**

我們在世間是絕對找不到光明的，更別說透過攻擊的手法去找了。光明只可能存於心靈裡，它始終耐心地等候我們回歸。先前，我們誤以為光明可以向外尋得，這就是不折不扣怪

力亂神的知見。如今，我們選擇正念中的正義，讓自己的知見安息於基督寧靜的聖愛中，生命就此恢復正常了。透過聖靈的仁慈眼光，我們方能把所有的人看成同一生命。事實上，我們不只在生理上一樣具有四肢軀幹，在心理上也擁有相同的判斷與寬恕能力。唯有先認出上主之子皆承繼這個同一本質，我們的慧見才可能開啟，它會溫和漸進地修正小我充滿分裂與分別的妄見。

(5:12~13) 上主的平安重新降臨整個世界，我們也看見了。是的，我們都看見了。

請注意，耶穌又一次用了 all（整個、所有）這個重要字眼。上主的平安會降臨「整個」世界，而不是某個領域或某個角落，否則就不是祂的平安了。這正是下一篇所要發揮的主題。既然真正的平安必然涵括所有的人，它是絕不可能藉著戰爭來謀取的，因為那種和平只落於勝利的一方。在世界瘋狂失常的知見下，勝利的一方可以證明自己是好人或義人，失敗的一方則罪大惡極，於是雙方的間隙只會愈來愈深。

「看見了……我們都看見了」，這類語帶感性的重疊語句在《課程》裡並不罕見，例如「祂們已經來臨」那一節的結尾，耶穌就情不自禁地歡呼：「祂們已經來到！祂們終於來到了！」（T-26.IX.8:8~9）是的，唯當我們能夠透過基督的慧見，無一例外地在每一個人身上認出祂的聖子，方才表示上主的平安與愛已經降臨於所有人了。

貳拾. 何謂上主的平安？

　　毫無疑問，小我最害怕的，莫過於我們選擇上主的平安了。平安屬於聖愛的一個面向，它涵容一切，故分裂之念一到平安跟前，當下便無所立足。本篇的焦點就在於小我的命脈「判斷與攻擊」，它們正是平安心境的頭號殺手。

(1:1) 福音裡曾經提過一種不屬於這個世界的平安。

　　這句話指涉了〈新約〉聖保羅之言「神所賜出人意外的平安」（〈腓立比書〉4:7），以及門徒紀錄耶穌所說的：「我留下平安給你們，我將我的平安賜給你們。我所賜的，不像世人所賜的。」（〈約翰福音〉14:27）

(1:2~5) 究竟如何認出它來？如何才能找到它？找到之後，又如何守住它？讓我們逐一思考這些問題，因為每個問題都反映出你一路上會經歷到的不同階段。

　　本篇的要旨就在探討上述三個問題。

(2:1~5) 首先，怎樣認出上主的平安？要認出上主的平安，你

必須先明白一事，它與你舊有的經驗全然不同。它帶給你心靈的將是一種前所未有的感覺。與你過去的經歷毫無相通之處。那是一種全新的經驗。

我們熟悉的那種平安，壓根兒不持久，也無法涵括所有的人。只消回顧一下歷史上詭譎多變的國際關係，可謂鐵證如山：戰勝國只可能偏安一時，戰敗國轉眼間再度崛起，破壞平衡，烽火一觸即發。然而耶穌所說的真平安，和世人眼中的和平或個人經歷的平安，完全不可同日而語。

(2:6~7) 它與過去的一切還會構成一種鮮明的對比。奇怪的是，這對比所凸顯的並非某種具體差異。

耶穌的教導一向善用對比的方式，比如用喜悅與痛苦，自由與束縛，寬恕與怨尤，真相與幻相，來呈現兩套截然不同的思想體系。其實，真相與幻相之間毫無真正的差異，只因兩者層次不同，根本不能相提並論。唯有兩套觀念都能言之成理，比較它們的差異才有實質意義可言。上主的平安與人間的平安並不具有等量齊觀的真實性，其中僅僅只有一個是真實的。這是重申《奇蹟課程》不屬於「二元思維」的另一種說法，它推翻了「善與惡，靈性與物質，上主與世界」之間的對立，只承認唯一的實相，就是上主。為此，我們一再聲明《課程》是**一體不二**的思想體系，書中描述的二元現象也都全屬於幻相，只因耶穌需要藉著妄念與正念作為對比，以便遷就我們根深柢固的二元思維，僅此而已。總而言之，幻相的定義就是虛幻，表

示它根本不存在，故說真相與幻相之間一丁點也無可比較。

(2:8~11) 過去那一切只是悄然隱退，永恆的寧靜會前來取而代之。如此而已。先前顯示的對比性就這樣煙消雲散了。寧靜漸漸籠罩了一切。

　　我們既無需修正過去，也不必與它糾纏或抗爭，只需讓真理之光照耀心靈，我們就會看到自己的過去已經無聲無息地消失了蹤影。因為黑暗無法在光明中立足，怨尤、仇恨、恐懼，乃至於分別取捨的種種判斷，全都無法在愛中容身，個別利益這類知見一現身共同福祉之前，也只能立即遁形。

　　世人心目中的和平，必然是戰爭或衝突的對立面，屬於二元思維方式。但上主的平安是沒有對立的，只要撤除了對立與分裂信念，唯一留下的就只是平安。由於小我的思想體系全靠我們的信念支撐，信念一旦撤除，整套體系自然就瓦解了。為此之故，我們的下手處從來不在修正形式層面的問題，而是讓聖靈的真理（共同福祉）前來光照小我的幻相（個別利益），如此一來，平安便會現前，因為衝突已經一逝不返了。

　　衝突這種信念呈現於外在的，即是憤怒；而它唯一的目的，就是抹去我們對平安的覺知。然而，平安永遠不離我們的心靈，這正是上主的平安與人間的平安最大的不同，它既不屬於世界的夢境，與小我心目中的平安或和平，也不可同日而語。小我的和平永遠是「衝突－戰爭－和平」，緊接著更大

的「衝突－戰爭－和平」，反覆循環不已。同理，人際關係亦然，「爭執－言和－皆大歡喜」，然後又是「爭執－言和－皆大歡喜」，一再輪番上陣，舊戲重演不休。事實上，真正的平安或和平必然是超乎一切的分別與差異，我們就是憑靠這個特質來辨別耶穌的真平安，因它反映出耶穌對眾生一視同仁而無一例外的愛。

接下來開始答覆第二個問題：

(3:1~2) 如何才能找到這種寧靜？你只需找出寧靜的存在條件，就會找到它的。

這段話呼應了〈練習手冊〉第一百三十一課所說「尋求真理的人，絕不會徒勞無功」。它的前提是，我們必須先否定小我的思維模式，釋放自己的憤怒與判斷、對個別利益的認同，以及對特殊性的重視，才可能找到耶穌所說的寧靜。《課程》這種正面說法其實是為了解除我們的負面思維，也就是說，如果想獲得平安，必須先清除平安的障礙。正如耶穌在〈正文〉的提醒：我們的功課不是尋找愛，而是找出橫梗在自己與愛之間的障礙物（T-16.IV.6:1）。

上主的平安源自於心靈的一體之念，而它就隱身於判斷、憤怒、堅持自己是對的這些小我的保護層之下。我們只要揭開層層的帳幔，平安就在那兒。誠如〈練習手冊〉給予的保證「上主的平安此刻在我心中照耀」（W-188）。烏雲可能遮蔽陽

光，但太陽依舊照耀不息。上主的平安有如我們心中的太陽，我們一旦與小我認同，好似在太陽前面撒下一大片黑幔，使我們再也意識不到陽光的燦爛。為此之故，若想獲得平安，必須先面對負面的陰影，並且只認取它背後的光明。這點正是《奇蹟課程》與其他靈修傳統最大的分野。話說回來，耶穌幫助我們的方式，並不是讓我們心想事成，或為我們解決現實的困境，他甚至不敢向我們表達他的愛，因為他的愛對我們威脅太大了。他的援助方式只是分享他的慧眼，讓我們通過他不判斷的目光，正視小我的所作所為，而後了然於心：「小我是不可能滿全我們真正的願望的。」一旦有此了悟，平安光明的日子必然指日可待。

(3:3~5) 憤怒所在之處，上主的平安絕對無法進入，因憤怒必會抵制平安的來臨。只要你還想為自己的憤怒尋找藉口，不論以什麼方式或在任何場合下，你等於公開宣告平安沒有存在的意義；那麼你必然也會相信它沒有存在的可能。平安是不可能在這種心態中現身的。

我之所以選擇發怒，純粹是出於害怕平安，因為一旦進入上主的平安內，我心目中那個「我」立刻顯得毫無意義了。為此，我只能與小我認同，忿忿不平地將某些人剔除於我的寬恕之外，否則罪咎就沒有出口，我只好承受它無止無盡的煎熬。為了擺脫罪咎之苦，我需要一個投射的對象；他要是能扮演仇敵的角色，處處與我勢不兩立，就更稱了我的心。然而在上主

的平安中，我和他人之間不可能有任何差異的，這個事實成了小我莫大的威脅。問題是，如果不找一個歸咎的對象，自己豈非又要被打回那個自認罪該萬死的「我」了嗎？正因如此，縱然我們口口聲聲說想要平安勝於一切，但真相是，我們怕平安怕得要死。

反之，我們對於二元性的平安（比如敵對雙方締結和平協議），反倒覺得舒心自在。說穿了，小我怎麼可能任由我們拜耶穌為師，接納他一體不二的平安，讓內心的衝突徹底化解呢？兩種平安最大不同之處，真平安仰賴的不是雙方勉強製造的和平共存。其實，所有外表的衝突都不過是煙霧彈罷了，企圖遮掩我選擇與上主作對那一刻所引發的內心衝突，從此以後，我們便受困於與上主永恆鬥爭的幻相之中。既然所有對立和衝突的源頭都來自作出那一選擇的心靈，我們若想活在真實的平安中，就必須回到心靈去化解。難怪小我慫恿我們不斷生氣、繼續判斷，目的就是讓我們對平安敬而遠之，這就是人類始終活在戰爭與衝突的真正原因。所幸，我們心內仍有一部分非常清楚，只要接受救贖，那來自一體之境的平安便會自然湧現，所有的爭執、對立、衝突也會隨之銷聲匿跡，留下的，僅有上主唯一且不可分割的聖子。

(3:6) **為此，寬恕成了你找回上主平安的先決條件。**

唯獨寬恕才化解得了充滿攻擊的小我思維模式，因為寬恕的是別人**沒有**做的事情。箇中的關鍵所繫，並非在於任何人，

或他們做了什麼事；問題也不在於我和別人的過節，而是我自己內在的衝突。然而，耶穌仍可以利用外在的衝突，將我們領回內心的衝突。因此，不論衝突發生在我和他人或我和自己之間，只要真心求助，耶穌就會幫助我們明白「投射形成知見」的道理——所謂衝突，僅僅只是「描述你內心狀態的外在表相」而已（T-21.in.1:5）。既然外在的問題不過反映了內心的衝突，一切就不難解決了，只要我們肯和耶穌一起當著小我的面，親口對它說：「我再也不願與你為伍了，你那一套只會帶來悲傷和痛苦，根本不曾帶給我你所許諾的平安幸福。」如此，用否定方式來回應小我的否定，這即是耶穌在〈正文〉裡說的，「是」就意味著「不是否」（T-21.VII.12），表示我終於下定決心再也不接受小我對真理的否定了。但在同時，我們必須毫無罪咎地正視小我，如此，才化解得了小我。這是寬恕的重要前提。

(3:7) 我們甚至可以這樣說，寬恕所在之處，平安必會來臨。

　　寬恕一舉化解了阻擋平安來臨的所有障礙，在此前提下，平安必然指日可待。因它揭開了黑暗的面紗，讓上主的平安遍照無阻，一如無始之始。前文已經說過，我們之所以放不下判斷，真正的原因是出於害怕平安。為此之故，即使身為《課程》的忠實學徒，我們未嘗沒有試過放下攻擊之念，卻往往發現自己依舊抓著怨尤不放，明知這有違天堂之律，卻又不顧一切地想保住自己的個體生命。

(3:8~12) 試問，除了攻擊以外，還有什麼因素會引起鬥爭？除了平安以外，鬥爭還有什麼其他的對頭？它們之間的對比最初會顯得格外醒目。但是，你一旦找到了平安，鬥爭就會頓失意義。於是，衝突對你反而成了非常虛幻不實的事了。

這段話極為重要，它為我們解釋了上主的平安在於我們的正念之心內，不屬於小我的夢境。如果我們相信攻擊（也就是原始分裂之念）是理所當然的，必然同時相信自己身在戰場。心理學家也一致認為，一個人只要心內一起攻擊之念，罪咎感便隨之而生，再經投射出去，他勢必認定外邊那些人都在伺機反擊。緊接著，他會聰明地忘掉是自己內心先發動攻擊的，卻一口咬定別人對他不公在先，於是他便能理直氣壯地開戰了。可以說，不管國家元首還是凡夫俗子，每一個人都跳脫不了這類「純潔面容」的戲碼（T-31.V.2~4）：一切都是別人逼我的！

平安是戰爭的反面，平安一現身，戰爭自然匿跡。別忘了，戰爭與和平，顧名思義，即是二元的產物，兩者相互消長。唯有上主的平安，在本質上必是「非二元」的，因為它內沒有對立或分裂，純然一體；也唯有正念心境的「共同福祉」之念，堪稱平安在人間的倒影。一旦放下鬥爭之念而接受平安，在我們眼中，人間戰場上的一切，頓時顯得虛假不真，好似自編自導的故事，一堆人在虛構的世界裡吵吵鬧鬧、打打殺殺，沒完沒了。這個形容一點也不誇張，的確如此，我們一直在用眼之「所見」來欺騙自己。

現在，我們進入第三個問題，耶穌不過重述一遍他前面的答覆而已。

(4:1~3) 找到上主的平安之後，如何才能守住它？只要憤怒一起，不論大小輕重，你都會被罩在一簾沉重的帷幕之下，而認為平安不可能存在的信念必會復萌。於是，鬥爭又再度被視為唯一的現實。

如果我們真正想了解《奇蹟課程》，就必須把每句話都放到「目的」這個座標來檢視一番。《課程》不斷出現類似的說法：「只要知道目的何在，它的存在意義就不說自明了。」換句話說，一旦認出憤怒的真正居心，便不難明白它為何如此猖狂。憤怒就像一簾帷幕整個罩下來，讓我們再也感受不到上主的平安與愛，因為平安與愛正是小我最害怕的東西。很多人難以想像不再憤怒的自己，彷彿沒有那些憤怒，他們就不認得自己了。確實如此。人類的出生過程原本就是在一股怒氣中掙出頭的，而且出生後還得仰賴那些不甚可靠的親人照顧。這是我們在原初為自己編寫的劇本主題，在時空世界不斷地重演重播。可以說，這是小我精心策畫的宇宙大陰謀，讓我們永遠都能抱怨得理直氣壯，它簡直成了整個宇宙運轉的推手。總之，心靈之所以選擇憤怒，目的就是要驅逐平安，保全一己的身分，在一體性之外為自己打造一個永久性的獨立主權，只因一體性嚴重威脅到我們個體的存在。

(4:4~5) 此時的你必須再次放下手中的劍，縱使你未必覺察自

己早已執戈備戰了。然而，只要此刻的你還依稀記得自己手中無劍時的幸福，你就會慢慢看出自己必然已經再度武裝起來保護自己了。

　　誠實而言，我們一心想要高舉這把判斷之劍，只是常常渾然不覺這個意圖而已（T-31.VII.9; W-190.9）。然而，〈練習手冊〉一針見血地指出，那絕非無意識之狀況。我們在心靈發動攻擊的那一刻就決心要否定這個意圖，因此才會完全意識不到自己想要生氣、生病或受到不公待遇的意圖（W-136.3~4）。故耶穌提醒我們好好比較兩者，每當我們在別人頭上高舉無情的判斷之劍時（更別說舉在自己頭上）的那種感覺，以及放下劍之後所感受到的平安喜悅。進而言之，如果我們真想恢復心靈的平安，不僅必須好好正視自己的憤怒，還得敢看穿選擇憤怒的真正原因。我們必須看清自己如何自欺，如何假裝憤怒不知是從哪兒冒出來的，或乾脆拿荷爾蒙失調當作藉口。其實，真正的原因是我們決定生氣，認定唯有如此才迴避得了上主的平安和愛，因為一切分別取捨的判斷無法存留於上主內。

(4:6~8) 現在，不妨靜下來想一想：你真的想要衝突嗎？難道上主的平安不是更好的選擇？哪一個會帶給你更大的益處？可別小看了寧靜之心這份禮物。

　　至此，《奇蹟課程》已經把我們推到底線了，它要我們好好正視、評估、比較小我和聖靈兩套體系，並且進一步看清自己寧可放棄平安也要選擇衝突時所付出的代價。此刻，耶穌不

只再次給予我們選擇的機會，他還殷殷叮嚀「別小看了寧靜之
心這份禮物」，也就是切勿低估了上主平安的偉大，以及那不
含任何衝突的寧靜喜悅之美好。

(4:9) 你豈會不想好好地活下去而寧願選擇死亡？

　　〈新約〉有一句大家耳熟能詳的經文說：「凡動刀的，必
死在刀下。」（〈馬太福音〉26:52）同理，靠著攻擊過活的人，
必然相信自己會遭到反擊。由於每個人都在攻擊別人，小我很
容易利用任何蛛絲馬跡來編撰故事。它告訴我們，我們犯了攻
擊之罪，死亡乃是理所當然的懲罰；我們自然也相信彼此是不
同的生命，而且還會相互攻擊傷害，最後，死亡成了宿命。然
而，耶穌的故事迥然不同，他說我們是超越死亡的生命，心靈
必將復活（M-28），只要我們願意選擇另一位導師，進入祂的
寬恕美夢，我們必會由死亡噩夢甦醒，進入永生之境。

**(5:1~3) 生活原是一種喜悅，只有死亡才會哭泣。你仍指望死
亡能夠幫你由自掘的墳墓中脫身。你不敢承認：你營造出死亡
只是為了給自己一個結束的幻相而已。**

　　無可否認的，我們把死亡視為逃離自食惡果的最後出路，
因為它好似可以為身體之苦畫下句點。不僅如此，我們既然已
經把罪弄假成真，又認定自己罪該萬死，死亡彷彿能抵消我
們的罪，讓我們心存僥倖地以為「上主也許會賞報這個以死贖
罪的自己，把我們接回祂身邊」。這根本就是怪力亂神之念！

可以說，「惡人下地獄，好人上天堂」這類的來世觀念，也是如此虛構出來的。這就是何以然耶穌會說「給自己一個結束的幻相」——我們歷經痛苦與死亡，向上主贖罪，證明自己純潔無罪，祂才會認為我們配享永生之福。除此之外，我們又一口咬定自己的苦都是出自他人的凌虐，遲早會死在他人血腥的手下，怎麼可能不心生怨恨？我們毫不明白，死亡既非自然法則，也與上主無任何瓜葛，純粹是**我們**捏造出來的花招。說穿了，死亡可說是小我思想體系最關鍵的一部分，它堅持所有在罪與分裂中幻化出來的個體生命，全都逃脫不了這個下場。其實，真相是：以前什麼事都未曾發生，如今也什麼事都沒有發生；死亡不過是「看似結束了」的一個幻相而已。

(5:4~6) **死亡不可能成為你的出路，因為它沒有生命，而所有的問題都不出在生命那裡。生命沒有對立，因為它就是上主。是你決定以死亡來結束生命，生命與死亡才會對立起來的。**

　　耶穌在「無明亂世的法則」一節曾說過：「天堂之外沒有生命可言。」（T-23.II.19:1）我們心中認定的生命，全屬於**有生有死**這類二元思想體系；而死亡代表的意義即是：「我曾經活過，而且這生命註定會死。」這種定義與上主一點關係也沒有，因生命在祂內是永恆不易的。靈性不生不滅，它既不曾出生，故也談不上成長或進化。生命只可能**永恆如是**。為此，死亡絕對不是一種解脫，因為生命本身從來不是問題，問題全在於罪的觀念。耶穌還進一步說：「但你極可能誤把死亡當成平

安，因為世界已把身體當成上主所創造的真正的你了。」（T-27.VII.10:2）確然如此，死亡不僅不是答案，它根本是**對一個不存在的問題（分裂與罪）最糟的解決方案**。

(5:7~10) **寬恕世界吧！你就不難明白，上主所創造的一切，是沒有終結的；凡不是祂所造之物，都不是真實的。這一句話足以說明本課程的宗旨。這一句話為我們的修行指出了單一方向。這一句話道盡了聖靈整套課程的基本特質。**

　　這幾句話的旨意，與〈正文〉序言：「凡是真實的，不受任何威脅；凡是不真實的，根本不存在。上主的平安即在其中。」（T-in.2:2~4）可謂緊密扣合，頗有異曲同工之妙。回到它的宗旨所在，比如說，如何才算真正操練《課程》？就是你已經準備好寬恕世界了。世界只是你不可告人之罪、深藏不露之恨，以及埋藏於心底的咎，所投射出去的一個倒影而已。這些倒影一受到你的寬恕，立即消失於無形。外在一旦失去蹤影，內在必然也了無蹤跡，因為外境與內心根本是同一回事。寬恕了世界之後，你便能翱翔於戰場之上，而且看得清清楚楚：「凡是屬於上主的，充滿了生命，此外別無其他生命存在。」至此，你才會恍然大悟，原來時空世界這個殺戮戰場全是自己打造出來的，更別提人間那些看似重要的成堆瑣事了，它們只是你敝帚自珍的幻相，一場無聊的夢而已。說穿了，它們全是人們想要取代上主之愛而打造出來的拙劣贗品。而今，有耶穌在旁引領，我們終於能把真品與假貨的差異看得一清二

楚了。

(6:1~3) 何謂上主的平安？它只是徹底明白了上主的旨意不可能有對立的存在，如此而已。任何與祂旨意衝突的念頭，均不可能是真實的。

單憑這一小段話，便足以凸顯奇蹟理念「一體不二」的特質——根本沒有與上主對立之物。如果把這一原則運用於世上，等於是在說：我們在人間只有一門功課，就是學習明白「我們全是一樣的」這個事實。凡是一樣的，自然不可能對立。因此，只要我認為你與我不同，我就已經犯了錯。我無需指責你有罪來證明自己無辜，因為在內涵（而非形式）層次，你不可能擁有我所沒有的東西，否則就成了另一種對立形式。要知道，分裂與憤怒之念固然有違上主的旨意，但若認為和平與寬恕是發生於兩個人之間的事，同樣違逆了上主旨意，因為**世上沒有一個人真的存在過**。正因如此，我們才會說：衝突不是真的發生在人與人、國與國，或名利爭戰之中，它們純粹只是反映出人心內小我與上主之爭的一道陰影而已。推到究竟，連人心內的激烈鬥爭都屬於一種幻覺，因為上主根本不知道有這一回事。

(6:4) 祂的旨意與你的意願之間的對立性，只不過看起來真實得很。

沒有錯，就在「看起來真實得很」這個基礎上，幻化出整

個身體與心靈的宇宙幻境，包括了罪、咎、懼，以及紛紛擾擾的時空現象。歸根究柢，這一切全都出於我們相信自己與上主分裂了，從此陷入永無止盡的天人交戰之中。

(6:5~8) 然而，真理內是沒有矛盾的，因為祂的旨意即是你的意願。如今，上主將祂的偉大旨意送給了你。祂無意私藏，更不願隱瞞。為什麼你卻想把自己微不足道的種種幻想隱瞞著祂？

　　耶穌好似在問，上主與我們既是一體不分的生命，為什麼我們就是不願接受這一事實？答案很清楚，只因我們若接受了祂的生命，便不得不承認，自己這個幻想出來的渺小生命，以及那充滿遐想、期待的特殊之夢，在上主聖愛之前簡直毫無立足之地。然而，既知如此，為何我們仍對它們戀戀不捨？這正是耶穌一直在追問的問題，也是我們務必反問自己的話，尤其看到自己又想選擇人間的平安與愛來取代上主平安的那一刻，我們真該好好反思一番。

(6:9~10) 上主的旨意只有一個，它是唯一真實之物。也是天賦於你的遺產。

　　這句話可說是完美一體生命的最佳解說了。在它內，沒有絲毫差異、分別或分化的可能。唯有放下個別利益而著眼於聖子奧體的共同福祉，我們的生命才可能反映出那唯一的生命真相。這句話再次重申了，我們全都擁有令我們淪落異鄉的瘋狂

心態，故都需要從小我瘋狂之夢覺醒過來。

(6:11) 凌駕日月星辰之上的宇宙以及你可能想出來的任何念頭，也都非你莫屬。

耶穌指的可不是另一個銀河系，「凌駕日月星辰之上的宇宙」是指靈性，亦即基督安居之處。

(6:12~13) 上主的平安能為上主的旨意鋪路。你一得到祂的平安，便會憶起祂的。

只要我們能在弟兄身上看到基督的面容，自會憶起上主。這乃是修持《奇蹟課程》的基本公式。只要選擇寬恕，就在揭開特殊性的紗幔之際，不曾離開心靈片刻的上主記憶便會在心內浮現。為此，凡是真想憶起上主、憶起平安以及我們原是祂唯一聖子的身分，我們必須選擇寬恕，並且不再著眼於一己之利，否則就表示我們根本不想憶起自性以及自己的生命之源。再提醒一次，目的代表一切——憤怒的目的就是為小我效力，而寬恕則是為聖靈的目標效命。

貳拾壹. 語言在療癒過程中扮演什麼角色？

我們由憤怒的主題回到心靈的抉擇能力，這能力與身體毫無瓜葛。簡而言之，它就是我們願意著眼於個別利益或共同福祉的那一決定。

(1:1) 究竟說來，語言對療癒的作用微乎其微。

療癒靠的不是祈禱、祝福、給人覆手加持，也和說什麼或做什麼無關，因為生病的並非身體。這將我們帶回另一重要主題——身體與心靈的關係。身體的症狀不過反映出「罪咎之病」這個陰影而已，有待療癒的僅是我們的心念，因此說，語言本身並無療癒的能力。

(1:2~4) 祈禱（或是祈求）才是促成療癒的主要動力。你求什麼，就會得什麼。這兒指的是出自肺腑的心禱，而非你喃喃自語的祈禱內容。

耶穌在此採用了當時流行的靈修詞彙**心禱**（prayer of the heart），他指的就是**心靈**的祈禱（prayer of the mind），因為在

《課程》中，心（heart）和心靈（mind）是同義詞。然而，耶穌真正要問的是：你究竟在向小我祈禱或向聖靈祈禱？你想要小我的禮物或聖靈的禮物？你是否想把分裂弄假成真，才會對身體的症狀如此當真？還是說，你正試著看透這些症狀的虛幻，因為你相信自己和上主不曾分裂過？總之，真正的療癒必須以救贖的真理為前提，你必須已然領悟到「天父與聖子的一體關係不曾改變分毫」。話說回來，不論你的「心禱」求了什麼，都會如願以償的，因為一切皆是你自己編織的夢。

(1:5~6) 祈禱內容與祈求本身有時是矛盾的，有時則會心口一致。這都不是問題。

有時候，我們是真心渴望上主的平安，也祈求平安。但有時我們的祈禱只是想滿全小我心願，凡是能讓自己與眾不同的，通通都想要，**唯獨不要**上主的平安。這便是〈頌禱〉裡所謂的「分裂取向的療癒」（S-3.III）。一旦你自視為療癒者，你便與有待療癒的病患成了兩個不同的個體了。也就是說，你的目標若是在療癒對方的身體，不論是向上主、聖靈或耶穌祈禱，都與心靈真正需要的療癒背道而馳了，因為這種「分裂取向的療癒」只會強化分裂與對立。身體不會生病，故在你認定身體有待療癒的那一刻，便已顯示真正需要療癒的，是你的心靈。一旦認定某人或某物有待療癒，就會殫精竭慮地解決外在的問題，這表示你已聽信了小我之言，你自然會使出怪力亂神，費盡心思藉用外力來解決一個不存在的問題。問題弄假成

真之後，人間的分裂幻相就更加固若金湯了，如此一來，你怎麼可能不受煩惱、傷痛與死亡之苦？

(1:7) 反正上主聽不懂人的語言，因為語言乃是分裂的心靈為了繼續活在分裂的幻境中而造出來的。

　　這句話極其重要，它重述了〈練習手冊〉的觀念：上主不可能了解人的語言的，因為人類發明語言的動機就是為了確保分裂狀態（W-183.7:3~5）。上主與聖子原本是同一生命，祂怎麼可能把聖子當成另一位而「聽」他說話呢？既然如此，為何〈練習手冊〉下篇給了我們一篇又一篇的美妙禱詞，將我們一步一步地領向上主天父？要知道，耶穌之所以給這些禱詞，目的是要修正小我企圖鞏固特殊性的那類祈禱。不過，耶穌說過，他的課程是給小孩子聽的，故他在教導我們這群小孩子時，得講些童話故事，再唱幾首兒歌，這一切純粹是為了遷就我們的靈修水平。儘管如此，他的話語充滿慈悲善意，與小我的哀歌和愛恨情仇故事，形成了強烈的對比。總之，耶穌要我們明白，上主不解人間的語言，只因祂活在超越二元的圓滿境界。話雖如此……

(1:8) 然而，語言對初學者特別有用，它能幫人專注，幫他排除或至少控制住有如脫韁之馬的雜念。

　　這句話與第拾陸篇「上主之師應該如何度日？」可說是異曲同工，耶穌再度區分資深教師與一般教師的不同。資深

者已經不需要形式的規範，但對仍如幼兒搖擺學步的我們，則不能不借助於語言，也因此，〈練習手冊〉才會有大量的「禱詞」。等我們真正步上軌道之後，自然就漸次卸除規範，也不再仰賴語言來修正小我的鳩舌之音了，那時只需單純而直接地反映上主之愛。終有一天，我們再也無需依賴語言，因我們已化為上主聖言了。

(1:9~10) 然而，不要忘了，語言只是象徵的象徵。因此，它離真相有雙重之隔。

這個觀念借用了柏拉圖《理想國》第十章的概念。舉例而言，在聖靈眼中，最終的實相僅僅是上主的聖愛，然而，我們通常會用仁慈天父來象徵這一聖愛，接著又把祂的仁慈形容成「沒有我們就會感到孤獨，還會為我們的分裂處境哀傷哭泣的天父」。這種描繪方式，便成了「象徵的象徵」，因上主之愛本身只是實相的一個象徵而已。同一原理也可運用於**寬恕**的觀念上：寬恕代表正念夢境中的實相，但必須透過「原有利害衝突的兩人結合於共同福祉之下」的象徵，方能呈現於人間。為此，《奇蹟課程》所描述的「兩人之間」發生的衝突，可說是象徵的象徵，這些描述文字「離真相有雙重之隔」。

總之，這段話的重點是耶穌想提醒我們，別死抓著他話語的字面意思大作文章，而要看出他真正用意是「願這些話打動你的心，將你帶到那超越言詮之境」。可還記得〈正文〉第二十七章第三節「超越象徵之上」的精彩解說：上主超越象徵

之上，真理亦然。話說回來，只要我們還認為自己不只活在世上，而且活在一具身體裡面，我們就缺不了象徵與文字。因此，耶穌也不會棄之不用，但他會一再提醒我們，把注意力放在文字背後的真相上。文字既是象徵，必屬幻境，〈詞彙解析〉開門見山地告訴我們：「本課程完全是針對小我的思想架構而寫成的。」（C-in.3:1）表示耶穌不能不利用象徵、觀念與文字。總而言之，小我利用言詞促成我們的分裂，耶穌卻借用言詞把我們連結起來。文字語言本身毫不神聖，真正神聖的是語言文字所啟發的愛。

(2:1~3) 語言雖然只是一種象徵，卻有相當具體的指標作用。即使它有時顯得極其抽象，但心靈所接收到的卻可能是一幅很具體的圖像。任何一句話若不能引發心靈具體的聯想，它便不具實質的意義，也無助於療癒的過程。

耶穌在〈正文〉中這樣說過：

若沒有身體或是你熟悉的形式，你連上主是什麼模樣
都想像不出。（T-18.VIII.1:7）

上主的存在極其抽象「而不具體」（non-specific），超越了一切觀念與象徵之上，而這原本即是上主的真相。然而，每當一提到**上主**這個詞，不論我們的理性會作何理解，腦子裡仍會自然蹦出一些意象。這是由於我們感到自己是有形有體、有血有肉的生命，因此便需要類似的形相概念來指稱上主。為

此，耶穌一邊告訴我們上主的實相超越一切形式之上，一邊又稱祂為「天父」，而且還是男性呢！

　　耶穌要我們明白，啟程之初固然需要依靠象徵作為墊腳石，但他絕不樂見我們過度依賴它們；我們必須設法由象徵本身慢慢移向它所象徵的對象，直到我們抵達實相之境，親自經驗到那超越塵世的上主之愛為止。而邁向此一境界的捷徑，莫過於學習放下個別利益，以共同福祉的心懷與弟兄來往互動。**共同福祉**一詞，可說是最貼切地象徵我們在世的同一目的了，這同一目的又象徵著上主的一體實相。同理，**個別利益**最能象徵我們在世的不同目的，而這不同目的又象徵了小我的分裂「現實」。總而言之，我們需要不同的文字來描述不同的概念，每個概念象徵一種現實，有的屬於正念體系，有的則是妄念體系。

(2:4~6) **出自肺腑的心禱並非真的要求什麼實質東西。它的要求常指向經驗層次，它之所以提出某個具體要求，是因當事人認為那東西能帶來他所渴望的經驗。為此，他的話不過象徵了他祈求之物，而他祈求之物又象徵著他所渴望的經驗罷了。**

　　世上只有兩種經驗，衝突與恨，以及平安與愛；它們影射的正是小我和聖靈兩套思想體系。我若選擇了小我的衝突，就會不惜與你一爭長短，證明你錯我對。同理，我若想證明我們真已分裂為兩個不同的個體，就會把你當成病患，而我是唯一能幫助你的治療師，或者認為你是駑鈍的學生，而我是能讓你

開竅的老師。反之，我若真想證明救贖的真實性，就會把自己形形色色的關係全都轉化為學習寬恕的機緣。總之，我先決定了自己想得到哪種經驗，才進一步利用世間的象徵，獲得自己所渴望的那個經驗。

故說「他的話不過象徵了他祈求之物，而他祈求之物又象徵著他所渴望的經驗罷了」。我所渴望的經驗，若是想證明「上主錯了而我才是對的」，我便會祈求中獎、工作順利或關係改善這類事情。換言之，我的祈求只有兩種，不是想要證明我對祂錯，就是想證明祂對我錯；前者影射分裂為真，而後者影射救贖為真。兩者手法其實沒有差別，都是借用人間事物來證明自己想看到的內涵而已。於是，這又把我們帶回了作抉擇的心靈那裡，唯有回到此處，才可能碰到問題的真正核心。

(3:1~3) 祈求世俗之物，就會帶來世俗的經驗。如果心禱祈求的是這個，就會得到這個，而且他只會接收到這個。在祈求者的心目中，心禱是不可能落空的。

這是我自己編織的夢。我若要證明自己這個小我真實無比，就必須先證明世界真實無比才行。證明的手法若非憑靠你滿全我之所願（特殊之愛），就是藉著你剝奪了我之所需（特殊之恨）。我的抉擇者就這樣與小我沆瀣一氣，決定了自己的前程。只要我活出其中一種特殊性，小我的目的便已得逞了，它才不管我們到底「幸福」還是「不幸福」。而我也只是想利用快感或痛楚，把世界弄假成真。這正是我的祈禱背後的居

心，藉此向上主吐露自己真正的心聲：「祢錯了，我才是對的！」我們已說過，內在心境與外在情景是同一回事；不論是咎或苦，是寬恕或喜悅，你給出什麼，回收的就是什麼。

(3:4~8) 即使他心中祈求之事是不可能的，或根本就不存在，或是全然虛幻之物，他都會如願以償。他的抉擇具有「心想事成」的能力。地獄或天堂，就在這一選擇中。上主之子雖然沉睡不醒，並未失去這一能力。這已綽綽有餘了。

我們心知肚明自己都在夢境中求過這類不可能的事，想擁有這些不可能存在之物，因為我們始終認定自己就是一具身體。這一切必會心想事成的，只不過答覆我們心禱的，不是上主，而是我們自己，因為一切只是我們自編自導的夢。為了證明天人分裂已然成真，一體境界純屬虛幻夢想，我們故意打造出這樣一個對立且分裂的世界；我們相互殘害而受苦不已，也藉著世界來滿足（或未滿足）自己的需求。總之，不論是福是禍，全是我們自己求來的。我們若**感到**受了不公待遇，其實是咎由自取，不能歸罪他人，因為那正是我們**想要**的，如此才好指控他人：「看看我吧，弟兄！我是死在你手中的。」（T-27. I.4:6）一切都是你的錯，上主饒不了你的；雖然我也難逃一死，但我死後，祂會獎賞我而懲罰你，因我的痛苦即是你的罪證。說穿了，這全是我們真心所欲的結果，世間並無真正的無辜受害者可言。是心靈中的抉擇者，在自己的人生夢境裡自甘扮演受害的角色，而他的心禱就是想要證明自己是對的、上主

是錯的。整個世界正是為此而造。然而幸運的是，我們的心靈即使在昏睡狀態，依舊擁有抉擇能力，隨時可在天堂與地獄、昏睡與覺醒之間，重新選擇。

(3:9~10) 至於他說什麼，無關緊要。只有上主的聖言才有意義，因為它所象徵的境界不是人間任何象徵所能望其項背的。

說什麼都無關緊要，一切端視自己目的何在。我若願證明上主是對的，自會看到一個反映祂一體生命的世界；我若想證明祂錯了，便會看到一個特殊且分裂的世界。只有我，具有這種能力，因為這是我自己作的夢。和晚上睡覺時的夢一樣，只有夢者我能為它負責。

人們常會祈求一些聽起來挺神聖的東西，特別是在帶有宗教和靈性意味的祈禱中，更是如此。祈禱的人從未意識到，這類所謂的心禱，暗地裡其實是想證明天人分裂是既成的事實。這就好比，在這追逐個別利益的世界裡，人們總認為自己所信的這一套才是真理，別人則是那麼愚昧無知。無論如何，唯有祈求上主的救贖聖言，才是唯一有意義的選擇，因那一救贖才能反映超乎整個世界之上的一體之愛，以及超越一切夢境的真理實相。

(3:11~12) 只有聖靈了解這個聖言所代表的意義。而這也綽綽有餘了。

我們無需知道上主聖言所代表的愛究竟是什麼，但我們必

須誠實反問自己，是否真的想回家。回家的唯一途徑，即是致力於共同福祉，不再追求個別利益。這就是寬恕的真正內涵。

(4:1~2) 那麼，上主之師教導他人時，是否該避而不用語言？絕非如此！

這一段引文又將我們領回現實生活的層面。耶穌在前文說了：語言不僅無足輕重，更有甚者，它是為了與上主分裂而發明出來的（M-21.1:7）。然而，只要我們還以身體的形式活在世界上，語言仍能發揮相當神聖的作用。以往為了分裂與謀害而打造的一切，如今都能轉而用在相反的目的上。在小我的世界裡，它勇於發聲，不斷編寫劇本，拼命打造世界，為我們建立一個充滿恨的人生課堂。我們一旦改變了心意，拒絕與小我認同，耶穌就會把恨的課堂轉化成寬恕的課堂。而在這類人生課堂裡，我們不能不使用世界的象徵及語言文字。

(4:3~5) 許多人仍無聆聽「大音希聲」的能耐，他們非靠語言不能交流。然而，上主之師必須學習新的遣詞用字之道。他還需慢慢學習不再自行決定要說的話，而讓聖靈為他選擇適當的措辭。

耶穌在〈練習手冊〉的結尾曾說：「至此，我們快到無需文字解說的階段了。」（W-PII. 十四.2:1）意思是說，到了旅程的終點，我們就不再需要依賴語言文字了；然而在抵達那一境界以前，語言還是不可或缺的工具。為此，上主之師跟其他

人一樣用語言交流，只是目的截然不同，因為他們的話語來自另一「源頭」——他們知道這是出自另一位作者。

　　請注意，耶穌在此並沒有要我們向聖靈請教自己該說什麼，雖然我們在書中好似常看到這類暗示。針對這一主題，耶穌曾經答覆過海倫，那時她問耶穌「該說什麼來幫助某人」。海倫得到的答覆是，她問錯問題了，她該問的是「如何除去自己心中的判斷」〔原註〕。只要能夠放下自己的判斷，不論她說什麼，都會是出自耶穌而充滿愛心的話語。換句話說，我們的責任是除去小我「特殊性」那道面紗，拒絕聽從干擾聖靈的噪音。只要我們不再重視小我刺耳的叫囂，它們自然就銷聲匿跡了。干擾消失了，愛的訊號會變得清晰而有力，當它流過我們的心靈，自然也會流露在我們的言行舉止中。總之，無需向聖靈請教該說什麼，只需祈求祂幫助我們除去**自己**為了壯大特殊性而發表的高論，這樣就夠了。剩下的，只可能是愛的念頭，它們自會溫柔地轉為平安慈愛之言的。

(4:6) 這一學習過程正好成了〈練習手冊〉「我要退讓下來，讓祂指引前程」的註腳。

　　這句話道出了本篇的中心要旨：只要我們從小我那裡退下，上主的愛自會引領前程（W-155）。「退讓下來」，其實與「揭開面紗」一樣，都在提醒我們警覺小我和**它**的王國，因

〔原註〕請參閱《暫別永福/暫譯》PP.381~382

為那是我們回歸上主及**祂的**天國的途徑。可還記得，救恩的「是」代表了「不是『否』」；當我們向耶穌說「是」時，不僅意味著我們必須正視小我，還應該堅決抵制它的勢力才行。若真想說出對人有益的話，我們要先叫自己讓開，別擋了祂的路。一旦真心向小我說「不」，愛不可能不流經我們的。所以說，無需為了說什麼而絞盡腦汁，因為實際上並不是你在說話；即使仍需透過你的唇舌，但話語中的愛之內涵，卻不是來自於你，而是來自你和所有人共有的正念之**你**。

(4:7~9) 上主之師得先接受聖靈給他的話，才能把自己領受到的分享出去。他不再操控自己的話語的流向。他只是聆聽，真正聽到以後才會開口發言。

施與受是同一回事。當我退讓下來，表示我已經清除了自己放置在路上的障礙，於是，我不只接納而且真正領受自己心內的上主之愛。正因我已領受到，我才給得出來。它會經由我而流出，這是它的本性，因真愛天生就有推恩的能力；它如一匹良駒，優雅自在地奔馳於草原上，不待騎士勒韁領路。總之，所謂的「聆聽」，其實是指「不」聽小我之言而已。〈正文〉有言：

> 如果你請教、答覆與聆聽的對象，都是這一特殊性，
> 你可能接收到聖靈什麼樣的答覆？（T-24.II.4:3）

特殊性之音會掩蓋聖靈寧靜而細微的天音。正因我們感受

不到聖靈的平安，才會成為特殊性的階下囚。反之，只要不理睬小我之音，我們所聽到的，自然唯有聖靈。於是我們所說的一切，就不是出於自己了；那一刻，不論說什麼或做什麼，對所有人都會有益的，而且絕無例外。即使在**形式**上，它原是針對特定個人或群體而發的，但只要我們的言行純然出於愛，就必然會在**內涵**層次惠及整個聖子奧體。聖子奧體看起來好似支離破碎，但他們全都同具一個人生目的，此生也只有一個需求，就是重返天家。

(5:1~3) 上主之師在這學習過程中最大的障礙，就是擔心自己所聽到的話是否真實可靠。他所聽到的很可能令他驚愕不已。或者與他心目中的問題毫不相干，那個答覆甚至讓這位老師感到尷尬或困窘。

　　這段話雖是當時針對海倫而說的，對我們顯然也十分中肯。海倫接聽耶穌訊息之際，有時會臆測話中是否有弦外之音；她這番推敲其實是多餘的，因為整個秘傳過程根本與她個人無關。前文已經解釋過，只要源頭不是來自小我，不論我們說什麼，對人都會有益的。我們最大的挑戰乃是自己隨時與小我暗通款曲，以及渴望特殊性，這才是問題之所在。我們很可能心懷怨懟，卻還自認為出於愛呢！回顧基督教的歷史，直到今日，多少基督徒真心相信自己聽到了神的指示，要他們發動戰爭、組織十字軍、審判異端，那些人全都趾高氣昂地打著耶穌的旗號。追根究柢，全因他們渾然不覺自己的小我，這也是

為什麼本課程會把所有的火力都放在「化解小我」上頭。

為此，若想聆聽上主天音，唯一的途徑就是不聽小我而選擇聖靈。〈練習手冊〉第四十九課說：「這一整天，上主之聲不斷向我發言。」然而全篇不曾說過我們從早到晚都能聽見天音。沒錯，聖靈不斷向我們發言，因為祂始終存於我們的心靈內。問題在於我們「選擇」不聽。為此，才有〈正文〉、〈學員練習手冊〉、〈教師指南〉這麼一套完整的課程，來幫我們「重新選擇」。故說《奇蹟課程》的核心並不是愛，而是解除愛的障礙。也可詮釋為：這部《課程》是要我們認清罪咎之後，決心抵制罪咎，化解罪咎，而且徹底看清罪咎的遊戲絕對無法滿全我們的心願的。

只要罪咎的陰暗面紗一除，上主的平安便會穿透心靈而大放光明。關鍵在於，我們的目光不再盯著平安所展現的形式，也不再受那些表相左右，明白**形式**毫不重要，**內涵**才是一切關鍵，這表示我們終於拜對了師門。如此一來，我們便已親自領受了救贖，否定罪咎的存在，完成了自己此生份內的任務。別忘了，救贖就是「修正」（M-18.4:6），有待修正的唯有錯誤，而真理無需修正。救贖只會要求我們修正心靈已經作的錯誤選擇。因此，一旦把焦點誤置於自己的言論多睿智、幫助了多少人，以及為耶穌做了多少奉獻，我們應該即刻警覺自己已經聆聽「特殊性」之音了。耶穌怎麼可能在意人間瑣事？世界根本就不存在！需要拯救的不是世界，而是那個認為外面有個

世界而且有一堆人等著被救的**你**。這類想法就是所謂的怪力亂神，它要保護的正是「我已與上主分裂，故我存在」這一怪力亂神之念。總而言之，我們此生有待修正的，正是這一信念，也唯此信念而已。

(5:4~5) 諸如此類的評估其實不值得你一顧。因為這些評估全出自於連他自己都棄之猶恐不及的自慚形穢心理。

這種自我評估，就是靠特殊性方能大顯神威的。我想成為廣受歡迎與愛戴的重要人物，我以助人為樂，如此，別人會認為我很了不起。這一切都是出於自慚形穢的小我，隨時都在期待他人的認可，否則便無以為繼了。為此，當我們不再聽從小我那一套，意識到自己是上主之子的真實身分時，也就與那流經自己的愛相認同了，我豈還需要他人的認可？此時，我們壓根兒無需思量該做什麼或說什麼，因我們已把小我的幻相帶到真理內，真理自然會透過我們而發聲的。

(5:6~7) 切莫評判自己所接收到的話，你應滿懷信心地分享出去。它遠比你自己想出的話有智慧多了。

你會滿懷信心地與人分享那些話語，因為你信任那話語的源頭，也就是你心內上主之愛的那個記憶。你之所以滿懷信心，因你已無需證明「自己對而上主錯」了。這種信心會帶給你寧靜與喜悅，你深深感受到自己和世上每個人都同在歸鄉途中，而且禍福相倚，同舟共濟，不論我們分道揚鑣了多遠或多

久，最終是以同一聖子的身分回家的——「最後的結果必如上主一般屹立不搖」（T-2.III.3:10）。

(5:8~9) 上主之師所用的象徵都有上主聖言為它撐腰。祂會親自在他們的話中賦予聖靈的大能，原本沒有什麼意義的象徵便昇華為天堂的召喚了。

　　語言在本質上毫無意義，因它原是為了抵制「終極意義」而發明的。然而，它卻可能轉化為救贖的象徵；而救贖又象徵了上主一體之愛那個實相，故成了天堂的召喚。只要目標一轉，我們的言詞也會搖身一變，成為上主聖愛的發言管道。我們份內之職乃是盡量不干預上主的召喚或它的訊息，只要設法解除自己企圖把真愛排除於意識之外的那些障礙。其餘的，交託給聖愛就成了，它自會照料一切，溫柔地將我們由夢中喚醒。屆時，我們必會恍然大悟，天堂的召喚原來就是我們自性的呼喚。

貳拾貳. 療癒與救贖有何關係？

　　本篇繼續探討前文提過的「語言在療癒過程中扮演的角色」以及「心靈與身體的關係」兩個主題，後者可說是「共同福祉與個別利益」相當重要的變奏曲，它譜出了小我的「天人分裂及人我分裂之信念」與「一體之境」的鮮明對比。另外，耶穌會闡明療癒與救贖根本就是同一回事，療癒、救贖、寬恕以及奇蹟，也全是同一回事。這一說法在此別有深意，因耶穌在〈正文〉前幾章曾經把療癒、救贖和奇蹟作了明確的區分：救贖是原則，奇蹟是工具，療癒是結果。他甚至提醒我們，切莫將奇蹟與療癒混為一談而說成「療癒的奇蹟」（T-2. IV.1:2~5），意思是奇蹟只是方法或手段，療癒才是我們想要的結果。值得注意的是，耶穌後來又在〈正文〉其他章節以及本篇毫不避諱地使用「療癒的奇蹟」一詞。這便是《奇蹟課程》在用詞上前後不一致的明顯例子。話說回來，**形式**上的不一致，絲毫影響不了耶穌的教誨在**內涵**上一貫的嚴謹本質。若要追究用詞不一的原因，可以這麼說：《課程》的頭幾篇，耶穌的用意是在教導我們療癒過程中的具體步驟，那時強調的是

療癒的過程。等到那些觀念交代清楚之後，用詞上就無需那麼嚴謹，可以比較隨興而發了。故耶穌在此靈活地將療癒、救贖、寬恕與奇蹟劃上了等號。其實，在等號的兩端還可以繼續加入一串其他的奇蹟術語，例如神聖一刻、神聖關係、救恩等等，這些用詞都是由不同角度為我們描繪「修正錯誤」的過程，也就是「解除當初自己因不願認出愛的臨在而設置障礙」的那個過程。

至此，我們便會明白，上主之師的任務所在，並非教人如何具體解救世界或治療病人，而是親自領受救贖，也就是化解自己對罪咎的信念。這正是人類最深的病根。唯有如此，耶穌的愛方能流經他們業已療癒的心靈；既然心靈是一體相通的，世界必也與他一起療癒了。這是我們在〈教師指南〉中最耳熟能詳的中心要旨，隨後幾篇還會不斷回到這個主題。另外，本篇又重述了第伍篇「疾病在小我計畫中所扮演的角色」的主旨，強調疾病的老巢隱藏在心靈之內，身體不過是心靈的罪咎之念投射出來的幻影罷了。

(1:1~2) 療癒與救贖之間不只相關，它們原是同一回事。奇蹟之所以沒有難易之分，是因為救贖沒有程度之別。

療癒、救贖和奇蹟，乃是由不同角度描述化解小我的過程。究竟而言，三者可說是同一回事。即使表面上人們可能呈現出百千萬種形式的錯誤，骨子裡卻是同一個，也就是「我們已與上主分裂」這個根深柢固的信念。為此，才會說療癒、奇

蹟或救贖沒有難易之分。修正的途徑始終只有一個：回到抉擇
者那裡，也就是當初作了錯誤選擇的那一部分心靈，重新選擇
耶穌為師，修正當初拜小我為師的錯誤。本篇所要傳達的，僅
此而已。

**(1:3) 它是世上唯一可能存在的完整觀念，因為它是徹底一貫
的知見之源頭。**

　　「一體性」這一核心主題又出現了。救贖之所以是「徹底
一貫的知見」，乃是因為不論感官傳輸給我們什麼訊息，在救
贖的眼中，萬物全是同一回事，不是代表愛的求助，就是愛的
流露；而不論是哪一種，我們的回應都只有一個，就是愛。面
對國際大事也好，私人瑣事也一樣，那是我們對所有求助訊號
的唯一回應，而且絕無例外，否則我們的知見便稱不上「徹底
一貫」了。因此，上主之師若要恪盡己責，必須念茲在茲，以
「共同福祉」為自己的唯一目標。

**(1:4)「片面的救贖」這一觀念毫無意義，它就像「天堂設有一
個地獄特區」的說法同等的荒謬。**

　　耶穌論及犧牲時，也有類似的表述：天堂內不可能有一點
地獄，地獄內也不可能有一部分天堂（M-13.7）。這又回到**非
此即彼**原則了。我們若非與上主分裂，就是與上主一體，這中
間沒有灰色地帶，也因此不可能有片面的救贖。說穿了，人間
的**一切**苦難，不論發生於自己身上或全人類，**全都**出於同一起

因，就是我們誤信了小我的謊言，以為自己已分裂為各不相屬的個體生命了。

(1:5~6) 接受救贖，就等於獲得了療癒。救贖即是上主聖言。

　　身為奇蹟志工，唯一的責任就是親自領受救贖（T-2. V.5:1）。這一主題反覆出現於〈正文〉與〈練習手冊〉，此處又再度現身。我們唯有認清小我是不可信任的，轉而拜耶穌為師，讓自己的心靈得到療癒，世界才可能隨之療癒。

(1:7) 只要領受了祂的聖言，疾病從何而生？

　　如果我們認定自己是這具身體，上述說法自然顯得荒謬無比。領受救恩和受了風寒、罹患癌症或負傷戰場，怎麼扯得上關係？然而，唯有明白「心靈才是唯一可能患病的層次」，一旦心內的罪咎之念療癒了，疾病便無以立足，上述之言立即成了無上的真理。總而言之，疾病不過代表了「分裂取代一體、仇恨取代愛、小我取代聖靈」的那個錯誤選擇。要知道，我們對罪咎的信念，不只是疾病的淵藪，還滋生出整個宇宙幻相；而逼著唯一聖子不得不投胎為人，一生忙著維繫這具肉體生命的，也正是出自這一信念。

(1:8) 一旦領受了祂的聖言，你等於完成了所有的奇蹟。

　　請記住，**奇蹟**的真正內涵其實是**修正**，也就是轉變知見，或是改換老師。它所要修正的，是我們仍是唯一聖子時所犯

的、至今依舊不斷重犯的那個基本錯誤，致使我們每天不斷背棄聖靈而選擇小我。

(1:9~12) 寬恕即是療癒。上主之師已經把接受救贖當成自己的唯一任務。那麼，還有什麼是他無法治癒的？還有什麼奇蹟超乎他的能力之上？

　　我們再次看到了寬恕、奇蹟和救贖的等同性。唯有透過寬恕的奇蹟，我們才可能完成此生的唯一任務，也就是親自領受救贖。所以說，我們的任務不是傳授《奇蹟課程》——療癒他人、拯救世界、追求和平等等；除了親自領受救贖、療癒自己以外，我們沒有其他任務。只要甘願拜耶穌為師，就等於否定了分裂、罪咎及特殊性的存在；小我思想體系一旦瓦解，上主的愛便會穿透我們的心靈，化為最有益的助人形式。因此，《奇蹟課程》所謂的上主之師，純粹指那些以寬恕為此生唯一任務的人。唯有如此，才算是已經攀上正確的階梯，接受耶穌的指引，一步一步踏上歸鄉之途。

(2:1) 上主之師的成長進度有快有慢，全看他是否認得出救贖無所不包的特質，是否有時還會刻意隱藏某些問題。

　　由這段的幾個關鍵字，我們聽到〈教師指南〉第一主題曲「共同福祉」的另一段變奏。救贖之所以能真正發揮修正作用，在於它無所不包的特質。因此，如果我寬恕了所有的人，卻唯獨排除其中一位，表示我沒有寬恕任何人；同理，當我請

耶穌陪我正視世上所有的問題，只要我故意迴避一個問題，一切便功虧一簣，等於未曾向他求助。請記得，救贖是涵容一切的，這特質本身正是療癒的要素，整個療癒過程的關鍵即在於我們究竟要選擇分裂還是選擇合一。我們不能把自己的任何幻想、問題或不願寬恕的人與事，剔除於上主療癒的愛之外，否則就等於把整個宇宙剔除在外了，這便又回到「全有或全無」的原則。為此，療癒與救贖，奇蹟與寬恕都是息息相關的，它們之間沒有難易之別。

(2:2) 有的人能頓時悟出救贖的課程可以完美地套用於任何情境，但這種情形相當少見。

如果遇到有人聲稱自己「已經頓悟且完成了救贖」，而且還能「完美地套用於任何情境」，我們最好警覺一點，因為這種情形極其罕見。耶穌在此指的是**全面**接受救贖，表示此人已經進入了真實世界，心靈也已徹悟自己的真實生命存在於小我思想體系及時空世界之外。我們在第玖篇已談論過，證入真實世界的人，幾乎都需經歷漫長的漸悟過程。為此，我們最好按部就班、穩紮穩打地踏上心靈旅程，才不會老想否認內心的抗拒以及對真相的恐懼。我們寧可承認並接受自己的抗拒，也絕不壓抑它或與之奮戰。我們應把恐懼帶到耶穌的愛中，容許他的溫柔與寬容來療癒自己的恐懼，才是最健康的修行途徑。

(2:3~4) 上主之師接納上主所賦予的使命時，未必能夠完全明瞭這一接納將會帶給他的一切。只有結局，他是肯定不疑的。

　　這幾句話好似給了我們一顆定心丸，它告訴我們，大可不必為自己心存戒懼而內疚不已。我們可能已經意識到這部課程確實是真理，也決心踏上這條靈修之路，甚至接受了寬恕為自己此生之任務，願意畢一生之力祈求耶穌幫助自己轉變對世界的看法。然而，在此同時，我們內心也會生出極大的抗拒，因而舉步維艱，走得戰戰兢兢。換句話說，即使我們已經跟對了老師，也隨之攀上了正確的階梯，但在拾級而上之際，依舊可能卻步，只因我們唯恐自己這個獨特的我，一旦到了階梯頂端便會失去立足之地。

　　覺察內在的恐懼與抗拒，還有另一好處，就是讓我們不再那麼容易掉入小我的傲慢與偽裝神聖這類的陷阱，我們也才可能體會到寬容的真正含意，給自己的恐懼幾分尊重。若不能寬容待己，是不可能寬容待人的。為此，我們得學習允許自己害怕，尊重自己老是明知故犯地選擇小我。其實，害怕失去自己的獨特身分，稱不上什麼罪過，為此而內疚，反而才可能成了一種罪。但話說回來，不管有罪無罪，都只能算是一場無聊的遊戲罷了。**罪咎**乃是小我的看家本領，一切輪迴之根。我們若因自己尚未達到心目中的靈修境界而自責（不管自己對此境界的定義為何），那麼，我們若非硬生生將罪咎壓制下去，就是助長它的勢力，這才是最要不得的事。

(2:5) 當時機成熟時，他自會領悟出救贖無所不包的深意。

　　在旅程中，我們隨時可能靈光乍現，感到在生理與心理上

所認同的這個自我，真的是個幻相！然而，若要真正領悟箇中深意，必須先明白「修正」的本質是無所不包的，徹底看清整個物質宇宙的每一層次、每一面向，全都出自妄造，無一例外。既然世間一切沒有絲毫真實性，我們就不該把任何事物當真，甚至認為它們有能力左右我們心靈的平安。罪咎、恐懼與特殊性，都在為我們演出自己是如何把形相世界弄假成真的。然而，只要憶起世界的虛幻本質，我們便會明白人間沒有一物可以決定我們的快樂或哀傷。試想，虛無哪有影響人的能耐？

(2:6) 當前程顯得遙遙無期時，願他放心地走下去。

切勿過度強調這一旅程的漫長，縱使橫亙百千萬劫，畢竟也只是一場幻夢。如果為了寬恕的漫長歷程而沮喪，甚或開始煩惱世界要多久才會覺醒，我們就是又把錯誤弄假成真了。別忘了，我們唯一的任務只是「領受救贖」。僅此而已。

(2:7~9) 因他的方向已經確定。這已綽綽有餘了。只要他完成了自己的必修課程，上主豈會不玉成其餘的一切？

答案當然是「不會」。然而終究說來，上主既不會給予我們什麼，也不可能奪走什麼。真相是：**我們擁有一切，只因我們就是一切；我們的所有與所是，永遠不生不滅，不增不減。**連先前的攀登階梯，也只是個比喻，純屬幻相，因為那其實是「當下即至的旅程」（T-8.VI.9:7）。話說回來，只要我們還認為自己活在人間，便不可能不相信自己仍在旅途中，而且需要這位比我們更有智慧的聖靈或耶穌，引領自己一步一步踏上這趟

由幻相邁向真相的旅程。

(3:1) **上主之師若想百尺竿頭更進一步，必須了解寬恕就是療癒。**

　　寬恕化解的是我投射到你身上的罪咎，我必須先把罪咎收回心中，好好正視一番，再放下它，才算真正寬恕了。那個罪咎才是病根。為此，真正有待治療的，並非生理或心理症狀，而是我們心中把罪咎當真的那個信念。

(3:2~3)**「身體可能生病」乃是小我思想體系中的一個核心觀念。這一想法賦予了身體的獨立自主性，由心靈分裂出去，使攻擊的念頭變得天經地義。**

　　我視為天經地義的攻擊念頭，指的是「我相信自己攻擊了上主」這一信念。這是一切罪咎的源頭，而我卻將它投射到別人身上，然後忘掉是自己內心率先發出第一個攻擊之念的。從此以後，我只會看到對方的攻擊，並認為反擊乃是正當的自我防衛。每一位發動戰爭的國家元首莫不如此振振有詞，這是每個小我最常用的藉口。這麼一來，「攻擊」成了我們的存在本質，而「投射」為我們提供了最佳的保護。然而真正的病根，始終不離我們最初攻擊了上主而生的罪咎，與自己這具身體一點兒關係都沒有。同理，我的憤怒與你的身體也沒有任何關聯，而全繫於我心中**認定**的你所做的事。我只是以此來掩飾「**我**才是那個罪孽深重且必遭天譴之人」這一秘密信念而已。

(3:4~5) 身體若能生病，救贖便無法立足了。因為身體若能頤指氣使地讓心靈就範，表示它已篡奪上主的地位，證明了救恩不可能存在。

　　雖然救贖宣告分裂不曾發生過，然而身體的存在卻重申了分裂的事實，疾病更成了它最好的明證。身體會感覺疼痛、發燒、罹患癌症、胃不舒服、愈來愈衰老，最後死亡；它們無一不在為「我們篡奪了上主王位而自立為神」這一瘋狂之念作保。我們既已榮登上主的王位，修正小我分裂信念的那一套救贖之說必然是一派胡言了。

(3:6~9) 果真如此，有待治癒的究竟是什麼？身體已成了心靈的主人。除非把身體除掉，否則心靈如何回歸聖靈？然而，有誰會為救恩付出這麼高的代價？

　　《奇蹟課程》又一次輕描淡寫點出了基督教的錯誤。教會的神學宣稱，身體是問題的癥結，一切罪惡的淵藪，唯有等到死後，由身體解脫，我們才可能得享平安。有些人以此作為了結自己生命的藉口：「人生實在很苦，但只要擺脫這具身體，我就自由了。」為此，我們把身體視為牢獄，唯有把獄卒給宰了，我們才可能逃離監獄重獲自由。教會將小我思想體系套在天心上，發明一套神學大肆宣揚：唯有透過死亡，未來才有得救的可能。這簡直瘋狂至極。難怪《課程》在「近在眼前的救恩」這一節中，如此強調「當下此刻」的救恩（T-26.VIII）。我們無需等待未來的解脫，因為未來根本就**不存在**；我們也無

需跳脫身體之外，因為我們從未活在身體*之內*。只要決心抵制小我而接納耶穌，救恩便會當下臨在於心靈的神聖一刻中。

(4:1~5) **無可諱言的，生病一點都不像是一種抉擇。也不會有人真的相信是自己故意要生病的。在理論上，我們不難接受這一說法，一旦落實到自己以及所有人身上時，很少人能把這一看法普遍應用於所有的疾病上。上主之師祈求的療癒奇蹟，並非針對這一層次。他會跳過對方的身心結構，直接看見基督聖容的光輝修正了一切錯誤，治癒了所有的知見。**

這段話讓我們想起〈練習手冊〉第一百三十六課「生病乃是抵制真相的防衛措施」，它為我們娓娓道出生病其實是出於自己的決定這一陰暗內幕。

請留意一下，從本段的第三句開始到全篇結束，耶穌用了多少次「所有」、「無所不包」這類字眼或概念。不論哪種病態，不論它屬於生理或心理、社會事件或國際事件，都能單純歸納為同一個問題：我們選錯了老師。如此而已。疾病不過代表了錯誤的選擇，為此，療癒或救贖也不過代表了正確的選擇。這一原則可套用在所有具體的病態形式上。唯有選擇聖靈的寬恕，我們才能無視於生病、邪惡而有罪的身體，**以及充滿罪惡感、邪惡而有罪的心靈**，重新回歸正念之心，透過聖靈的慧見，在所有弟兄身上見到那象徵著聖子純潔無罪的基督聖容。然而，這過程不能省略步驟，我們必須按部就班，慢慢從外在世界轉向打造出世界的心靈，然後來到心內的抉擇者，從

這兒修正過去的錯誤選擇，欣然重新選擇。

(4:6~9) **上主之師一旦認清了需要療癒的是誰，就會帶來療癒的結果。這種體認並不限於某個固定對象。它的真實性同樣適用於上主的一切造化。所有幻相就在這一體認中一併獲得了痊癒。**

　　需要療癒的是**誰**？當然是我們自己。整個聖子奧體都在自己內，因為只有一個生命。不論是作惡多端的迫害者或是可憐無辜的受害者，不論身體安好或違和，我們全都有病。凡是強調自己與眾不同，獨樹一格，或是喜歡判斷這是好人那是壞人，這人滿足了我的需求那人則否，此人有病那人健康……，耶穌為這套思維模式發明了一個新名詞：**特殊性**。他要我們明白，療癒不限於某個固定對象，因為疾病並不限於某個固定對象，而是人類共有的病態信念：相信自己真的罪孽深重，才會寄居於這具真實無比的身體裡面。切莫忘記，我們當初是以唯一聖子的身分與上主分裂的，故當我們療癒而恢復完整時，必也是以唯一聖子身分回家的。

(5:1~2) **上主之師若無法療癒他人，那是因為他忘了自己的神聖自我。於是，他人的疾病遂成了他自己的病。**

　　可還記得**知見等於詮釋**這一原則？我若詮釋你有病，表示我認為你我不同（因為你有病我沒病），那麼，真正有病的人其實是我。你的疾病代表分裂，我的亦然，因我視你不同於

我，也不同於其他人。不論我把你看成身體有病，還是道德上有瑕疵，表示我已把聖子奧體視為一個支離破碎的生命，彼此有健康與病態之分，或善良與邪惡之別；在那一刻，真正有病的，是**我**。

(5:3~4) 他一定已經與他人的小我認同，而且把他誤認為是一具身體，才可能發生此事。如此一來，表示他已拒絕了自己的救贖，再也無法因基督自性之名帶給弟兄救贖了。

當我將聖子奧體分門別類時，是不可能活得心安的，不安的我怎麼可能成為平安的工具？為此，必須先認清**我**的病根，盡快祈求內在那位真正的「治療師」幫我看清自己的處境，看清我對一體生命的恐懼正將自己推向分裂和特殊性的懷抱，才是問題的癥結。既然這是出於我自己的選擇，深受其苦的必然也是我。除非真心渴望脫離苦海，並且明白內心不安與身體不適均非外境造成，而純粹是出於自己的決定，我才可能甘願回到心內抉擇者那兒重新選擇。就這樣，耶穌一再將我們的焦點拉回〈教師指南〉的兩大主題：①一體與分裂，共同福祉與個別利益。②回到心內，祈求聖靈協助，作出正確的選擇。

(5:5) 其實他根本認不出自己的弟兄；天父從未創造過身體，因此他在弟兄身上所看到的只是一個虛假不實的生命。

常有學生問我，《奇蹟課程》在何處說過「上主不曾創造世界或身體」？此處即是其中一例。

(5:6) 錯誤無法修正錯誤，扭曲的知見也無療癒的能力。

發動戰爭是不可能帶來和平的，但目前幾乎沒有一位國家領袖學會這個教訓。不論在國際關係或私人關係，攻擊對方絕不可能得到和平，只會雪上加霜，因攻擊等於在教我們「小我的方法才是正確的，攻擊能讓你如願以償，唯有如此，你才擺脫得了自己的罪咎，獲得平安」。這一扭曲至極的知見，完全著眼於個別利益。然而，療癒的知見屬於基督慧見，只著眼於共同福祉，因共同福祉反映出上主唯一聖子與生俱來的同一生命本質。

(5:7~10) 上主之師啊！快退下來吧！你已經一錯再錯。不要再帶頭領路了，因你早已迷途。盡快轉向你的聖師，接受祂的療癒吧！

耶穌只說「你已經一錯再錯」，至於其他人是對或錯，根本不重要。犯錯的只有**你**，因為你看到分裂之境，表示你必然看走眼了。不論你有多正當、多合理或多靈性的藉口，你著眼的仍是個別利益。因此，不必枉費工夫去教導別人或幫人解決問題了，因為真正有問題而且有待救援的，正是你自己。只要你眼中還有邪惡善良或疾病健康之分，便已落入分別取捨之見而違背了無所不包的原則；那麼，你得明白自己已經拜小我為師了。這是一個警訊，提醒你該向內求助於聖靈了。

(6:1~3) 救贖的效果是放諸四海皆準的。對所有的人以及一切

境遇都具有同等的實用價值。它具有治癒所有人以及一切疾病的能力。

　　救贖的無所不包本質，在短短三句課文裡提了**六次**，可見這一觀念在《課程》中的核心地位。這段話也等於向我們耳提面命，知見與感官所見是兩回事。縱然活在世上不可能對差異視而不見，但耶穌此處指出的是，小我對這些生理及心理差異所下的價值判斷；正是這些價值判斷，深深地分化了聖子奧體，否認了救贖的真相。

(6:4~5) 不相信這一點，等於是對上主不公，亦是對祂的不忠。生病的人必然已經把自己視為一個與上主分裂的個體生命了。

　　我們哪一個人不是如此？只要我們仍認定自己就是這具身體，而且還在學習《奇蹟課程》，表示我們內心一定早已相信自己是一個與上主分裂的個體生命。究竟地說，天堂裡沒有《奇蹟課程》，也沒有一堆人用眼睛閱讀白紙黑字，或用耳朵聽演講，更沒有大腦忙著詮釋這些見聞。就此而言，世上所有生命可說全都有病。耶穌針對我們這群病患說：否定救贖的無所不包之特質，就等於對上主的一體生命不忠，也是對祂的不忠，因為一體生命是「祂」的生命實相，也是身為聖子的我們之實相。

(6:6~7) 你難道也想把他視為與你自己分裂的另一生命？你的

工作就是治癒那導致他生病的分裂意識。

要療癒人類的分裂意識，僅僅只有一途，即是回到心內療癒自己的分裂之念，而絕非憑我們一己之力得以完成的。幸好，我們心內始終有一位真正的「治療師」可以投靠。投靠「那一位」，本身**即是**療癒。

(6:8~11) 你的任務就是幫他認出他對自己的一切信念毫不真實。你的寬恕必須向他顯示出這一事實。治癒其實是非常簡單的事。就是接納救贖以及與人分享救贖。

這一說法不斷出現於〈教師指南〉，尤其是第伍篇第三節「上主之師的任務」。我們確實負有療癒的任務，但療癒靠的不是我們的雙手或言詞，而是為內心不平安者親身示範平安始終在我們的心內，藉此溫柔地提醒他：「我的弟兄，你也可以像我一樣重新選擇。」換句話說，只要我先盡了自己那份職責，耶穌之愛便會透過我而履行他那一份職責。我好似一個空的容器，讓他的愛透過我流出，自動化為人間最需要的形式。

(6:12~14) 只要你肯接納，必會領受到的。就在接納之際，你已療癒了。其餘的一切必會隨此唯一目標而至的。

施與受是同一回事，這個副主題又出現了。我們既然是同一生命，我只可能給我自己，而且我給出什麼，就會回收什麼。同理，我給你什麼，你也會收到什麼，因為我們是同一生命。收到之後，我們不可能不分享出去的，只不過，負責分享

或施予的並不是我們。我們的唯一職責是求耶穌助我一臂之力，別讓小我礙事，容許愛暢通無阻地流經自己，而且流入我內。這便是「施與受在真理內是同一回事」（W-108）。

(7:1~4) **有誰限制得了上主的大能？有誰敢說哪種人該得到哪一種療癒？又有誰敢說哪些事連上主的大能都無法寬恕？這類想法可說是神智失常。上主之師沒有資格為祂設限，因為他連判斷上主之子的資格都沒有。**

我們的職責不是判定誰才配得到我的寬恕，這只會限制愛的流動；決定親自領受救贖，解除自己為了隱藏與阻擋聖愛而設下的障礙，這才是我們真正的職責所在。

(7:5~6) **判斷祂的聖子，就等於限制他的天父。兩者都一樣的荒謬無稽。**

上主之子本身是完美的一體生命，他與造物主也是完美的一體。只因**觀念離不開它的源頭**。我們既是上主天心的一念，且不曾離開過這一生命源頭，那麼，攻擊聖子奧體內任何一個碎片，無異於攻擊整體，同時也意味著攻擊了它的造物主。

(7:7~8) **然而，上主之師必須先認清兩者其實是同一個錯誤，才可能真正明白它們的荒謬之處。如此，他就等於接受了救贖，因他已經撤回了自己對上主之子的判斷，接受上主創造他的本來面目。**

　　此處又回到了第一主題曲：上主只有一位聖子，因這是祂創造聖子的本來面目。我們既然是那一體生命的一部分，收回自己加諸聖子的判斷，便成了我們的當務之急。可還記得耶穌在〈心理治療〉提綱挈領地說：當治療師忘了判斷他的病患時，療癒便發生了（P-3.II.6:1）。沒有錯，只要治療師一停止判斷，他與病患對個別利益的共同信念便同時獲得了療癒，此時，治療師便是以這種形式親自為救贖做了見證：分裂不曾發生過。

(7:9~10) 他再也不會與上主對立，也不再自行判別何處需要療癒或何處時機尚未成熟。如今，他終於能與上主一起說：「這是我的鍾愛之子，他是永恆圓滿的創造。」

　　最後一句話是間接引用福音的說法，當耶穌在約旦河接受約翰施洗時，天開了，上主朝著耶穌說：「這是我的愛子，我所喜悅的。」（〈馬太福音〉3:17）這記錄顯示了施洗者約翰不是上主的愛子，同時受洗的那一羣人也不是，唯獨耶穌才是祂衷心喜悅的。這個聲明一到了《奇蹟課程》，立即蛻變為「涵容一切」的精神——我們全是上主的愛子。為此，我們的責任僅僅是隨時隨地覺察自己想要把某些人排除在外的衝動，也就是我們會藉著判斷或攻擊，企圖把聖子奧體的某一部分剔除於上主聖愛之外。寬恕的宗旨要化解的就是這一企圖，這正是我們最需要聖靈協助之處。成為資深上主之師的途徑，即在於此。

貳拾參.
耶穌在療癒過程中可有特殊的地位？

〈教師指南〉各篇中唯獨此篇，耶穌談論到了自己〔原
註〕，並且是以第三人稱指稱自己的，與整部《課程》第一人
稱的筆法形成了有趣的對比。我們不必為此迥異的風格大作文
章，以為海倫聽到兩種不同的聲音。套用印度諺語：天音雖
一，聽者卻賦予它不同的名字。

本文把耶穌形容成西方世界中已經證入聖子奧體一體境界
的偉大象徵。這位親自領受救贖之人，可說是我們的光輝典
範。他不僅在每一個人身上看到共同福祉，而且願意幫助我們
變成像他一樣。借用〈練習手冊〉的說法，他不僅是我們追尋
的「終點」，也是我們邁向他的那個「途徑」（W-302.2:3）。
所以說，他不只立於階梯的頂端，同時他還帶領我們抵達那一
境界。

〔原註〕耶穌在〈詞彙解析〉的「耶穌－基督」與「聖靈」兩篇也論及自己的角
　　　色。

(1:1~3) 很少人能直接領受上主的恩賜。即使是最資深的上主之師，在世上也會禁不住向誘惑低頭。如果他們的學生為此之故而錯失了療癒的機會，豈不是太不公平了？

　　耶穌這樣告訴我們：我們無需在人間活得完美無瑕，只需向夢境中圓滿成就的那一位（也就是他）求助即可。話說回來，即使未臻完美之境，並不表示我們無法幫助別人。「準備就緒並不表示已經駕輕就熟。」（T-2.VII.7; M-4.(九).1:10）後文第貳拾陸篇也將再度重申第一句話的含意。

(1:4~6) 新約裡常提到「因耶穌基督之名而求」。這會不會演變成一種怪力亂神的訴求？名字本身沒有治癒的能力，任何符咒也招不來什麼神力。

　　雖說呼求耶穌基督聖名未必會「演變成一種怪力亂神的訴求」，然而，那確實是人們常會落入的陷阱。為此，我們應該特別警覺，勿將他的名字當成解決人間問題的幻術或咒語，而應把它當成一種象徵，引領我們回到心內的抉擇者那裡，重新選擇耶穌所象徵的愛。換言之，我們不該指望僅僅喊喊他的名字（例如：耶穌，請幫我弄走這個難題），一切問題就會神奇地解決了。相對的，我們應把耶穌聖名視為心靈內救贖之愛的象徵，將自己內心的恐懼、仇恨、判斷以及痛苦等種種幻相帶入他的愛中。倘若誤解了這一基本精神，呼求聖名便與「怪力亂神的訴求」無異，只是另一種存心掩飾小我的花招罷了。不論是基督徒、奇蹟學員或任何流派，這類的事情可謂俯拾皆

是。總之，唯有把幻相帶入真相，而不是把真理拉進人間的幻境，才算真正把握了奇蹟原則。

(1:7~9) 那麼，呼求耶穌基督之名究竟有何意義？呼求他的聖名又有什麼加持力可言？為什麼向他祈求會成為療癒過程的一部分？

下文開始答覆這三個問題。

(2:1~2) 我們反覆說過，凡是已經親自圓滿地接受救贖的人，必有治癒世界的能力。耶穌確實做到了。

耶穌在此解釋，只要我們領受了救贖，世界便隨之療癒，並由我們的眼前消失。領受救贖之後，心靈便能得到療癒，復原為聖子奧體本有的一體生命，這表示聖子奧體的心靈必也一併療癒了。這就是「拯救」世界之道。完全不是靠任何外在作為，因為外面「本來無一物，何處惹塵埃」，我們只需將自己從錯誤選擇中拯救出來便成了。我們一旦作了正確選擇，療癒的是上主聖子的心靈，而非某一個個人的心靈，因為個體之心純屬幻相。如此一來，我們便會真正明白分裂不曾發生過，聖子奧體的一體生命也不曾分化為億萬個生命。既然世界只是分裂之念投射出來的幻相，妄念一旦化解，世界便自然消失了。可記得耶穌曾高聲疾呼：「世界根本就不存在！這是本課程一直想要傳達的中心思想。」（W-132.6:2~3）世界不復存在，只因造出世界的妄念已經解除了。「這個世界早已過去了。構

成這個世界的念頭，雖一度被心靈想過，也珍惜過，如今已不復存於心中。」（T-28.I.1:6~7）這段話要說的其實是，分裂之念在它好似發生的那一剎那便已化解了。整個物質宇宙在那一刻中幻生，下一刻便幻滅了。世界就是如此療癒的。問題是，我們始終堅信自己活在那早已消失的世界中。這個觀點在〈正文〉「當下的記憶」（T-28.I）那一節也有詳細的解說。

(2:3~4) 別人還可能繼續受到誘惑，但絕非這「一位」。他是復活的上主之子。

　　這「一位」，是指已經證入基督的上主之子，因此置於引號內，由小我墳墓復活的耶穌，成了這「一位」的象徵。至於復活，我們會在第貳拾捌篇看到，耶穌把**復活**界定為「由死亡夢境中甦醒」。前文討論過，這種復活和所謂的「肉身復活」根本風馬牛不相及。真正復活或重生的，是心靈中抉擇者那一部分，當它由分裂、十字架與死亡之夢中覺醒，便是復活。

(2:5~6) 他克服了死亡，因為他已接受了生命。他已認清了上主創造他的本來面目，因而了悟一切有情眾生都是他生命的一部分。

　　請注意，「一切」兩字又出現了。認出我們的同一福祉，正是貫穿整部〈教師指南〉的主題。我們的同一需求就是由小我夢境中醒來，因為我們在天堂中是一個生命，即使墮入地獄，仍是一個生命。

(2:7) 如今，他承繼了無限的能力，也就是上主的大能。

　　在我們分裂心靈內，「上主的大能」便是愛，它反映出天堂裡的上主聖愛。

(2:8) 他的名字變成了上主的聖名，因他不再把自己視為與上主分裂的個別生命了。

　　〈練習手冊〉第一百八十三課和一百八十四課都論及上主的聖名，有趣的是，這兩篇始終沒說出上主聖名是什麼。理由很簡單，上主根本沒有名字。所謂的「上主的聖名」，只是一體、聖愛，或上主本身的一個象徵而已，祂沒有真正的名字，因為天堂內沒有任何具體之物。

　　一旦接受了救贖，你便再也不會自視為造物主及生命源頭以外的另一生命，因為你已不再把自己視為任何人之外的另一生命——我們只有一個共同福祉。為此，只要攻擊一個人，你便已攻擊了整個聖子奧體，不論你憤怒的對象是整個國家、某個民族或團體，還是某一個人，都毫無差別。只要你在一處看到分裂，它便會在所有地方顯得真實無比，因為整體存在於每一部分之內。如此一來，你不可能不相信自己早與上主分裂了，這是必然的結果。請記得，**若想由分裂與死亡之夢醒來，唯一的途徑就是徹底領悟我們是同一個生命。**這一觀念如此重要，不論反覆提醒自己多少次都不為過。為此，我們修寬恕時，不外乎是將自己老想把差異當真的習性交給耶穌。直到有

一天，我們真正明白了彼此都活在同一瘋狂夢境裡，而且我們的真實生命根本不在此地，表示我們終於接受了救贖。於是世界就療癒了，我們成了真理實相的活見證，正如〈練習手冊〉所言：「當我痊癒時，我不是獨自痊癒的。」（W-137）

(3:1~4) 這對你有何意義？它意味著，當你記起耶穌時，你就會憶起上主。聖子與天父的整個關係都繫於他內。他在聖子奧體中所扮演的角色，也是你的角色；他圓滿的成就乃是你成功的保證。

這類說法在《課程》中屢見不鮮。如果你真讀懂了這些話，就得把以前從《聖經》讀到或由他人聽來的那個耶穌拋諸腦後了，你必須放下自己對他所有的妄見和投射，因為那樣的耶穌和此處的耶穌判若兩人。這位耶穌知道世界虛幻不實，血肉之身並非上主之子，療癒也不是像《聖經》描述的把一團泥巴塗抹在瞎子眼上。事實上，療癒和罪、身體、世界一點關係都沒有，療癒不過是靜靜地接受救贖的真相而已。世界就在那寧靜的一刻療癒了。無需歷經犧牲、受苦、死亡，或任何有形可見的治療型態，什麼都無需做，世界就化解了，因為它從來不曾存在過。耶穌為我們示現出何謂活在夢境之外的光明心境，他是不可能將夢境裡的任何一事當真的。為此，他也不可能在人間大展身手，干預世事，締造和平，或治癒癌症。他只會溫柔地呼喚我們與他一起走出夢境，進入真實世界。

(3:5~7) 他對我們還幫得上忙嗎？你得到他的答覆了麼？可別

忘了他的許諾；你不妨捫心自問一下，他可能對自己的許諾食言嗎？

　　耶穌透過整部課程，不斷向我們許諾「我永遠與你同在」，一如他當初再三向海倫作的保證。不論外境如何變化，不論我們對他或任何人作何感想，他一直與我們同在。他代表著愛的臨在，始終在人心內大放光明。正是這一光明不斷呼喚我們，將自己妄造出來的幻相、問題、痛苦及判斷帶入他的真理內。這一切全發生在心靈層次，只因心外無任何一物。為此，成為上主之師與外在如何作為，一點瓜葛都沒有，完全不是憑著宣講《奇蹟課程》或著書立論而晉身為上主之師的。上主的教師必須活出耶穌的教誨，親身示範它們的真實不虛。然而，耶穌的大愛也存在於我們每個人的心內。就是這個愛，給了我們一個自由的空間，溫柔呼喚世上每一個人與我們一起走出夢境。

(3:8~9) 上主豈會辜負聖子的期待？已經與上主合一的人所言所行怎麼可能不肖似祂？

　　第一主題又出現了。請記住，共同福祉為我們勾勒出上主的一體性，唯它足以化解我們自認為已與上主分裂的信念，並且幫我們憶起自己與造物主及聖子奧體的一體真相。

(3:10~11) 凡是超越身體的人必也超越了一切限制。這位偉大的導師豈會棄而不顧那些追隨他的門徒？

不消說，這兩句的答案即是：耶穌必與我們長相左右，因他活在我們每個人的心中。由此可知，耶穌不僅成了上主聖愛的象徵，而且他這象徵是為我們而存在的。下半篇還會繼續強調這一**象徵**的重要性。

(4:1~4) 耶穌基督之名本身只是一個象徵而已。它代表的是超乎世界之上的愛。你可以安心用此象徵來取代你所祈求的任何神明。當他的聖名在你心中迴響之際，便成了上主聖言的耀眼象徵；這象徵如此接近聖言，幾乎到了融合無間的地步。

如果耶穌對你來說並無太大意義，而你對他也不至於心存芥蒂，那麼改用其他象徵其實也無妨，只要能幫助你感受到那超乎世俗的愛與真理即可，因本課程根本不重視靈性的特殊性。但請注意，無論選擇了什麼，如果我們不想向這類無我的象徵人物求助，原因只有一個，就是我們並不想讓他的愛來化解世俗的特殊之愛，而且也表示我們已經選擇了分裂，才會不斷在善惡、勝敗之間分別取捨，一再替自己的判斷找藉口。

有鑑於此，我們必須提高警覺，只要對自己或他人起了絲毫的判斷之念，表示我們根本不想聽到那反映天堂聖愛的「不判斷之音」。小我會開始要求另一種象徵，另造一個耶穌來為我們所執迷的特殊性與個別利益撐腰。請記得，向這位不具特殊性的耶穌求助，等於在向一個宣稱「分裂不曾發生過」的聖名求助。因此，千萬不要把這個象徵扭曲為判斷自己或他人的指標性權威人物，而應藉此機會，超越自己對代表救恩的聖愛

（耶穌）之種種無聊判斷、罪咎和隱恨。

(4:5~7) 憶起耶穌基督的聖名，就等於感謝上主對你的一切恩賜。這份感恩之心成了你憶起上主的途徑，因為愛是不會離開感恩之心太遠的。如此，上主才會翩然來臨，因為感恩之心乃是你返回家園必備的真實條件。

倘若對耶穌毫無感恩之情，表示我們根本不想回家。耶穌在此告訴我們，感恩之心乃是我們歸家的道路，他在〈練習手冊〉也曾說過「愛乃是我感恩的道路」（W-195）。問題是，如果他會奪走我們的個體性與特殊性，以及我們所珍惜的私怨、判斷、以正義自居的心態，我們實在難以對這樣具有威脅性的人物心懷感恩的。由此可知，我們若對《課程》及其寬恕的教誨，甚至對這位導師本人，難生感恩之情，只有一個原因，就是我們無心學習他傳授給我們的功課。無論如何，當我們意識到自己缺乏感恩時，萬萬不可苛責自己。只需察覺自己的心態反應，老實承認自己並不想活得平安，才會選擇將某些人剔除於自己內心之外，把身邊無謂的煩惱、怒氣以及種種鬥爭，視為理所當然而且珍惜不已。顯然的，它們對我們的重要性，遠遠超過那視眾生為一體（也就是把眾生和自己視為彼此的一部分）的慧見，難怪我們很難對那代表「非小我」知見的導師心生感恩之情。總而言之，我們無需為自己常常情不自禁地選擇小我而內疚或羞愧不已；或者說，倘若你擁有這份自知之明，毋寧是值得慶喜的助緣。

(5:1~2) 耶穌一直在前引導著你。何以你對他毫無感恩之情？

　　對耶穌毫無感恩之心，只因我們並不想要跟隨他的步履，我們依舊戀戀不捨**自己**那條充滿特殊性與排外性的老路。

(5:3~4) 他向你要求愛，是因為唯有如此他才可能把愛賜給你。你並不愛自己。

　　我們若是真愛自己，是不可能淪落至此的，因為正是自我憎恨與罪咎將我們放逐於此世的。

(5:5~6) 但在他的眼中，你是如此的可愛，如此完美無瑕，他能從中看到天父的肖像。你成了他的天父在世的具體象徵。

　　耶穌對我們的愛，正是他愛自己的同一內在本質；那是同一個愛，因他眼中沒有分裂的個體生命。到了旅途的終點，耶穌也會和我們的個別自我一樣，消失於無形。然而，只要我們還活在分裂幻境內一天，他就是自性最光明燦爛的一個象徵，直到我們憶起自性而由夢境覺醒的那一刻為止。

(5:7~11) 你是他的希望，因為他在你內看到一個完美無瑕又無限的生命。基督的慧見在他眼中閃耀著永恆不滅的光芒。他一直陪伴在你身邊。你難道不想由他的經驗中學習救恩的課程？他既已為你走過這一段旅程，你為什麼寧可從頭學起？

　　耶穌問的是，為什麼我們一路上始終不肯向他求助？此處雖未如此言明，但我們非常清楚，若沒有他（或任何類似的象

徵）的襄助，我們是不可能完成這趟旅程的。耶穌在此好似懇求我們，牽住他的手，跟隨他的教誨，甘心用他的雙眼重新去看世界。然而，最關鍵的一步則是，我們一定要認清自己是多麼不想面對真相，然後接納他的寬恕來解除自己的恐懼。

(6:1) 世上沒有一個人能夠真正了解天堂的真相，也不會明白那唯一的造物主究竟是何物。

　　這樣的話語，耶穌一再不厭其煩，反覆重申——我們是不可能了解一體境界的。幸而，我們尚能了解共同福祉的意義，為此，他才會這樣告訴我們：「你一旦學會了共同福祉（也就是我們全都一樣）這門人生功課，自會明白它所反映的正是你原是基督那個一體生命，而且全然與上主一體不分。」

(6:2~4) 然而，我們有許多見證。他們都是充滿智慧的「善知識」。這些先聖先賢的成就遠遠超過我們所能學到的境界。

　　如同耶穌為我們作了見證，他邀請我們也同樣為他人作見證。所有人都有同一功課，走在同一旅程，內在都有同樣清明與同樣瘋狂的心智，只因世間沒有一人不是同時兼具了小我與聖靈的。若能認出這同一本質，就等於在為整個造化的一體性作證。這是「眾師之聖師」（耶穌在第貳拾陸篇還會談到此類教師）必須具備的心境。

(6:5) 我們豈能繼續教人自己那套畫地自限的經驗？

　　我們全都有自己的限度，但這不是我們想要教人的，因為我們的正念唯上主之愛是求，愛自會超越那些限度而向外推恩。雖然一體之愛不是靠我們去傳播，但只要我們不再強調「自己是與眾不同的」這一知見，我們仍可成為一體之愛在人間的倒影。

(6:6~7) **真有奉獻精神的上主之師是不可能忘卻自己的弟兄的。然而，他只能獻給弟兄他自己所學到的一切。**

　　若要真正成為上主之師，必須徹底明白，我們和他人並非兩個不同的生命，因為我們全是同一聖子奧體的一部分。既然如此，怎還可能把任何一人置之度外？然而能給彼此多少愛，端視我們能從自己心內接受多少愛而定。我們必須非常警覺，自己向愛開放時是多麼畫地自限；我們必須意識到自己內在有一部分仍然十分恐懼，想要抵制那一體無外的境界。唯有認清這點，才可能體會耶穌的苦心孤詣，明白**我們**真的需要他的協助。因此，耶穌提醒我們：

(6:8~10) **為此，你需要轉向那已放下了所有限制而且超越了學習極限的「一位」。他會攜你同行，因他從來不曾獨行過。你其實一直與他在一起，正如此刻一樣。**

　　耶穌在後面的〈詞彙解析〉中，從另一角度重申我們的一體性。他告訴我們，當他由死亡之夢覺醒（即復活）之刻，我們也與他一起復活（C-6.5）。別忘了，耶穌的復活，與《聖

經》描述的肉體復活是兩回事。當他由死亡之夢覺醒時，我們也與他一起覺醒，因為當他療癒時，他絕不可能獨自療癒的。只要一位聖子療癒了，整個聖子奧體全都療癒了。

請記得，在線性的宇宙觀與人生觀中，上述觀念真的匪夷所思。唯有超乎時空的知見，方能理解耶穌在說什麼，而這一部分的心靈正是療癒發生之處。由於耶穌象徵的正是我們渴望領受的救贖，他才會叮囑我們要向他求助。沒有他，我們必然徒勞無功。想憑一己之力完成救恩，就和想要找到愛卻排斥上主，或是想靠自己進入天堂一樣的荒謬。**那種**天堂，必已被特殊性污染了，其實與地獄無異。終有一天，我們會恍然大悟，我們向耶穌求助時，其實是向自己的抉擇者求助，因為愛內不分你我，愛就是一。

(7:1~4) 本課程就是出自於他〔耶穌〕，因為他知道如何以你喜愛又熟悉的語言與你相通。除了他以外，還有沒有其他老師用不同的象徵為不同語言的人指點迷津？當然有。對於身陷困境的人，上主豈會不伸出援手，為他們量身打造一位足以象徵祂的人間救主？

一言以蔽之，耶穌要我們明白，表達的形式可能千變萬化，但內涵卻是萬變不離其宗。這部課程在**形式**上屬於西方的理性思維，用的是基督教的術語，它只能算是普世課程中的一門，成千上萬不同課程當中的一支而已（M-1.4:1）。為此，我們必須自我警惕，千萬別跟《課程》的**形式**建立特殊關係。我

們真正想要的是它的愛之**內涵**，是一整首愛之頌歌，而非僅僅
貪戀某段旋律就夠了（S-1.I.3）。耶穌也說了，他的課程採用
一種我們能夠了解而且喜愛的形式，讓我們的旅途賞心悅目。
縱然如此，這部課程卻未必適合所有的人，因此耶穌接著又舊
話重提：

(7:5) 我們需要各式各樣的課程，不是因為需要不同的內容，
而是為了因材施教，我們需要不斷改變或調整所用的象徵而
已。

　　這一段話可說是「形式與內涵」這一主題的變奏。內涵是
永遠不變的，試問，愛怎麼可能變成其他東西？上主之子永遠
無罪無咎，因為分裂不曾發生過。這一內涵，在人間透過不同
的形式代代相傳。為此之故，耶穌勸告我們不要跟他個人或他
的教誨形式發展特殊關係，他還不斷提醒我們：「你要的，其
實是愛的內涵。若以此為人生唯一目標，你就必須將所有心力
投注於選擇正念，矚目於共同福祉，絕不賦予特殊性任何力量
來分化或離間你和世上的任何一人。」

(7:6~8) 耶穌已經前來答覆你的祈求了。你會在他內找到上主
的答覆的。現在就與他一起去教吧！他會與你同在，因為他一
直都在你身邊。

　　再提醒一次，耶穌並非救贖的唯一象徵。〈詞彙解析〉說
了，耶穌這號人物也是一個幻相（C-5.2:3），只不過，這個人

可說是最有力的助緣，他足以化為上主聖愛的象徵，帶領我們超越一切幻境而抵達旅途終點的真實世界。但是在抵達彼岸之前，我們十分需要援助。對大多數的西方人來說，耶穌名正言順地成了領路的光明嚮導。無論如何，耶穌一邊叮嚀我們，切勿把他的愛扭曲成特殊之愛或特殊之恨的對象，一邊又提醒我們不要否定他能提供給我們的協助。畢竟，針對小我分裂與恨之思想體系，耶穌正是最具救贖能力的答案。

貳拾肆. 真有輪迴這一回事嗎？

　　耶穌在前一篇已論及「妄用象徵」的問題，這一主題繼續延伸到隨後的兩篇。耶穌藉著「輪迴」與「通靈能力」兩項議題，對我們提出預警：我們很可能會為了特殊性與個別利益而掉入妄用象徵這一陷阱。此外，他還進一步為我們指出身體與心靈的關鍵性分野。

　　輪迴的觀念在《奇蹟課程》裡屢見不鮮，書中多次暗示，我們絕非僅此一次活在這個夢幻世界裡，耶穌甚至私下跟海倫和比爾提過他倆前世的關係。然而他在此篇卻告訴我們，相信輪迴與否，跟我們的救恩一點關係都沒有。我們只需接受救贖，救恩便**當下**現前。為此，不論我們相信自己來過人間一次還是幾百次，都沒有任何差別。因為時間並非線性的，其本質虛幻無比，究竟說來，輪迴觀念本身並無多大意義。

(1:1~3) 究竟說來，不可能有輪迴這一回事的。既然沒有過去或未來，那麼投胎一次或者多次的說法就失去了意義。因此，確切地說，輪迴不可能是真的。

　　輪迴觀只有在人生的夢境裡才顯得有其意義。既然連身體
都不曾真正存在過,我們怎麼可能投胎於此,更別說投胎千百
萬次了。這一觀點,可說是耶穌針對「基督降生為人」的教義
(出自〈約翰福音〉1:14:「道成了肉身,住在我們中間。」)
提出的一個反駁。他在〈正文〉直截了當地講:「嚴格地說,
這是不可能的事。」(T-8.VII.7:2)救贖,也就是聖言或聖愛
之念,是不可能變成血肉幻相的。既然連世界本身都是一個幻
相,輪迴觀本質上就沒有什麼意義。話雖如此,耶穌繼續開導
我們:

**(1:4~7) 我們最多只能這樣問:「輪迴觀對人有沒有任何益
處?」這當然要看你如何運用這一觀念而定。如果它能加深人
們對生命永恆本質的認識,當然有所幫助。此外,還有什麼問
法能夠照亮人心?**

　　〈教師指南〉多次提到「目的」這個主題。耶穌在〈正
文〉也明說了,不論任何事情,我們只需反問自己一句話:
「目的何在?」(T-4.V.6:8~11)這也是本段的要旨。換言之,
輪迴的信念可能為正念之心效力,也可能會為妄念之心撐腰。
信念本身並非關鍵,它背後的**目的**才是重點。也就是說,你相
信輪迴的目的何在?相信輪迴,若能幫助我們認清這具身體並
不是真的我,且明白自己的生命並非表面這個樣子,那麼它就
是有益的。然而,耶穌緊接著對我們耳提面命:

(1:8~11) 輪迴觀就像其他的信念一樣,都有被人妄用的可能。

這種誤用，最輕微的，會讓人陷於過去的陰影，或是以過去為榮。最嚴重時，它會使人當下感到欲振乏力。在這兩種極端之間，什麼愚昧的想法都可能出現。

輪迴的信念往往導致人們執著於自己的過去。比如說，很多人常情不自禁地為自己的前世沾沾自喜：我前世是埃及長老或古代女祭司、柏拉圖或亞理斯多德、瑪德蓮或是聖彼得、莎士比亞或是哥德等等。我記得《奇蹟課程》問世的最初幾年，至少有四個人宣稱他們的前世是聖保羅。如此傲慢地妄用輪迴之念，最終反映的不外乎自己的分化信念：「我比你更棒，因為我前世是某某人，而我此世必須繼續履行前世未完成的重要任務。」與此相反的，也有不少人對自己眼前的生活感到欲振乏力，最後也歸咎於前世業障深重，故對此生不抱任何希望。

可以說，這類的輪迴觀完全聚焦在世界與身體，忽略了心靈的一念之力。那一念既已認同了小我，如今必須靠選擇聖靈，才解除得了那個認同。這正是正念之下的輪迴觀，唯有如此去看待前世今生，才會將我們的注意力拉回心靈。反之，若自甘淪於失心狀態，只知著眼於世界以及個別的身體，等於助長了小我的勢力，這就是不折不扣濫用輪迴觀念。別忘了，「輪迴」（reincarnate）一詞，即包括了incarnate之意，也就是身體的意涵。

(2:1) 不論在什麼情景下，輪迴都不是「此刻」所能處理的問題。

「此刻」，是整句當中的關鍵詞，也就是〈教師指南〉、〈練習手冊〉或〈正文〉所強調的「神聖一刻」。這「一刻」，既無過去，也無未來。沒有過去的罪在等待我們贖清，現在也不必感到內疚而否定自己的價值，更無需預先憂心未來的報應。只有**當下此刻**是真實的。只要以耶穌為師，世界便成了我們回歸心靈的工具。我們必會了然於心，身體真的只是投射出來的幻影，前世、今生與來世亦不例外。為此，在人生的任何一刻，我們都可以向小我說：「我再也不願拜你為師了！」在這救恩的神聖一刻，我們等於向耶穌說：「請幫我用你的慧眼重新看待這一事件，我再也不想受制於特殊性與判斷之見，只願學習共同福祉的慧眼。」這就是聖靈的「合一正見」，唯有它能將我們由小我永無止境的生死輪迴中徹底解放出來。

(2:2~3) 即使它是導致目前困境的原因，這人若想脫身，也只能在「此刻」下功夫。即使他想為未來的日子打好基礎，他也只能在此刻為自己的得救而努力。

不論你認為此生的自己是過去成長環境的產物，還是累生累世造出的結果，對你的得救都毫無影響。如果此刻的你非常不快樂，那純粹出自你此刻的決定，跟前世如何一點關係都沒有。這一原則也可套用於「此生能為未來的命運鋪路」那類信念。比如說，我們很可能會這麼想：「寬恕這些欺負我的人，我才得以解脫。」或是：「我現在的精進與努力，會讓自己來世變得更神聖。」那類想法勢必將你引入歧途，因它不只把焦

點移向未來，而且更加肯定了時間的線性特質，它假定只要此刻努力消除業障，將來便有希望脫離苦海。然而，時間是非線性的，具有全像式的本質，根本沒有一個過去等待你去解決，因為所有事情同時發生於超越時空的一心之中。為此之故，修行的關鍵所在，就看你能否把眼前的經歷轉為回歸**當下此刻**的道具。要知道，真正的當下，不屬於時空之境，唯有進入這一刻，我們才可能選擇聖靈為師，而修正自己一直在選擇小我的那個決定。

(2:4~6) 輪迴觀對某些人可能具有安撫的力量，只要它有鼓舞人心的作用，你就無法否定它的價值。有一點是可以肯定的，不論相信或不相信輪迴，你都能找到救恩的。因此，不要把這觀念視為本課程的中心思想。

耶穌又重申一次輪迴觀念的無足輕重。整部《課程》的中心思想不外乎兩點：「接受救贖」以及「請求聖靈教導我們寬恕」，也就是求祂幫我們轉由共同福祉的角度去看世界。這才是奇蹟、寬恕、療癒和救贖的真精神所在。

(2:7~8) 只要是以過去的角度來看目前的問題，多少都會有些風險。然而，任何觀念只要能加強「生命與身體是兩回事」的認知，對人多少也會有些益處的。

由此可見，輪迴觀念有如雙刃之刀。它的好處是幫我們看清「自己如何甘為身體奴役而從不質疑的」，然後超越過去；

另一方面，這觀念也可能導致人們不願為自己**此刻**的決定負責。容我再說一次，不論我們將目前的處境歸咎到童年經歷還是上輩子，結果都一樣。只不過輪迴觀至少讓我們看到，不論是今生或是前世，小我都在幹同樣的事。因此，如果輪迴的信仰能讓我們開始重視**當下**的選擇，也不失為一種助緣。總而言之，回顧個人的經歷，跟重溫前世的經歷是同一回事，都可以幫我們意識到小我一成不變的把戲，它造出的時間觀不過是個陷阱，讓我們無需為自己的一生負責。

　　說穿了，小我只是藉此讓你相信，你的不快樂並非出於自己此刻的決定，你是個無辜的受害者，只能無助地承受他人的決定或是自己過去選擇的苦果，而愈加一籌莫展，回天乏術。因此，凡是能幫你打開視野，看出每個問題骨子裡全是同一回事的觀念，對你多少都有些好處。一個人在三歲、五歲或十歲時遭遇的問題，和成年後面對的問題，其實是相同的一回事；不論它發生在希臘、亞特蘭蒂斯，或是史前時代，也全都毫無差別。它們全是普世人類與生俱來都得面對的「分裂」問題，都帶有同類相殘、「非此即彼，非你即我」的共通人性。如果輪迴信念能帶給你這樣的人生洞見，它便有其價值了。你終會認清，不論相不相信輪迴，遲早都必須作出這一決定：**此刻**該選擇上主了！

(3:1~4) 為了我們的宗旨，最好不要對輪迴觀採取某種特定立場。上主之師對相信或不信輪迴的人都應有所啟發。若硬要他

採取某種特定的立場，反而限制了他對別人的幫助，對他本人的決定也是一種限制。凡是人們尚未準備好接受的觀念（不論他先前持有何種信念），本課程通常都會輕描淡寫地帶過。

奇蹟學員讀到最後一句話必會發出會心一笑，因為整部《課程》令人難以消受的話比比皆是，例如「世界只是一個幻相，上主不曾造過世界」之類的說法。耶穌此言其實是希望我們越過形式，進入內涵層次，不要讓《課程》的某一種說法障蔽了它真正要傳達的訊息——請那位聖師教導我們如何著眼於共同福祉。就此目標而言，我們是否**相信**這個世界、通靈能力或輪迴，根本毫無影響，因我們隨時都能請求耶穌的幫助，看清身邊這位令自己愛恨交織的特殊伴侶，他並不是我們身外的另一生命。救恩的來臨全靠這一寬恕，而這一寬恕，只能靠你在當下作出決定。

換句話說，別太執著於形上或神學理念，或是新時代的觀念，更不要以之為藉口，造成我們與非奇蹟學員之間的分裂。即使不相信這部課程的內容、也不了解奇蹟形上理念的人，仍可能活出極其**道地**的寬恕。反之，接受了奇蹟理念，甚至可以引經據典如數家珍的人，他的寬恕卻可能完全走樣。唯一的關鍵依舊在於我們必須牢記不忘的兩大主題：轉求聖靈幫助我們改變自己對他人的看法，以及不再把他人福祉和自己福祉視為兩回事。這是耶穌這段話的真正**內涵**。除此之外，不論執著什麼觀念，都只會讓我們偏離目標而已。

(3:5~6) 他的小我已經讓他應付不暇了，再用宗派之間的歧論加重他的負擔，實是不智之舉。如果他因書中某種說法符合他相信已久的理念而接受本課程，這種不成熟的心態也不會帶給他什麼好處的。

　　可別因為喜歡《奇蹟課程》的世界觀或輪迴觀，就把它奉為聖典；真正吸引你的，應是它能夠領你返回天鄉，僅此而已。耶穌警告過我們，切莫用奇蹟理念結群組社來抵制其他人。其實，還真的有讀書會帶領人懷著類似的心態：「除非你願意對《奇蹟課程》發誓，相信上主真的沒有創造這個世界，否則別來我的讀書會！」當然他不至於表達得那麼露骨，只是不時要求學員表態誓守奇蹟「信條」，否則耶穌不歡迎他們參加他的團體云云。難怪耶穌一再叮嚀我們，切莫把他的《課程》當做攻擊別人的武器。此書的價值純粹在於它的內涵，也就是我們最常提到的寬恕；唯有寬恕，才維繫得住上主之子的一體關係，讓我們在旅程上百尺竿頭更進一步。

(4:1) 本課程的目的乃是徹底扭轉人的想法，這一點，不論怎麼強調都不為過。

　　所謂「徹底扭轉人的想法」，不消說，就是由分裂之念轉為一體之念，由個別利益轉向共同福祉，由身體與世界轉向心靈層次。但請留意，這不是一種理性上的了解，而應「如人飲水」一般，切身體會到自己與所有的人毫無不同，全都神智不清地活在**非你即我**的分裂心境，也同樣有待救贖的療癒，才可

能恢復神智的清明。

(4:2~4) **當你達到這一目標時，輪迴觀可信與否這類問題就變得毫無意義了。在那之前，這類問題只會引發更多的爭議而已。因此，上主之師應明智地避開所有類似的問題，畢竟，除此之外還有更多的課題有待他去「教」與「學」。**

我們在人間只有一個必修的功課，就是「教」與「學」我們和他人真的不是兩個獨立的生命。只要一把分裂當真，便是我們求助的時刻，當下就請聖靈修正我們竟把聖子奧體視為一個分化生命這個錯誤知見，從而，我們視為當然的怨恨、判斷，甚至謀害之念，也就一併修正過來了。我們之所以緊抓著那些信念，只因它們能證實「我們是對的，世界是錯的」；而我們真正想要打倒的，其實是隱身在世界背後的上主。

(4:5) **他有責任去「學」與「教」人明白，這些理性爭辯只是浪費時間，白耗心力，且會偏離原定的目標。**

和所有宗教或靈修傳承一樣，《奇蹟課程》有自己的一套神學，然而，耶穌再三叮嚀，切勿讓這套神學理念淪為強化分裂的工具。事實上，能否習得本課程的真髓，與你是否精通它的理念無關，而僅僅在於你能否活出書上所教導的真理，也就是親身向人示範，我們非但不是兩個獨立的生命，而且世上沒有一人、一事、一物能夠奪走天賦予我們的上主聖愛與平安。這才是一切靈修的宗旨，讓聖靈透過我們而教化眾生。無論

如何，我們全都身不由己地認為，外面某些人能夠讓自己活得
更快樂或更悲傷，而且他們與自己必然有利害衝突。為此，我
們需要時時謹記，每個人（包括我們自己）都有小我瘋狂的一
面，也同樣陷於分裂之念及特殊性之中。

**(4:6~8) 任何概念或信念，只要對人有一點幫助，聖靈一定會
提醒他的。祂還會教他如何發揮其用。此外，上主之師還需要
知道什麼？**

只要我們繼續與小我認同，耶穌是不可能「提醒」我們該
教人什麼，或哪個觀念對人最為有益。我們必須先把自己想要
與眾不同的分裂欲望帶到耶穌前，予以化解才行，否則，這
些障礙必會干擾我們聽到耶穌的溫柔指引。另外，這兒所謂的
「聽到」，未必是指某種聲音，有如海倫「聽到」的那種。我
們比較常碰到的是：冥冥中知道自己所言所行是否慈愛善良，
是否對人有益。這是化解了心裡老想證明自己是對的這類干擾
因素後，內心自然而然的一種「明白」。總之，耶穌並沒有叫
我們**不要**教人或談論奇蹟理念，他只是請我們務必警覺一點，
千萬別讓這些觀念不僅沒有化解分裂，反而助長了分裂。

**(5:1~4) 這是否意味上主之師不該相信輪迴這一回事，也不該
與相信輪迴的人討論這類問題？答案是：絕非如此！如果他個
人相信輪迴，也無需放棄這個信念，除非他內在的「聖師」勸
他放下。這種情形極其少見。**

　　耶穌根本不在乎我們相信什麼，反正每一種信念追根究柢都是一個謊言。〈心理治療〉曾說：「『相信上主』的概念其實沒有什麼意義，因上主只可能被『覺』或被『悟』。」（P-2. II.4:4）信仰唯一的價值，在於它的目的──**這究竟是為了什麼**？世間的信仰一直是人類分裂的導火線，唯有超越信仰本身且能導向一體心境的信仰，才有真正的價值。凡是助長分裂的，便失去了存在的價值。為此之故，「信什麼」不是問題，而是我們怎麼運用自己的信仰。終究說來，在上主的層次，根本無需任何信仰，那兒只有非二元的聖愛體驗。天堂內根本沒有所謂的**我**這個體驗者；我們**就是**那個體驗，因為我們**就是**愛的本體。

　　信仰是分裂之後才出現的玩意兒，正如當初造出語言，是為了鞏固天人分裂的幻境一樣（M-21.1:7），人類之所以造出種種信仰，說穿了，目的也都相同。古今中外的歷史即是最好的證明，人類造出的種種信仰導致了彼此更深的隔閡。這類情形，很不幸的，奇蹟學員也無能倖免。無論如何，即便造出了不同的信仰，我們仍可把它們轉用在不同的目標上，藉此慢慢了解，夢境中仍有一種現實足以反映出天堂的實相，而且，那個倒影為我們帶來了「共同福祉」的教誨。

(5:5~6) 他的「聖師」只會提醒他，他可能已誤用了這一信念，而妨礙了學生或自己的成長。必要時，他會建議上主之師重新詮釋。

　　再次強調一下，不論你信什麼，信仰本身不是問題，問題
在於信徒的妄用，利用它來強化自己的特殊性。在〈頌禱〉論
及祈禱、寬恕與療癒的三篇文章裡，耶穌每次都是先談人們如
何誤解或妄用，然後才闡釋真正的祈禱、寬恕與療癒是什麼。
每一種妄用的背後都隱藏著小我的陰魂，不論是祈求具體之
物、毀滅性的寬恕，或是導向分裂的療癒，全都強化了分裂，
不斷追逐個別利益而渾然不覺。為此之故，耶穌才會再三提醒
我們，不論信的是輪迴或其他東西，這些信仰皆可能被小我
利用。

(5:7~10) **總之，他只需把握住一點，即是：誕生不是生命的起
點，死亡也非它的終點。不過對初學者而言，連這一點都不必
強求。他只需要接受一個觀點，就是：他所知道的並非所有的
真相，他還有許多待學之處。如此，他的旅程便開始了。**

　　耶穌重提了第二段結尾的觀點：任何信念只要能幫我們打
破「身體等同於生命」那個想法，對我們多少都是有益處的。
在此，他要我們明白，誕生不是生命之起始，死亡也不是生命
的結束。身體只是小我夢境裡的「英雄」而已（T-27.VIII）。
在夢中，生命確實是從誕生開始，到死亡告終，而且在這具身
體之外，我們還可能有來世的生命。耶穌勸我們謙虛地承認：
「我不知道這具身體為何而來，不知道這部課程目的何在；我
對自己真正的福祉也一無所知。」話說回來，不知道《奇蹟
課程》的寬恕目的何在，它又怎麼幫我們呢？答案是，我們只

需明白，這本書裡有某種東西能幫助我們就夠了；否則，若老是自認為知道問題何在，我們是認不出心靈層次的答案的。換言之，我們僅需了解《奇蹟課程》會教我們此生需要學習的一切，而且它內的那位神聖導師會秉持「共同福祉」的精神，引領我們前行。有此認知，便已足夠我們旅途之用了；其餘的，我們還是少自作聰明為妙。

(6:1~2) **本課程的重點自始至終都不曾變過，即是：圓滿的救恩已在這一刻賜給了你，你也能在這一刻接納救恩。這才是你的唯一責任。**

　　既沒有過去與未來，也沒有充滿罪咎的現在，唯有神聖一刻。在這一刻，我才可能明白自己犯的錯誤不難化解；而若要化解錯誤，我必須先請求耶穌教我看清自己是怎麼看待別人，又是如何借用特殊關係讓過去還魂的（T-17.III）。說穿了，與我互動的，並非真正的你，而是我心目中的你，是我根據自己編織的過去而打造出來的一個形象。唯有如此認清，我才知道如何把眼前的經驗（尤其是人際關係）轉為學習的工具，讓耶穌將我領回問題的源頭，也就是自己的心靈。總之，問題不在於你，也不在於你我互動的兩具身體，而是我那選擇了認同小我的心靈。為此之故，所謂的得救，不過是我們終於明白了問題的真相，而且願意去解決它。

(6:3~8) **你也可以把「救贖」理解為「完全不受過去的羈絆，毫不在意自己的未來」。天堂就在此地。此外沒有其他地方。**

天堂就在當下。此外沒有其他時間。凡是與此目標無關的教導，上主之師一概沒有興趣。

　　我是可能隨時隨地從夢中覺醒的，唯一要做的，就是藉耶穌的目光（基督慧見），把每一個人都看成同一生命。只要我打從內心了悟這一慧見，任何分別取捨的知見便會失去立足之地，這表示我已親自領受了救贖，分裂之境從此便化解了。一言以蔽之，我真正想要學的，就是這套能幫我恢復心靈抉擇能力的課程，讓我將每天的「不」神聖經驗轉為神聖的一刻，而也唯有如此，才解除得了過去的錯誤決定。

(6:9~10) 任何信念，只要你能賦予適當的詮釋，都能將人帶向這一目標。為此，我們可以這樣說，任何理念真實與否，全憑它對人有無益處而定。

　　沒有一個信念是真實不虛的，因所有信念都是為了抵制真理而造的。如今，它們終於可以獻身於不同的目標了。耶穌不斷叮嚀我們「我的身體是全然中性的」（W-294）。即使當初身體是為了限制愛而造出的，本身屬於一種攻擊形式，但是，它可以繼續為小我效力，強化這一攻擊，也可以轉為聖靈的工具而化解這一攻擊。總而言之，不論你相信什麼，信念本身無足輕重。從古至今，多少人為了自己的信仰而大動干戈，卻毫不明白信仰根本不是禍端。如今，我們總算學會如何運用信仰理念來化解罪咎的問題，放下個別利益的幻相，而為共同福祉的真相效命了。

(6:11~13) 只要是能夠助人成長的信念，都值得我們尊重。這是本課程的唯一評定標準。這一標準對你也就夠用了。

我們再次看到，「目的」才是整部《課程》所要教導的核心宗旨。信念、能力或任何東西，甚至連《奇蹟課程》本身都不重要，只看你是為了什麼**目的**而用它們的。世間的一切，全是靠我們賦予它們的目的而產生意義。前人利用《聖經》，而今人則用《奇蹟課程》，同樣都在製造分裂，發動攻擊，強化特殊性，而不是把它當作修正妄念妄行的工具。為此，「改換目的」的真義即是：不論面對《奇蹟課程》或人間任何事物，只有一個目的，就是視它為回歸心靈的助緣，給自己一個重新選擇的機會。

貳拾伍.「通靈能力」值得追求嗎？

　　「通靈能力」本身以及「通什麼靈」原本都是中性的，它們可能助長小我的特殊性與分裂心態，但也能夠為聖靈的目標效力，透過寬恕來化解小我。這就是本篇所要闡釋的重點。不消說，通靈能力所遭到的嚴重扭曲與濫用，早已是有目共睹的事實。

(1:1~2) 這問題的答覆與前一個問題極其相似。根本沒有所謂的「超自然力」這一回事，那顯然是追求怪力亂神者憑空造出的一種能力。

　　所謂「怪力亂神」，是指我們在身體或世上看到一個根本不存在的問題，然後大展身手，加以化解、療癒，或修復。然而，真正的問題在於，小我使用怪力亂神的解決辦法，把我們的注意力從心靈轉向身體層次，讓我們想方設法去解決自己投射出去的問題。在這些顯而易見的問題底下，說穿了，不過就是心靈選擇分裂的那一個決定而已。那才是**唯一**的問題，故也只有**唯一**的解決辦法，即是救贖。

在實相中，我們全是那一個本然天心（或靈性）的一部分，故說「沒有所謂的『超自然力』」。外表上，我們好像能夠在奇蹟與怪力亂神之間有所揀擇，但心靈這種違反自然的分裂狀態，其實只是個幻相。儘管不是真的，我們卻也不能輕忽心靈的普遍性（universality），你我的互動與關係都必須依靠這個參考座標。小我為了維繫分裂狀態，可說無所不用其極。換言之，在身體層次，去界定人與人之間的不同乃是輕而易舉的事，但我們若因為這些差異而認為自己與別人是兩個不同的生命，便已落入了「把分裂當真」的陷阱。在正念之下，我們並不否認眼耳感官回報的差異現象，只是不再為此而分別取捨了。我們知道，在這虛幻不實的世界裡，唯一有意義的分別只在於小我之見與聖靈之見的區分，這一對比恰恰凸顯了幻相與真相的分野。除此之外，人間其他的差異，全都毫無意義，根本不值一提。

(1:3~4) 無可否認的，每個人都藏有許多自己尚未發掘的能力。隨著覺知力之增長，他很可能發展出某種令自己驚訝的能力來。

海倫可說是最貼切的例子。當她開始與比爾攜手尋找「另一條路」之後，經歷了種種通靈異象。對此，她自己相當謹慎，耶穌也常提醒她，切莫過於重視那些經驗。謝天謝地，她果真不負所望，鮮少向外人提到這類經驗。唯一值得說的是她在使用這能力時的心態，那些經驗只有一個目的，就是為她引

進《奇蹟課程》鋪路而已〔原註〕。

(1:5) **然而，不論什麼特異功能，與他憶起自己真相時的榮耀與驚喜相比，簡直不堪一提。**

　　借用〈頌禱〉裡這段充滿詩意的描述：我們要的不是這首歌的某段音節或旋律，不論它們多麼美妙悅耳，我們想聽的是整首歌，也就是它的**內涵**——愛的記憶，而非它的**形式**——通靈能力（S-1.I.2~4）。

(1:6) **願他所有的修持功夫都以最終的「大驚喜」為目標，不再滿足於路邊小小的禮物而耽擱了前程。**

　　這表示你開始由夢中覺醒了。正如〈正文〉所言，當你抵達真實世界時：「你會驚訝不已，原來只需放棄虛無，便能獲得這一切。」（T-16.VI.11:4）人間這個個體之我真的什麼也不是，世界更不足掛齒。你終會切身體驗到，上主涵容一切的聖愛才是你所需的一切，那是「最終的『大驚喜』」。因此，耶穌說：要是知道有個「大驚喜」在前面等著，誰還會死盯著自己的通靈能力，或希罕任何「超自然」能力？話說回來，那些能力如果用對了的話，可能會幫助我們出離夢境，這個目標可不容輕忽。這一句話也闡明了，你重視的能力若會強化自己與他人的不同，必然出自小我。不論你看重的是通靈、身體、

〔原註〕請見《暫別永福／暫譯》第五章。

理性或藝術方面的才能，如果它們會凸顯某人的與眾不同，讓那人變成偶像，受人崇拜，保證你已妄用了心靈能力，將小我的特殊性引狼入室了。為此之故，你必須時時刻刻把目光盯在旅程的終極目標。只要你一開始重視某種能力、經驗或個人特質，就會牢牢地釘在特殊性的階梯上，這樣一來，你便再也回不了天鄉。

(2:1~4) 當然也有不少「通靈」能力與本課程的精神是相符的。天人交流本來就不限於這個世界所懂的狹隘管道。否則，傳播救恩便成了徒勞而無功之事。因為那些管道根本不可能傳播救恩的訊息。

有些人能與無形的靈魂互通聲息，這種經驗本身並沒有什麼問題。你若是有類似的能力，無需大驚小怪，耶穌只會這麼提醒你，不要為此大肆渲染或向人吹噓，認為自己是特別蒙受揀選或祝福之人。事實上，所有的人都有這種潛能，因為我們擁有同一心靈。

(2:5) 世界對天人交流所設的限制，正是讓人經驗不到聖靈的基本障礙；祂的「臨在」從未缺席過，只要有心聆聽，必能聽見祂的天音。

本書的兩大主題再次交織出現於此。「世界所設的限制」，是指分裂心態，它把個別利益視為人間現實。然而，只要轉向聖靈求助，由於祂同等地臨在於每個人心內，我們遂能

立即認出彼此真的是同一生命。換句話說，我們並不是否認自己的特殊身分、才能、潛能或經歷，只是不讓它們淪為小我所用，更不會據此和他人一較高下。「在愛中，沒有比較」（W-195.4:2），因為真實的愛源自完美的一體性，不會分別取捨。唯有在這一體生命內，上主之子才可能尋回自己的自性。

(2:6) 這些限制都是出自恐懼之心，一旦被撤除了，把世界分隔得支離破碎的圍牆便會應聖靈之聲而坍塌下來。

　　這「圍牆」指的就是身體，包括我們利用身體強化分裂的所有伎倆。只要我們轉向心中的聖靈之聲，身體立即銷聲匿跡。一如《聖經》的描述：祭司的號角一響，耶利哥的城牆應聲倒塌（〈約書亞記〉6:20）。

(2:7~8) 任何人不論以什麼方式超越這些限制，他只是變得更自然而已。他並未做出任何特殊的事情，他的成就亦毫無神奇之處。

　　我們是同一生命，這是我們最真實自然的存在狀態，它反映出一體靈性的本然境界；活成互不相干的個體，才是最不自然的。我們共享的不只是同一自性，也包括分裂幻心所有的「不自然」特質。一言以蔽之，我們共同具有小我的分裂心態以及聖靈的救贖原則。

　　請特別留意耶穌在此點出的**特殊**二字，它影射了所有凸顯分裂、差異或排外之物。毋庸贅言，這句話是針對**內涵**而非**形**

式層次而說的；然而，只要有形體存在，我們當然不可能時時刻刻與所有人同在。

(3:1~2) **上主之師在學習過程中所練出的看似新穎的本領，可能非常有用。只要他能獻給聖靈，且遵照祂的指示而用，它們都會成為相當重要的教學工具。**

　　無需否認自己的特殊才能，也不必害怕在人間有傑出表現。我們曾經濫用這些能力而自認犯了罪，這罪惡感令我們不自覺地想要否定自己的天賦。其實，否定天賦和炫耀天賦屬於同一錯誤。只要我們肯向耶穌求助，罪咎化解之後，我們便能一展身手幫助別人，那些天賦總算能為另一目標效力而發揮大用了。如此一來，不僅不會膨脹小我，凸顯自己與眾不同，反而有助於消除特殊性，提醒自己「上主之子的一體生命」。

(3:3~6) **就這一點來說，這些能力是從哪兒來的，一點都不重要。唯一重要的是如何加以善用。若把這些能力本身當成一種目的，不論他怎麼用，都會妨礙了自己的成長。那些本領並不能為他證明什麼，它不會證明這人「過去」有何成就，也無法證明他對「未來」有特殊感應能力，更不能證明這人擁有上主的「特恩」。**

　　我們必須隨時謹記旅程的目的何在，唯有著眼於生命內在的同一性及共同福祉，此生才不至於偏離正道。我們若真能了悟唯有從小我解脫才有幸福可言，豈會耗費精力去為自己或他

人打造「特殊性」的祭壇？對此，切莫掉以輕心，因小我無時無刻不在鞏固它分裂的這個命根子。它一直暗中慫恿我們，不是把人看扁，就是欣羨他人的天賦異稟。海倫生前對此極其警覺，不論學員如何推崇她，她始終認定任何人都可能做她所做的事情。是的，若非如此，這部化解特殊性的《課程》就成了天大的謊言了。

(3:7~8) **上主是不施小惠的，沒有一種能力不是人人具有的。只有透過怪力亂神的伎倆，它們才「顯」得像是一種特異功能。**

這幾句話揭露了我們當初背離上主而且始終記恨祂的原因：我們想要的特殊性，祂不肯給，而那種一體不分的聖愛，我們實在難以消受（T-13.III.10:1~4）。為此，我們總會使出渾身解數，極力展現自己的獨特能力，目的就是要為特殊與分裂之境撐腰，證明上主圓滿之愛不值一顧。

(4:1~4) **沒有人會用道地的真貨去騙人的。聖靈不可能騙人，因祂只可能使用道地而真實的能力。怪力亂神的把戲對祂一無所用。祂的能力也不可能轉為怪力亂神的。**

我只可能被自己的信念欺騙，以為自己擁有某種特殊才能便與你有所不同，或者反過來，因著你的天賦異稟而認為你和我不一樣。一旦落入這個陷阱，連耶穌都愛莫能助，你的才華也只能淪為小我所用了。總之，怪力亂神只會強化分裂，唯有

聖靈的奇蹟能把所有的人融為一個生命。

(4:5~7) **然而，不尋常的能力確實具有某種特別誘人的魅力。聖靈也需要藉助這些力量。小我卻把這類力量當成自我炫耀的機會。**

耶穌再一次強調，唯有能夠幫我們意識到彼此是同一生命的能力，才有價值可言。這種能力必然屬於心靈層次，與身體表相毫無關係。不幸的是，我們實在太渴望特殊性了，故常會情不自禁地渲染自己的特殊能力，甚至將它靈性化，完全忘了萬物的意義端視它的目的而定，與能力本身無關。其實，除了覺悟「原來我們並不在此」這一幸福真相以外，人間沒有任何事物堪稱為靈性。

(4:8~9) **於是，力量反而轉為他的弱點，這是何等的不幸！任何能力若不交託給聖靈，就會變成他的致命傷；因為凡是不願臣服於愛的，就會臣服於恐懼，必會招來可怕的後遺症。**

不甘交託給聖靈，不過是重演我們在無始之始拒絕臣服於上主的舊戲而已，這成了後來分裂、罪咎以及恐懼的起源。耶穌之所以再三耳提面命，只因這攸關我們在旅途上的進展。任何助長分裂的作為，等於強化了我們與上主和耶穌的分裂，且與本課程的宗旨背道而馳。只要我們對愛有所保留，便會因為投射而作繭自縛，還會將罪過歸咎於自己之外的每一個人，這樣一來，我們是不可能不把自己或他人打造成特殊偶像的。歸

根究柢，全是因為我們拒絕學習「我們原是一個生命」這一單純功課，不甘接受我們只有一個共同需求，就是捨離這個形體世界，然後一起回家。

(5:1) 即使是已經捨棄世間物質需求之人，仍然可能被「通靈」能力蒙蔽。

心靈一旦分裂，便失去了靈性本質，自絕於上主之外，遺憾的是，人們依舊把通靈當成一種靈性能力。別忘了，spiritual（靈性）一詞源自於 spirit（靈），表示我們的生命實相並不屬於這個世界。人間唯一堪稱靈性的，只有正念之心那個目的，也就是拜耶穌為師，甘心讓他借用我們在世的種種經歷，將我們由夢中喚醒。不論哪種通靈能力，真的無足輕重。說穿了，眼前的世界根本是我們妄用心靈能力而打造出來的。正因如此，心靈自知罪孽深重，我們也才總是處心積慮地迴避自己的心靈。

為了應付這種罪孽深重之感，我們轉而相信心靈是何等的美妙、神聖、無所不能，對它的大能讚歎不已。我們設法用特殊性來遮掩內心的罪惡感，不意卻愈壓愈深，逼得自己走投無路，只好繼續妄用心靈的能力。這類能力不僅不會幫我們解除自己對身體的認同（也就是特殊性），反倒助長了它們的氣焰。為此，耶穌才會再三叮囑，勿受這些通靈能力所蒙蔽及誤導。真正的能力其實只有一種，就是認同小我或抵制小我這一抉擇能力，除此之外，任何一種能力都只會讓我們忘卻心靈的

抉擇能力。

(5:2~4) 小我的焦點若不投注於物質世界的價值，它的存在便 岌岌可危了。然而，它還可能藏身於「通靈」這類新的誘惑 下重整旗鼓，收復失土。很少人能夠識破他自己小我的自衛伎 倆，即使它大剌剌地擺在眼前。

　　類似的警語也在〈正文〉出現過。耶穌預先警告我們，當 我們與他一起上路，而且接受聖靈對我們的崇高評價時，小我 會變得心狠手辣，大舉報復（T-8.V.5:4~6; T-9.VII.4）。也就是 說，我們一旦撤銷對身體的認同，承認它的虛無時，內在的強 烈恐懼會逼得我們不得不與自視為特殊的妄心勾結。與特殊形 體認同，或與特殊心靈認同，其實毫無差別，我們之所以看不 清這一事實，只因我們根本不想知道。所以耶穌接著說：

(5:5) 只要他心裡還有一點自欺的傾向，就很容易上小我的當。

　　這個世界瀰漫了各式各樣的謊言，隨意舉兩個為例：我們 相信唯有發動戰爭才有締造和平的可能，或是可以用誘騙方式 得到真愛。只要願意張開眼睛，任誰都能識破這類謊言的，但 我們渾然不覺，「只緣身在此山中」，我們寧可活在特殊性及 彼此攻擊的世界裡。總之，凡是會造成我們與任何人分裂的， 必然出自小我，此乃千古不滅的真理。

(5:6~7) 於是，那「能力」不再那麼道地或真實了，它的用途 也不再那麼可靠。除非當事人能徹底改變他通靈的目的，否

則，那只會加深他的蒙蔽，使那種「特異功能」變得更加吉凶難卜；這是不難想見的結果。

我們必須隨時清楚此生的目的何在。這目的只有一個，就是跟隨聖靈的指引，從「分化，排外，特殊」的夢境中覺醒過來。在此前提下，形體世界中的任何才能或天賦，都能將我們領回心靈而重作選擇。唯有如此，這種特殊能力才具有真實的力量，不論它在世上的評價為何。前面說過，凡是能凸顯自己與他人不同的才能，只會讓你在夢境裡愈陷愈深，故我們對自心寧可被騙而情願昏睡的那部分，務必保持警覺。

(6:1~2) 每個人所發展出來的每一種能力，都有為善的潛能。這一點絕無例外。

此處強調「每一種能力」，表示不限於世人欣羨或推崇的那幾種而已。每個人多少都具備了某種能力，但一如前文所言，關鍵不在於能力本身，而在於它究竟為何目的所用。為此，即使我們在形體上大不相同，但在目的上，我們全都一樣，不是為小我所用，就是為聖靈所用。容我再強調一次，不論是生理、心理，或是通靈的才能，我們都無需否認自己的天賦，只要不被小我利用即可。

(6:3) 能力愈不尋常、愈超乎人的預期，它助人的潛力愈大。

不論我們擁有何種能力，只要能幫他人認出心靈確實超越身體之上，便能對人有所幫助。這等於告訴我們，不要被事情

的表象蒙蔽；身體絕非心靈之主，心靈才是有形萬物的始作俑者。但請小心，我們若對自己特殊性的癮頭毫無自覺，便很容易落入小我的陷阱，把這些能力變得很特殊，不是自鳴得意，就是崇拜他人；一旦失落了這些能力，便如喪家之犬。

(6:4~8) 救恩需要藉助所有的能力，才能幫助聖靈重建世界企圖毀滅的東西。人們過去習慣用「通靈」與邪魔相通，那只會助長小我的勢力。然而，它也可能為聖靈所用，充當傳遞希望與療癒的偉大工具。那些發展出某種「通靈」能力的人，只不過是撤去了他們為自己的心靈所設定的一些限制罷了。他們一旦濫用這日益自由的力量，去束縛其他人的心靈，就會為自己招來更深的限制與束縛。

　　世界處心積慮想要毀滅心靈的抉擇能力，聖靈則不遺餘力地為我們恢復小我存心消滅的心靈能力。雖然通靈能力可能會將我們的注意力轉回心靈，但它一被特殊性擄獲，我們立即再度陷入小我怪力亂神的陷阱。故耶穌一再叮嚀我們，不必否認自己的天賦才能，只是務必非常清楚自己使用這一能力的目的何在。至於耶穌的目的，也就是他真正想要與我們分享的，不是他的榮耀，而是他的救贖目標；不是追求世間的能力，而是憶起上主之愛的力量；不是在為分裂夢境撐腰，而是要助我們覺醒於一體之境。我們若真心以此為志，是不可能過度重視自己的通靈或任何能力的。話說回來，我們既無需為自己的明知故犯而內疚不已，也無需壓制或貶抑自己的天賦，只要不再沉

涵於這類特殊能力即可。我們應該始終保持中立心態，心裡明明白白，它可能為小我的分裂企圖利用，也可能為聖靈的共同福祉所用；它可能效力於特殊性，也可能致力於救贖；它可能讓我們愈陷愈深，也可能有助我們的解脫。一切端視我們的目的何在。

(6:9) 聖靈需要這類禮物，凡是能將它完全獻給聖靈而不為一己所用的人，心中必會充滿基督的感恩，那麼基督慧眼中的聖境也就近在咫尺了。

「將它完全獻給聖靈」正是關鍵所在。儘管那是我們的天賦，但我們真正想要的，是祂的目的。為此，應該感恩的當然不是基督，而是聖子奧體；唯有在感恩之心下，我們才可能作出返回天鄉的決定。基督慧眼中的「聖境」只會著眼於一體不分的聖子奧體，絕不可能賦予製造分裂的雕蟲小技任何力量的。正如《課程》說的：凡是上主結合的，永遠一體不分（請參見 T-8.VI.9:4; T-22.V.3:5），這句話套用了家喻戶曉的《聖經》名言：「神配合的，人不可分開。」（〈馬太福音〉19:6）

總而言之，不論擁有什麼能力，為何種目的效力，都影射出我們究竟拜誰為師。只要我們內心非常清楚，自己攀此階梯的目的是為了從夢中覺醒，重返天鄉，那麼，人間任何事物，不論多麼平凡無奇或驚世駭俗，都可能幫我們完成這個神聖目的。這是本篇的深意所在。

貳拾陸. 我們能夠與上主直接相通嗎？

這是耶穌在〈教師指南〉各篇中唯一提及「眾師之聖師」（即前文描述的第三類上主之師）的篇章。我們先溫習一下：第一類教師屬於底層的上主之師，涵括我們所有的人；然後是資深的上主之師，亦即具備了第肆篇所描述的十項人格特質的資深學員；最後方是「眾師之聖師」，如耶穌之輩。此類聖師已經臻於真實世界，他們的心靈足以識破幻相而直指真相之境。因此，即使眾師之聖師的形體猶存於世，但他們並非活在夢境內。他們的名字已成了人間最耀眼的救贖象徵。

(1:1) 我們確實能夠與上主直接相通的，因為祂與聖子之間原本就沒有任何隔閡。

耶穌說我們能夠直接與上主相通，因我們與祂原是一個生命。小我則會說，這是不可能的，因為我們早已與祂分裂為二了。從實相角度來看，我們始終與上主一體不分，為此，我們不只**能夠**與祂相通，我們**根本**與祂同體。耶穌繼續解釋如下：

(1:2) 祂的覺知存於每個人的記憶裡，祂的聖言銘刻在每個人的心上。

　　即使在分裂夢境中，上主依舊臨在於所有人的心靈裡。應知，我們不僅共具罪咎懼的妄念思想體系，也同時擁有正念體系的救贖。這就是上主聖言留在每個心靈裡的記憶，它不斷呼喚我們回歸自己不曾真正離開過的天心。

　　請留意，耶穌在這一句裡說了兩次「每個人」。不論他人在我們的評斷中如何十惡不赦，他們內在的上主記憶並不少於我們，否則就沒有人能享有上主記憶了。這記憶直指我們原是上主之子那個一體生命，它是不可能剔除任何一人的。為此之故，我們全都能夠與上主相通，因為連接我們與祂的聖念存於每個人的心中，只等著我們的接納而已。整部《奇蹟課程》的宗旨，不過是幫助我們清除邁向這一真理的障礙，讓我們早日憶起上主聖言。一旦恢復了記憶，我們便化為上主之言，且由夢中覺醒，憶起了自己與上主須臾不離的一體生命：「你正安居於上主的家園，只是在作一個放逐之夢而已；你隨時可以覺醒於真相的。」（T-10.I.2:1）總之，我們是上主永生一體生命的一部分，只因一時神智不清而作了分離與決裂的大夢。這部課程不斷告訴我們覺醒於上主聖言之後那種難以言喻的幸福，讓我們心甘情願地回心轉意。

(1:3) 然而，需先清除真理道上的所有障礙，祂的覺知及記憶才可能進入我們的認知領域。

　　所有幻相都是同一回事。只要你試圖在真理之外保留一個幻相，便會把所有幻相弄假成真。可記得〈正文〉結尾有這麼一句美妙的話：「從此，再也沒有一個幻相值得信任，再也沒有一點黑暗遮蔽得了基督的聖容。」（T-31.VIII.12:5）是的，**一個都沒有**！必須把**所有**的幻相，**所有**的障礙，全都帶到真相前，它們就會悄悄遁形了。

(1:4~6) 歷來有多少人已經悟入此境了？這就涉及了上主之師的角色。雖然他們的了悟程度尚未達到那一境界，但他們已經開始與弟兄結合了。

　　第一主題再度出現了：上主之師不再把自己的利益與任何人的利益視為兩回事。這是上主之師必備的條件，正是這一步，把他們送上了正確的靈修階梯，開始向正確的導師學習正確的人生功課。小我的階梯則是特殊性之梯，攀上此梯的人只會在彼此身上看到差異與分歧。這一主題幾乎反覆出現於〈教師指南〉每一篇，就好似在向所有奇蹟學員（也就是上主之師）殷切喊話。只要能夠把他人的福祉與自己的福祉視為同一回事，在此神聖一刻，我們已經攀上了耶穌的階梯了，就算還在底層也無妨。即使我們尚且無法把這原則普遍運用於整個聖子奧體上，或運用於所有逆境中，但至少我們已經開始明白，唯有放下怨尤，不再把對方視為毫不相干的陌路人，我們才可能在人間活得快樂一點。

　　事實上，階梯只是一個比喻，象徵我們能把共同福祉的原

則普遍運用得多廣。若要學會這一功課，我們必須加強自己對心靈的認同並逐漸與身體脫勾才行。此一「身體與心靈」的副題，也是「個別利益與共同福祉」主題曲的變奏。因為把他人看成身外之人，乃是出自心靈的決定，一如把他人視為與自己共具同一人生目的，也是心靈的決定。在普遍運用的過程中，我們自會看清人們的行為僅是表相，毫不重要，慢慢地，股市也好，天氣或戰爭也好，不再那麼舉足輕重了。我們終會懂得，只要選擇平安，就能活得平安，倘若活得不平安，絕非外境的緣故，而是自己的心靈「選擇」寧可活在衝突中。

(1:7~8) 僅憑這一點便足以使他們在世界中脫穎而出。他們也是靠這一點才能帶領弟兄一起擺脫世界的束縛。

此處的「擺脫世界的束縛」，並不是指死亡離世那種擺脫束縛，因我們根本不曾真正活在世間或身體。其實，耶穌要我們捨離的是打造出整個世界的小我思想體系，也就是鼓吹分裂的那一套思維。它的源頭可直接追溯到那原始一念，即重視一己私利甚於上主的那一判斷：「我自己的需求都忙不過來了，哪有精力去管造物主的事！」這原始一念成了聖子奧體內每一分裂心靈的核心，人間所有的經歷都是根據這小我的核心之念而打造出來的。

(1:9~10) 僅憑自己，他們發生不了任何作用。一旦與弟兄結合，上主的大能便已來到他們之中。

　　這段引文既不是指形體層次，也不是說我們得與其他奇蹟學員結合。耶穌的話一向針對我們的心靈層次，也就是我們心中「別人必須為我的救恩付出代價」，以及「我個人體驗到愛比什麼都重要」這類信念。我們絲毫意識不到，就是這類思維將自己的幸福與平安推出心外，且變得遙不可及的。為此，耶穌強調，凡在心靈層次不能涵括所有人的愛，絕不可能是真愛。上主聖愛所臨之處，判斷或特殊性立即遁形。唯有徹底領悟自己的福祉與他人福祉是同一回事，才解除得了分裂之心障，也才可能覺醒於上主的大能，體驗到祂的聖愛。

(2:1~3) **已經能與上主直接相通的人，會圓滿地憶起自己的終極身分，再也不受世間的種種限制所束縛了。他們可說是「眾師之聖師」；雖然他們已無形體可見，我們仍能向他們的形象求助。他們會在對眾生最有益的時刻及場合中出現。**

　　這段是指形體上已經超越了小我的眾師之師。他們未必需要離世而去，仍能成為救贖與聖愛的象徵，然而第三段課文會提到，只要繼續存留人世，他們的境界難免會受到某一程度的限制。這類聖師，不論形體是否存於人間，他們依舊永存於心靈之念內，等著我們的求助訊號，隨時準備助我們一臂之力。為此，若能拜此「有形有相」的耶穌為兄長或朋友，對於深陷物質世界的我們，必然大有助益。

(2:4~7) **如果以形現身可能會引起驚嚇不安，他們就會透過心念傳遞訊息。任何人向他們祈求，都不會落空的。他們不會忽**

略任何一人的需求。他們深知人類所有的需要，也看得見他們所犯的一切錯誤，但他們卻能視而不見。

上主之子只有一個心靈，而且只犯過一個錯誤，而非千萬個錯誤，故他在人間只有一個需要，而非千萬種需要。那唯一的錯誤就是「選擇小我的分裂而放棄聖靈的救贖」。為此，唯一的必修功課，不過是修正那一錯誤罷了。耶穌之所以在此說「所有的需要」、「一切錯誤」，是根據眾生的分裂經驗而說的。我們全都感到自己犯了無數錯誤，有無數必修的功課，耶穌才會如此遣詞用字，以免激起我們的恐懼而存心抵制。然而，這段教誨的真正內涵是超乎分裂夢境及二元時空世界的。關鍵在於：救贖和聖靈的概念一樣，本質上十分抽象而「毫不具體」。只要還自視為一具身體，有著自己的個性及獨特自我，我們就需要比較具體的象徵，為我們體現救贖的心靈層次及其抽象本質。我們都知道，人間出現過無數這類象徵人物，耶穌只是其中之一而已。對於西方的奇蹟學員，家喻戶曉的耶穌自然成了上主聖愛的首選象徵。

(2:8) 上主之師遲早會了解其中道理的。

我們目前是無法真正了解這類教誨的，為此之故，耶穌才不斷使用二元性的詞彙為我們解說。我們必須謹記，他的說法只是「指月」的象徵而已。等到我們徹底明白了自己其實活在夢境之外而不再受縛於世界時，自然會領悟耶穌話裡的深意。只要我們慢慢放下自己的判斷，超越小我束縛的經驗累積到一

定程度，終有一天，先前不知讀過多少遍的說法，會突然從書本裡活生生地跳到我們眼前，令我們大聲驚歎：「原來它說的是**這個意思！**」換言之，在目前的學習階段，我們無需全面了解書中深意，但至少要有「我並不明白」的自知之明。同時，心中也十分篤定，只要隨時接受聖靈的指引，在每個人身上認出「我們不僅是同一生命，而且走在同一旅程上」，那麼，進步便是指日可待的。總而言之，我們必須放下小我「非此即彼」的遊戲規則，接受聖靈的「不是全有，就是全無」原則。

(2:9) 在這之前，只要上主之師向他們求助，而且唯獨向他們的聖名呼求，他們必會傾囊相授，毫不保留。

耶穌也在這類聖師之列。他給我們的愛，會以我們能接受的形式來表達。而且，這份禮物依舊代表了愛的極致，如同〈教師指南〉引用過的第一條奇蹟原則「全都表達了愛的極致」（T-1.I.1:4）。表達愛的形式可以有千萬種，《奇蹟課程》只是其中一種而已。請記住，我們真正想要的不是某一種表達形式，而是藉此形式來超越形式本身，直抵愛的源頭。到了那兒，一切豁然開朗，因為真理已經化為經驗了。這才是善用形式與象徵的手法，讓自己不至於沉溺於其中而渾然不覺。

(3:1~2) 上主之師偶爾也會有與上主直接契合的短暫經驗。這種經驗在世上幾乎都難以持久。

與上主直接契合的體驗，可參考〈正文〉開篇提及的**啟示**

境界（T-1.II.1:5），此境中人已能無視於身體的存在。為此，
耶穌在下文會提到：眾師之師仍需透過身陷紅塵且受其束縛之
人代他行道。

(3:3~6) 也許有人奉獻了畢生精力之後，有幸榮獲這一經驗，
而且還能在世上持續相當長的一段時間。不過，這種案例少之
又少，可別把它當成一個可行的目標。如果真的發生了，就隨
緣吧！如果沒有發生，也一樣隨緣。

　　換言之，耶穌提醒我們，切莫過度重視與上主直接契合的
經驗，也無需汲汲追求這類神秘體驗，因為單靠這些是回不了
家的。若真想由夢中覺醒，必須依靠我們日復一日實修寬恕
來化解罪咎。因此，倘若你有過那種合一的體驗，很好；如果
沒有，也很好。反正有或沒有，你每天都得做功課，不論是操
練〈練習手冊〉，或是面對現實的挑戰，祈求聖靈幫你以新的
眼界去面對自己的人際關係。再重複一次，那種合一體驗可說
「少之又少」、「可別把它當成一個可行的目標」，《奇蹟課程》
的宗旨並不是為了把學員帶入這類經驗。為此，耶穌才會在
〈正文〉說得如此明確，真知或天堂之境並非本課程的目標：
「不要忘了，本課程的宗旨乃是幫你證入平安，安住於平安之
境。在平安中，心靈漸趨寧靜，便具備了憶起上主的條件。」
（T-24.in.1:1~2）在本課程的架構下，唯有寬恕才是獲得平安的
唯一途徑，故我們的修持重心，不外乎寬恕這個不二法門。

(3:7) 世界上的任何境界，都是虛幻的。

　　請留意，這裡說的是「任何一種」或「所有的」境界，而不是某些境界而已。

(3:8~10) 一個人如果能直接且持久地與上主相通，他的肉體生命必然難以維繫下去。只有極少數的聖賢，為了普度眾生而捨下自己的身體。為此，他們需要藉助於一群仍在束縛與昏睡中的人，因著這群助手本身的覺醒過程，使得上主天音傳揚於世。

　　耶穌一旦進入了我們的心靈，會對小我造成莫大的威脅，我們勢必築起重重的罪咎之障（即特殊的愛及特殊的恨），將耶穌的愛逐出自己的意識之外。儘管這部課程源自最純淨的愛，但它的傳達形式不可能那麼純淨，因它必須借助觀念、象徵及語言文字；而前文也提過，人類當初正是為了維繫天人分裂而發明出這類表達工具的（M-21.1:7）。為此，耶穌才會說，他的「課程完全是針對小我的思想架構而寫成的」（C-in.3:1），他的教誨，只有**內涵**稱得上完美，形式則未必。同理，我們要的是「愛」本身，而非它的表達形式。無論如何，我們仍十分需要這種間接且二元形式的體驗，來撫平我們對直接且一體的愛所懷的戒心。總之，二元性的體驗也具有極其神聖的目的，因它能溫柔慈悲地為我們鋪路，讓我們慢慢接受這種一體不二之愛，那才是我們的生命實相。

(4:1~3) 因此，不要為生活中的種種束縛而感到沮喪。你的任務乃是擺脫束縛，而不是逃避束縛。你必須使用人們能懂的語

言，受苦的人才會聽到你的聲音。

　　這幾句話與〈正文〉「小小的願心」那一節可謂相互輝映。耶穌安慰我們，無需為那些束縛或陰影不安，我們正是為此而來到人間的（T-18.IV.2:1~5）〔原註〕。這等於勸我們無需為自己的小我而不安，雖然曾幾何時我們選擇聆聽小我而拒絕了聖靈，但如今，它反倒成了我們**解除**小我的教唆之大好機會。請留意，這幾句話又賦予了這一教誨另一新意，當我們為自己的種種缺陷而內疚或沮喪時，耶穌要我們從正面的角度接受這一挑戰，把它們想成可供聖靈傳達真愛的工具。試想，如果我們真的完全擺脫了小我，大概沒有人承受得了我們的臨在。為此，愛可能借用我們在世人眼中的缺陷，以比較不易激起人們戒懼的形式呈現於世。也因此，耶穌才會提醒我們活得正常一點，最好看起來與凡人無異，只是更常面帶微笑而已（W-155.1）。就像海倫凱勒，她以先天殘疾的形式來到人間，歷經萬難，克服了殘障，成了一顆耀眼之星，親身為我們示範了心靈的平安確實不是仰賴外在環境而獲得的。

　　總之，我們要的不是一具完美的身體（「完美的身體」本身即是一個自相矛盾的概念）。誰會想要一具完美的身體？我們真正渴望的是完美的心靈。為此，大可不必為自己的缺陷感到沮喪，因為它們全都可以充當愛的教學管道，也成了你學習

〔原註〕有關「寬恕自己的缺陷」這一主題的討論，請見《仁慈－療癒的力量》下篇。

愛的途徑。無論如何，「缺陷」在人們心目中常帶有負面的意涵，它好似說：「因為這個毛病，所以我有問題。」奇蹟學員也常會情不自禁這樣想：「如果我把《奇蹟課程》修對了，我的問題就會憑空消失了。」此一念，便把你的焦點引回身體的層次，因而落入了小我的陷阱。於是，你徹底忘了身體既可以鞏固小我的分裂心態，也可藉聖靈的寬恕而化解分裂之境。小我最高興的，莫過於看到我們老盯著自己的失敗經驗。為此，我們真正應該努力的是，一面接納身體的現狀，一面擺脫小我加在身體上的罪咎重擔。比方說，面對現實生活的匱乏時，不再暗暗自責或歸咎外境，而應學習看清，自己的價值並非建立在世間的成功標準，也明白心靈才是一切匱乏或富裕的源頭，而我此生的經歷全繫於自己的選擇。唯有如此，才可能跨越現實的困境。

耶穌說：「你的任務乃是擺脫束縛，而不是逃避束縛。」換句話說，心中尚存小我之念本身並不是問題，只要我們別老是讓這些念頭替我們出馬甚至當家做主就成了。同樣的，擁有一具身體本身也不是問題，不論身體機能運作健全與否，只要別讓它成為生活焦點就好了。我們的任務只是擺脫自己賦予有限身體的罪咎而已，並沒有擺脫身體的必要。何況，身體的限度反倒給我們一個機會感受到上主的愛，而不再那麼害怕祂。至於這句「你必須使用人們能懂的語言，受苦的人才會聽到你的聲音」，當中的「語言」，就是指二元以及有限的形式。身

為教師的我們，也得使用這種語言才行。

　　容我重申一下，我們此生不必致力於改變自己的個性或形體，只需改變自己賦予它們的目的就夠了。換言之，我們無需把它們視為可怕的天牢，避之猶恐不及，而應把它們變成學習的教室，藉此為人示範天堂的救贖課程。這才是正念心境中我們來到此世的理由。此一關鍵性的轉變，再怎麼強調都不為過。一旦學會從新的角度看待自己的限度和缺失，這種知見的轉變會幫助我們更加寬容地對待自己，自然也會更加寬容地善待他人。不論這些缺陷呈現於生理、情緒、社會或道德層面，不論我們相信戰爭會帶來和平、衝突能導致寧靜，或是特殊性會帶給自己幸福……，它們在我們眼中不過代表了某種缺陷而已，我們的任務只是解除自己賦予那些缺陷上的罪咎重擔罷了。我們的不設防及平安的表率，必然有助於人們寬恕他自己的罪咎。總之，人生的目標不是活得毫無缺陷，而是要從小我賦予這些缺陷的罪咎陰謀中徹底解脫出來。

(4:4~6) 但你必須先搞清楚究竟是什麼有待解脫，才堪當人間的救主。救恩不是一套理論。你得先看準了問題，再祈求答覆，那麼當它來臨時，你才領受得到。

　　這部課程是否有效，端賴你能不能認出問題的本質及根源所在，也就是「心靈寧可否認自性的莊嚴偉大而選擇與卑微虛誇的小我認同」的那一決定。人間所有的缺陷或限度都源自這一錯誤，而非形體世界所害的。一旦讀懂了「卑微與偉大之

別」與「莊嚴偉大與虛誇自大之別」（T-15.III; T-9.VIII）這兩
節，我們自然了解形相世界的種種限度不過是反映心靈那一錯
誤選擇而已。既已看清問題的本質，又有耶穌在旁相助，我們
便知道該怎麼辦了。他的愛會流經我們，透過我們的示範而造
福他人。從此，我們會在人間活得心安理得、溫良慈愛，不論
世界有何限度或我們自己有何缺陷，都已影響不了我們坦然平
安的心境。

**(4:7~8) 答覆必會如期而至的。只要你準備好接受救助，你必
會得到，你的每個需求都會如願以償的。**

　　問題的答案其實早已存在心靈之內，我們只需接受這一答
案便綽綽有餘了。耶穌為了針對我們的層次發言，才會說「你
的每個需求」。其實他三番兩次提醒我們，真正的需求只有一
個，如同真正的祈禱也只有一種，就是祈求寬恕（也就是療癒
或接受救贖），因為我們早已擁有一切（T-3.V.6:3）。唯一的需
求就是放棄錯誤的老師，而與真正的老師認同。唯有如此，我
們才能從匱乏之夢覺醒過來。

**(4:9~11) 因此，不要為你尚未修到的境界操心。上主完全接受
你當前的程度，祂會在這兒向你伸出歡迎的手臂。除了這個，
你還需要什麼？你還能指望什麼？**

　　最後再提醒一次，扶梯而上的我們只需把目標鎖定在下一
階就夠了，不要老盯著最高的那幾階。換言之，我們的注意力

應置於自己當下的心境，看清自己常被哪些事情惹惱，這才是
重點，少去操心如何直接與上主契合那類的事。我們真正想要
的，正是寬恕以及放下判斷之後那種美妙感受，但也千萬別漠
視自己是多麼害怕邁出下一步。

貳拾柒. 何謂死亡？

　　本篇與下一篇「何謂復活？」是姐妹作。兩篇都為〈教師指南〉、〈正文〉以及〈學員練習手冊〉的幾個核心主題，提綱挈領地作了一個總結。另外，〈正文〉第十九章「死亡的魅力」（T-19.IV.三）以及〈練習手冊〉第一百六十三課「死亡並不存在，上主之子是自由的」和第一百六十七課「只有一個生命，就是我與上主共享的生命」，也討論了與本篇類似的生命觀點。

(1:1) 世間的一切幻相，都是出自死亡這個核心夢境。

　　這一句話把我們帶回「身體與心靈」這支重要的變奏曲。一提起死亡，我們自然聯想到身體，正如一提到生命、快樂或痛苦，也會有類似的聯想。然而，《奇蹟課程》的宗旨是將我們的焦點導向心靈，也就是身為觀者的「抉擇者」那裡。如此，我們才可能了解，選擇小我表面上好似能帶來一些快樂，但最終難逃痛苦的結局；唯有選擇聖靈，才會帶來真正的慰藉：「真正的『快感』乃是來自承行上主的旨意。」（T-1.

VII.1:4）也就是說，除非放下分裂的選擇，否則終究難逃痛苦的宿命。

　　死亡乃是世界一切幻相的核心夢境，因為小我整套思想就是從「上主之死」起家的。這齣幻劇所引發的罪與咎，必然衍生出「上主會向我們索命」的可怕念頭。為此，我們不得不由這必死無疑的戰場逃出去，打造另一個世界，而且藏身於一具肉體中。問題是，小我為我們選擇的身體依舊難逃一死，我們就這樣落入生死循環而萬劫不復了。至此我們終於明白，何以耶穌說死亡乃是人生大夢的核心觀念。他說的顯然不是肉體的死亡，不曾活過的東西怎麼可能死亡？耶穌指的是那整套的**死亡思想體系**，它肇始於我們在上主自性以及個體自我之間有所選擇的那個妄念，更不幸的是我們選擇了自我，也因之，不得不犧牲上主自性作為代價。

(1:2~5) **把生老病死視為生命的過程，這種觀點不是很瘋狂嗎？我們以前探討過這個問題，現在不妨再深入一下。萬物的出生，只是為了死亡，這是世界牢不可破而且一成不變的信念。它被視為「自然的運作法則」，不容質疑，人們只能接受它為生命的「自然律」。**

　　耶穌的意思是，把死亡與肉體聯想在一起，將它弄假成真，簡直是神智不清，更遑論還把上主扯進來。在夢境裡，所有稱之為生命的東西都註定會死，連無生命之物也難逃一「死」，因為人間任何東西都經不住歲月的摧殘，終將腐朽、

風化，最後灰飛煙滅。

(1:6~7) 那種循環、變遷、不定、不可靠、不穩固，循著某種軌跡而盈虧盛衰的過程，都被視為上主的旨意。沒有人敢質問，宅心仁厚的造物主怎麼可能有這類旨意？

〈正文〉第十三章導言把世界的瘋狂程度描繪得淋漓盡致，最後下了一個結論：「如果這是真實的世界，上主確實不仁。」（T-13.in.3:1）耶穌在此再次重申，我們的造物主與生命之源，和不完美、非永恆的無常世界一點關係也沒有。一句話就推翻了「宇宙是神聖的」這類觀念。

(2:1~2) 如果把這樣一個宇宙看成是上主的創造，這樣的造物主絕對不可能是慈悲的。有誰會不對這個終將摧毀一切且讓萬物在失意與絕望中化為塵土的造物主敬而遠之？

小我存心要我們對上主敬而遠之，才會打造出這個人間苦海，還編出一套神學來解釋上主為何造出這樣的世界。亞當與夏娃的故事就是最好的例子。《聖經》說人類承繼了亞當夏娃的罪，我們便不能不相信，造物主是為了懲罰我們，才在人間造出這麼多的痛苦和死亡。有誰不害怕這樣的神明？這就是小我最高明的一招，它不斷恐嚇我們上主有多可怕，好讓我們永遠處在失心狀態。事實上，小我為了防止我們回歸心靈，可說無所不用其極，其中一個手法就是打造出宇宙與身體，供我們在其中生生死死、永無止盡地輪迴下去。整件事情是如此瘋

狂和荒謬，而我們卻從不質疑，因為我們實在太害怕自己心中認定的義怒之神了，只好把世界的肇始壓到潛意識下，從此沉淪於失心狀態。所幸的是，即使我們以上主義怒作為拒絕救贖的藉口，但真實的上主只知道愛，其餘一無所知，這份上主的記憶，始終存於每個人的心中。耶穌在此特別指出，從來沒有人質疑過慈愛之神怎麼可能幹出這種事。其實答案非常簡單：**祂的確沒有幹過這種事！**至愛的造物主和夢境裡所發生的任何事，一點關係都沒有。

(2:3~4) **你的小命繫在他的手裡，他隨時（也許就在今天）都可能毫不留情地捻斷這一條維繫你生命的懸絲。也許他會判你緩刑，但你終究在劫難逃。**

耶穌在〈正文〉中提過，幻相有兩種層次：秘密之夢與世界之夢。而世界之夢是指：「與你分裂的弟兄成了你的累世冤家，他陰魂不散，明明企圖置你於死地，卻故意慢慢折磨你。」（T-27.VII.12:1）

打造這種世界的元兇，就是秘密之夢中不可告人的罪咎，而罪咎必然要求懲罰。懲罰愈嚴峻，愈是大快小我之心，只要環顧一下周遭的世界便可見一斑了。

(2:5~6) **誰會去愛這種不知慈悲為何物的神明？因為他徹底否定了生命的真實性。於是，死亡搖身一變，成了生命的象徵。**

耶穌在此說的是被我們否定掉的天堂之真實生命。我們常

看到許多宗教信徒傳佈的是「不知愛為何物」的神明，而這種情形絕不限於西方宗教。他們打著慈悲神明的旗幟，大行仇視、迫害甚至殺人之舉。生命變得好似專為襯托死亡而來，證明肉體生命曾一度活過。

(2:7~8) 他一手打造出來的世界如今轉為一個戰場，充斥著衝突與對立，以致烽火不斷。凡是死亡所到之處，平安便無立足之地了。

這正是世界永遠不太平的原因。只要有一國發動戰爭，便破壞了和平，因發動戰爭這個決定是出自鼓吹戰爭之念的那套思想體系，它只會周而復始且愈演愈烈，永無寧日。因此，我們若真想促進世界和平，就得下定決心終止自己心內的衝突，那才是一切戰爭的源頭。一旦心靈恢復平安，愛會自然流出，融入我們的言行之中。不論以何種形式表達，它都會在**內涵層次**通傳給所有的人，而不含任何判斷。缺了這種內涵，世界永遠不可能太平的。總之，只要死亡的信念存在一天，平安之境就會變得遙不可及，因為「世間的一切幻相，都是出自死亡這個核心夢境」。

(3:1~2) 死亡象徵著「上主可畏」。這個觀念一筆抹殺了上主的愛，人們再也意識不到愛的存在，死亡之念好似擋在太陽前的一塊遮陽板。

小我編出瘋狂無情的罪咎懼之噩夢，說我們犯下了逆天之

罪，而這一罪咎必會招來上主的懲罰。我們就這樣被小我嚇得六神無主，決心逃離心靈，寧可活在失心狀態，從此再也沒有機會回到當初選擇小我的那個樞紐了。由此可知，問題並不在於小我的說詞**是什麼**，而在於我們**相信**了它所說的；其間之別，何其關鍵。事實上，小我那套恨的思想體系不論恨得多深，只要我們不賦予它任何真實性，它便影響不了大局。能夠賦予真實性的那一部分心靈，我們稱之為**抉擇者**，它是夢境內真正的力量所在；我們必須回到當初作出錯誤決定的這部分的心靈，才修正得了錯誤。不幸的是，我們的恐懼以及對分裂思想體系的執迷不悟，早已把抉擇者徹底遮蔽了。耶穌在〈練習手冊〉提到雙重的遺忘（W-136.5:2），第一重是罪咎，讓我們相信上主躲在我們心內且伺機復仇；第二重是世界，它將我們的覺知徹底轉到心靈之外，從此，我們再也不必面對上主義怒的可怕威脅了。

(3:3~8) 這個象徵的猙獰面目顯然無法與上主並存。它給人的印象就是：上主之子最後必會「安息」於荒土之下，地下的蟲蟻迫不及待地前來問候，不費多時就屍骨無存了。最後連蟲蟻也難逃毀滅的定數。一切有情眾生都是如此地為死亡而活。一物吞噬一物的食物鏈成了自然界的「生命法則」。這種神明實在瘋狂愚昧至極，如今只有恐懼顯得真實無比。

上述的世界，乃是人類極力推崇、保全，甚至不惜大開殺戒來爭奪的世界。不可思議的是，人們竟然相信這種世界是上

主的傑作。在「祂」所創造的這種世界中，充滿了死亡氣息：「一物吞噬一物的食物鏈成了自然界的『生命法則』。」小我就是由此而起家的。在這瘋狂夢境裡，我們相信自己吞噬了上主，而且有辦法擺脫謀殺罪名，還認為自己可以篡奪祂的能力，仿造生命與愛。既然一切都是靠吞噬來的，我們自然相信唯有繼續吞噬企圖奪我寶貝的人，才是自保之道。問題是，我們最終依舊難逃被吞噬的命運，死後的屍體還會遭蟲蟻啃噬，而它們又被其他蟲蟻吞噬殆盡。這駭人的景象，其實是借用〈哈姆雷特〉劇中的一段恐怖描繪（第四幕第三場）。哈姆雷特跟殺害自己父王的叔叔分享自己對死亡的觀察與嘲諷，描述的正是這種蟲吃蟲的世界。那是我們不敢面對的地下世界。為了抵制這無情的現實，我們不得不想盡辦法來聖化身體。然而，真正恐怖的，不是蟲蟻所幹的勾當，也不是人類對彼此做的事，而是我們心中所認定自己對上主幹下的那一檔事。為此，最後能夠扭轉大局的，唯有心內的抉擇者之信念，它才是一切夢境的源頭。這種夢境既始於死亡，也終於死亡。一個有機生命必須吞噬另一生命，才能繼續生命的循環，而身體在人間的種種經驗，不斷為我們鞏固這一思想體系。

(4:1~2) **相信可朽之物中有一部分可能逃脫死亡的命運而倖存，這種怪異的信念未必承認一個慈愛的上主，也不會為人重建對神的信心的。如果死亡有一點真實的話，生命就不可能存在。**

這裡談的是一般人的信念——人們相信肉體死後有個靈魂還會繼續存在下去。然而，生命屬於上主，它是永恆的：「天堂之外沒有生命可言。」（T-23.II.19:1）故終究說來，生命不可能存於世上，它只屬於上主的一部分。它不會蛻變、成長或消失；它既不死，故也不生。耶穌在這兒再次向我們耳提面命：永生上主與死亡毫無瓜葛。

(4:3~5) 因為死亡否定了生命。然而，生命若有一點真實的話，死亡就被否定掉了。兩者毫無妥協並存的可能。

本課程是毫不妥協的。在**非此即彼**的原則下，不是靈性，就是身體；不是一體，就是分裂；不是永恆的基督，就是奄奄待斃的聖子。

(4:6~10) 不是可怕的神明，就是慈愛的上主。這世界試過上千種方法企圖讓兩者並存，將來還會繼續如法炮製。但上主的教師絕對不會接受任何一種妥協的觀點，因為上主是不接受任何妥協的。祂從未創造死亡，因為祂不會創造恐懼。對祂而言，兩者都是同樣的無意義。

罪、咎與世界，對上主而言不僅毫無意義，祂連看都看不到，因為它們根本就不存在。世界卻想盡辦法在夾縫中妥協，把生命與死亡都視為真實。我們可以為了這群人的幸福而殺死另一群人，這簡直瘋狂到無可理喻的地步，就像我們竟然相信這種造了我們又害死我們、再設法拯救我們的神明（祂甚至**不**

拯救所有人）！由此可見，我們是如此千方百計在生與死的人生課題尋找**兩全**的妥協之道。

(5:1~3) **死亡的「真實性」深深繫根於「上主之子是一具身體」的信念中。如果上主真的創造了身體，死亡必然變得真實無比。而上主便不可能是慈愛之神了。**

　　這兒說明了為什麼我們會對死亡如此小題大作。我們其實一點都不怕死，反倒深受吸引，正如「平安的第三個障礙」（T-19.IV.三）一節之所述。死亡不僅影射出曾經活過的身體必是真實的生命，同時認可了造出身體的分裂之念必也真實無比。為此，世人才會對《聖經》深信不疑，因它宣告上主就是世界與身體的造物主。而耶穌在此卻說：若真如此，這位上主絕對不可能是慈愛之神。

(5:4~5) **真實世界與幻相世界兩種知見之間的對比，在這一點上顯示得再清楚不過了。如果上主是愛，死亡無異於宣告了「上主已死」。**

　　如果上主是愛，必然是完美且永恆不易的；然而，死亡若是真的，表示身體也是真的，那麼上主就不可能是完美且永恆不易的。第一百九十課「我選擇上主的喜樂，我不願受苦」也用到同一推論方式，耶穌說：「上主若是真的，痛苦就不可能存在。痛苦若是真的，上主就不存在。」（W-190.3:3~4）換句話說，如果痛苦或死亡真的存在，上主便不可能存在，因為真

實的上主對痛苦或死亡一無所知。至此，我們不難明白，何以
整個社會甚至個人都如此被死亡吸引（更別提誕生了）。生與
死均以身體為焦點，而分裂與一體之境既然不可能並存，我這
具身體若是真的，上主的一體靈性便不可能為真。我們潛意識
中想證明上主錯了的心願，就這麼實現了。同時，死亡信念也
會衍生出特殊性，唯有特殊，我這個個體才有存在的價值，還
可以讓其他人為我的生死負責。

(5:6~10) 如今，祂的造化在祂面前只能戰慄不已。祂不再是天
父，而是毀滅者。祂不再是造物主，而是復仇者。祂的聖念變
得多麼恐怖，祂的形相多麼可怕。一旦望見祂的真實造化，我
們必死無疑。

　　不論自己意識到與否，我們所相信的，正是這種神明。只
要我們認為自己真的活在世上，上述信念在我們心中必然牢不
可拔。因為肉體生命背後隱藏了一個不可告人的秘密，我們嗤
鼻嘲笑上主：「祢錯了！祢說天堂之外沒有生命，我也不可能
如願以償。瞧！我存在了！祢能把我怎樣？」在小我策畫的大
陰謀中，小我之神確實發威了，一如《聖經》所記載的，祂打
擊人類，送來瘟疫，做出各種喪盡天良的事，最狠的一招就是
索回我們由祂那兒盜取的生命。毋庸多說，真正的上主對這瘋
狂之念毫無所知。為此，耶穌才會一再提醒我們，一定要對自
己的信念體系保持警惕。我們未必需要立即改變自己所信的那
一套，但是，「別再為此內疚」確實是首要之務。

(6:1~2) *新約有這麼一句話：「最後有待克服的大敵即是死亡。」說得一點都不錯！*

　　這句話雖引自門徒聖保羅的名言（〈哥林多前書〉15:26），但卻賦予了有別於傳統的新意。耶穌不是靠肉體復活而戰勝死亡的，他克服的是死亡的**思想體系**。小我的存在肇始於上主之死，而這正是我們最後有待克服的大敵。個別利益就是它的核心因素，亦即將一己利益置於上主福祉之先——我們只在意自己的需求及目標，縱然必須因此犧牲上主也在所不惜。無論如何，我無需直搗那原始一念，因我仍在特殊關係中反覆活出那一妄念；我只需要看清自己是**如何**重活那一念，看清我是如何一味著眼於自己的需求而把你推開的。我或許無意真的想毀掉你的身體，但在心理層次上，我確實毫不留情地想把你剔除於自己的生命之外。你的福祉只能排在我的需求之後，而我的首要考量永遠是如何滿全自己的願望。我們對這類思維一點都不陌生，這也正是我們重新選擇的下手處。

(6:3) *死亡的觀念一去，世界便消失了。*

　　世界一旦消失，**我**必也隨之消失；而為了保全自己，我不能不把身體的生死當作天大的事。

(6:4~8) *所有的夢境也會跟著這個夢一併結束。終結一切幻相，乃是救恩的最終目標。而所有的幻相都是出自死亡。出自死亡之物，怎麼可能會有生命？出自上主的生命，又怎麼可能*

死亡？

我們又看到〈教師指南〉反覆提及「所有」兩字了。請記住，這是一部毫不妥協的課程。凡是來自上主的，不可能死亡，因為由祂而生的，就是生命，而生命必屬永恆。

(6:9) 世界一邊守著死亡，一邊又認為愛是真實的，於是，人間所有的矛盾、妥協以及宗教法術由此而生。它們全屬於「失心」（mindless）的怪力亂神之念，既無作用也無意義。

世界的思想體系（當然包括了人間的宗教）想盡辦法把真相混入幻相內，讓兩者各讓一步，相互妥協。這類手法其實就是失心狀態之下所行的幻術（怪力亂神），它們什麼也不是，故也成不了任何事。它們之所以顯得活靈活現，只因我們相信了它們；一旦撤除這種信念，它們立即銷聲匿跡，復歸虛無。

(6:10~11) 上主永恆如是，祂所創造的生命必然也是永恆的。你難道還看不出，若非如此，表示祂有一個相反的勢力存在，那麼恐懼就會變得像愛一般真實？

為此，我們才說《奇蹟課程》屬於**一體不二的思想體系**。除了上主、一體、聖愛真正存在以外，其他都不存在。絕大多數的世間宗教（尤其是西方宗教）傳播的全是二元論，他們相信與上主對立的勢力可能存在，也不斷強調物質世界種種相對的正邪善惡勢力。

(7:1) 上主之師，你的唯一任務可以歸結為一句話：不要接受任何帶有死亡陰影的妥協觀念。

　　這一句引文極其重要。多年前，我曾用這句話作為主題開了一場研習，只是把「死亡」改成「二元」而已——「不要接受任何帶有二元性的妥協觀念」〔原註〕。凡是落入二元的，均屬幻境。當然，有些幻相出自正念之心，例如寬恕、奇蹟等等，它們固然能將我們導向真理，但仍屬夢境的一部分。為此，我們需特別留意自己老想把互不相容的概念攪在一起，例如愛與恨，平安與戰爭，上主與判斷（或分別取捨），天堂與地獄，生命與死亡……諸如此類。

(7:2~4) 不要相信任何殘酷的東西，也不要讓攻擊蒙蔽了你的真相。凡是看來會死之物，必然出自妄見而且陷入了幻境。如今，你的工作就是把幻相帶到真相內。

　　別再將自己心目中早已當真的身體帶入死亡的幻相裡；如今，時候到了，我們該把這個充滿虛幻與死亡的思想體系帶入救贖所指向的真相，這才是正途。

(7:5~6) 只有在這一件事上，你應該站穩你的腳步，不要被任何變化無常的「現實」蒙蔽。真相不會來來去去，搖擺不定，更不會銷融於死亡之下。

〔原註〕請參考〈奇蹟課程的二元隱喻〉CD。

　　這段話提醒我們別把世上任何事情看得太重，不論它對自己或所愛之人的形體造成多大的衝擊。除非它們絲毫影響不了我們內在的平安，才表示我們真的學會了不把任何事情當真。話說回來，這可不是要我們壓抑自己內心的恐懼或焦慮，但我們可以試著看清，問題並非自己想的那樣，也不是發生於身體層次的那一切。問題純粹出於我們的心靈又拜死亡為師，而未選擇那位生命的導師，如此而已。

　　正視小我，至少會幫助我們變得愈來愈誠實，因為我們會開始明白，問題其實不在外面。死亡並非我們有待克服的問題，疾病、戰爭或失去所愛也不是，它們只是同一問題的不同表徵而已，真正的問題在於心靈所選擇的分裂信念。但無論如何，只要願意和耶穌一起用愛的眼光正視它，問題一定會迎刃而解的。

(7:7~10) 如何才能結束死亡？結束死亡之道即是：了悟上主之子不僅現在清白無罪，而且永遠如此。僅此而已。但可別對這「僅此」掉以輕心，它是絕不可少的一環。

　　回到〈教師指南〉一開始所提到的觀念，耶穌把上千種不同的形式一併納入所謂的「普世課程」，它們共通的主題是「上主之子是清白無罪的，他純潔的本性正是他的救恩所在」（M-1.3:5）。換言之，我們並非分立的生命；既無分裂之念，罪和咎也都不存在。上主創造的自性始終完美，且與它的造物主及生命之源始終一體，沒有任何分別差異；唯有上主與基督

內的一切真正存在。

　　再叮嚀一次，我們無需追求這類一體經驗，但絕不可輕忽這一真理在人間的倒影。如果上主之子真的清白無罪，表示**你**也清白無罪，而這個**你**，當然包括了我們習慣歸咎的對象，以及那些我們認為剝奪了自己心中之愛的人。上主之子若是清白無罪，表示所有問題其實都不曾發生過。為此，我們無需鑽研奇蹟形上理念，或把奇蹟原則說得頭頭是道，我們只需要將它落實在現實生活中，看清自己是如何自暴自棄，然後，又怨怪別人的剝削。總之，死亡成了小我「非此即彼」這種自我中心的縮影，它的結論不外乎：「如果必須除掉你我才能活下來，我是絕不手軟的；我得確保自己的存活，顧不了你。」

　　最後幾句話，我再重複一遍：

(7:7~10) 如何才能結束死亡？結束死亡之道即是：了悟上主之子不僅現在清白無罪，而且永遠如此。僅此而已。但可別對這「僅此」掉以輕心，它是絕不可少的一環。

　　我們偶爾會在《奇蹟課程》讀到類似的句法（T-21. in.1:1~3）。死亡的終點（亦即救贖之道的終點）不過是領悟出上主之子清白無罪，而且他始終如此，也永遠如此。僅此而已。這簡單的一句話，徹底體現出上主聖愛的全貌。無論如何，我們需要誠實地看清自己是否已把這一原則具體運用於日常生活，且絕不讓妥協心態侵入，正如本段第一句所提的「不

要接受任何帶有死亡陰影的妥協觀念」。死亡乃是「非此即彼」那套思想體系的始作俑者。為此，我們只需覺察自己每天是怎麼活出小我那套思想模式的，而無需設法改變小我，也無需為此內疚或自我批判，但一定得看緊它，看清這一思維模式的毒害，明白它不可能帶來平安幸福，更遑論領我們回家。唯有這一領悟，才會激勵我們終有一天徹底放下它。

貳拾捌. 何謂復活？

　　這是緊接著「何謂死亡」而來的姊妹篇，前篇談死亡問題，本篇則以復活作為答覆。復活觀念在《奇蹟課程》中與死亡一樣，均與身體無涉。我們不可須臾或忘，整部課程的目的就是將我們由認同身體轉而認同作抉擇的那一部分心靈，唯有它具有在死亡與復活兩種心念之間選擇的能力。死亡之念將我們囚禁於夢境，陷於咎與恨的思維模式而難以自拔；唯有復活之念能將我們由其中解救出來而安返天鄉。本篇是〈教師指南〉結尾「未盡之言…」以前的最後一篇，言簡意賅地為我們描述了這一旅程神聖而莊嚴的結局。

(1:1~2) 簡單地說，復活就是克服或超越死亡。是再度覺醒，或是重生，它顯示出心靈已經改變了它對世界的看法。

　　復活的意義就是「心靈已經改變了它對世界的看法」，沒有比這句話更清晰明確的界定了。小我宣稱，世界是我們**逃離**罪咎的避風港，結果卻成了罪咎的**藏身處**。換言之，小我打造世界的初衷是保護我們不受恐懼及苦難的威脅，逃避義怒之

上主為我們判定的死刑，到頭來卻把我們鎖進一具動輒得咎、承受痛苦與死亡宿命的身體裡。說穿了，這才是小我存心賦予世界的意義，難怪〈練習手冊〉一開篇便告誡我們世界毫無意義。唯有聖靈能賦予世界一個有意義的修正功能，把世界轉為教導寬恕的學習道場，而學成的境界，便是復活。

(1:3) 復活就是接受聖靈對世界存在之目的所作的詮釋，它等於是親自接受了救贖。

　　第二主題曲「接受聖靈幫助」又出現了。聖靈賦予世界的目的就是逐步教導我們明白，外在經歷到的一切，不過是我們把內在罪咎世界弄假成真的寫照而已。由此，我們才能領悟出世界真的不存在，它在本質上不具任何意義，唯有交託給聖靈，它才可能搖身一變而發揮起死回生的作用。

(1:4~5) 它結束了苦難之夢，欣然覺醒於聖靈的最後一夢。它認出了上主的種種恩賜。

　　耶穌在此描述的即是真實世界。唯有徹底領悟小我帶來的怨恨、恐懼、特殊性與死亡，真的不是我們自己所欲所願的，我們便進入了真實世界。這其實就是徹底否定了小我對上主的一貫否定，永不退轉地肯定了上主所賜的永恆生命及完美的愛。於是，我們便會「欣然覺醒於聖靈的最後一夢」，也就是復活。

(1:6) 然而，這仍屬於夢境的範圍，只是在此夢中，身體已能

完美地執行它唯一的交流任務了。

　　這樣說，未必表示身體在生理層次運作得完美無缺。完美地運作，僅僅意味著不受小我的奴役，不再利用身體的苦來引發別人的罪咎感：「看看我吧，弟兄！我是死在你手中的。」（T-27.I.4:6）如今，完美的身體有如一記醒鐘，隨時警惕我們，小我創造它的初衷原是為了護守心靈的罪咎，阻撓我們選擇救贖。不論身體有何作為或有何缺陷，它依舊能幫我們完成寬恕目標。請記住，若從世界與身體所**代表**的戰場這一角度去看，上述觀念必然難以理喻。因為處身於戰場，我們都是透過有限而且扭曲的目光去判斷、去了解的。耶穌的教誨必須提升至戰場之上，才能彰顯出它的意義。唯有走出夢境，俯視世界，心靈才能在基督慧見的寬恕之光，看清萬事萬物的真相。

(1:7) 復活結束了整個有修有學的階段，因為這一課等於宣告有修階段已經圓滿而且可以功成身退了。

　　有修有學的階段一結束，便是由夢中覺醒之時刻。這一課程將我們領到天堂門口便已功德圓滿，愛與覺醒的真實體驗必會隨之而來。無論如何，操練《課程》只能將我們帶領至此，故它自稱為「奇蹟」課程，而非「復活」課程，因復活乃是屬於課程完成之後的境界。聖靈的課程不過是教我們修正所有的錯誤決定，接受救贖，也就是修正心靈選擇認同小我的那個原初決定。

(1:8) 復活無異於邀請上主邁出祂最後的一步。

　　上主的「最後一步」乃是隱喻抵達階梯頂端後的境界：我們重歸無相之境，消失於上主的天心中，階梯自然隨之隱沒。然而，完美的一體之境當然不是一步一步跨入的，這種詩意的描繪純然是為了遷就仍在階梯上的我們。「上主最後一步」的真相其實是：妄念之心消失了，因小我已不復存在；正念之心也消失了，因為已無錯誤有待修正。最後，連抉擇者都消失了，因為從此無所選擇。唯一存留下來的，唯有上主聖愛之記憶而已。在這最後的神聖一刻，我們消失於上主的記憶內，從此化為祂的聖愛，這就是上主的最後一步。

(1:9~10) 它一舉撤銷了所有其他的人生目的、其他的意向、其他的願望以及所有的操心顧慮。它是上主之子對天父的唯一渴望。

　　耶穌在〈正文〉如此說過：「只要你的祈求一心不二，我必會親自答覆的。」（T-4.III.7:10）他在這兒又說了類似的話。只要我們全心全意想要回家，由這分裂、仇恨及死亡噩夢徹底覺醒過來，那麼，每一天、每一事、每一物，都成了幫我們完成此一宿願的助緣。唯有如此一心不二，才能幫我們加速攀至梯頂，因為世界再也無法牽絆我們了。其餘的一切掛慮、願望以及目標自會識趣而退，它們對我們再無任何吸引力。至此，我們才可能真心說出：「我對特殊性已毫無興趣，因我非常清楚世間沒有一物值得追求。我怎可能去追求根本不存在之

物呢？更何況，連這個東追西求的**我**本身都不存在！」如此，才表示自己已然看透了世間沒有一事行得通，因為它們根本就**不可能**行得通。唯有救贖原則足以療癒一切，也唯有它能引領我們回家，從死亡噩夢覺醒。這才是復活的真諦。我們已然明白，死亡代表了小我思想體系的開始與結束；小我一結束，存留下來的只有無所不容的上主之愛。請記得，真愛對於二元、分化、差異這些幻相根本一無所知。

(2:1) 復活等於否定死亡，肯定生命。

　　這是因為復活之境源自救贖原則，而救贖原則不過是重申了「一切不曾改變，分裂也未發生過，永恆生命分毫未損」這一真相而已。

(2:2~3) 世界整個思維體系從此徹底扭轉過來了。如今生命被奉為救恩，所有的苦難都被視為地獄。

　　世間萬物原本是為小我的目標而效力，讓我們在地獄（也是小我的天堂）永不得翻身。這一切在我們作出拒絕小我死亡思想體系的決定後便徹底改觀了，表示我們終於看清，除了唯一真實的上主以外，世間的一切不論好壞、聖凡、生死，全都虛妄無比。從此，我們再也無需委曲求全了。

(2:4) 愛不再使人望之卻步，反而欣然相迎。

　　這是聖子對天父的唯一心願。我們再也不會對上主之愛退

避三舍了,因我們已經明白,與祂分離,活成一個獨立而特殊的個體,竟是如此痛苦之事。這表示我們真心與小我分道揚鑣,唯真理是瞻。在這一刻,原本非我莫屬的幸福喜悅,便會從記憶中浮現而出。

(2:5~8) 偶像也會銷聲匿跡,上主的記憶終於暢行無阻地遍照於世界的每一角落。一切有情生命也都反映出了基督的聖容,沒有一物會困守於黑暗而無緣親炙於寬恕的光明。世上再也看不到哀傷。因為天堂的喜樂已經降臨人間。

　　特殊之愛與特殊之恨的對象,也就是小我體系中的一切偶像,全都銷聲匿跡了。只要我們從聖子奧體身上撤除自己的種種判斷取捨,上主的記憶便會「暢行無阻地遍照於世界的每一角落」。當然,這一切只會發生於心靈內,因為心外無物,世界也不曾離開過這一源頭。既然上主之子同具一心,所有心靈又是一體相通的,因此,只要我們一掀開黑暗的面紗(也就是我們防止自己憶起上主聖愛而放置於心靈內的種種仇恨及罪咎),上主的光明立即遍照每個人的心靈。那光明正是耶穌在覺醒之刻所經驗到的光明。上主的光明所照耀的世界屬於心內的世界,所有的悲傷痛苦從此一逝不返。我們終於和死亡之念決裂,重返生命的復活之念了。

　　「一切有情生命也都反映出了基督的聖容,沒有一物會困守於黑暗」,這句話又將我們帶回共同福祉的主題了:若非同返天堂,我們一個也回不去。如果我真想從夢中覺醒,心裡絕

不能排除任何一人，不論私交或公眾人物皆然。為此，我必須
十分警覺自己在打開電視新聞、踏進辦公室，或腦海想起任何
一位家人時，竟然轉眼又把共同福祉的觀念拋諸腦後。

(3:1~3) **課程到此結束了。從此以後，你無需任何指示。你的
眼界已經徹底修正，所有的錯誤也都化解了。**

　　請留意，耶穌又用到「所有」一詞了，因為寬恕是毫無例
外的。當我們寬恕了自己心靈深處最後一絲罪咎的殘痕時，
《奇蹟課程》的功課就告終了，此後的超然境界，不用我們操
心。階梯消失之刻，上主「最後一步」來臨，我們便融入了聖
愛的天心。

(3:4~5) **攻擊成了無聊之舉，平安已經來臨。本課程的目標到
此功德圓滿。**

　　可還記得耶穌說過，他的《課程》宗旨不是達到真知之
境，而是平安（T-24.in.1:1）；然而，平安必須等到你不再對自
己或任何人心懷怨尤才可能來臨。容我再提醒一下，請隨時警
覺自己多麼快就落入分裂、判斷與衝突的陷阱，包括對你的宿
敵或摯愛。只要一覺察到自己又道貌岸然地在聖子奧體中評判
高低優劣時，立即放下這些分別取捨就成了。

(3:6~8) **所有的心念都已遠離地獄而回歸天堂。所有的渴望也
都得到了滿全，你還會有什麼遺憾？最後的這個幻相可說是無
遠弗屆，它寬恕了整個世界，取代了一切攻擊。**

　　世人的渴望看似五花八門，推到究竟不過是渴望回家而已。我們在此又看到了耶穌一再強調的共同福祉——「寬恕了整個世界」。我們的寬恕歷程可說是此生最後一個幻相，〈詞彙解析〉裡稱之為「喜劇」（C-3.2:1）——這個劇本縱然虛幻，卻不失為一場喜劇，因它會帶領我們穿越人間苦海而直奔天堂樂土。

(3:9~10) 世界終於脫胎換骨了。再也沒有任何東西會與上主的聖言對立。

　　所謂「上主的聖言」，就是宣告「分裂不曾發生」的救贖原則。在此聖言下，著眼於個別利益的知見必然無處容身，因這一扭轉必是**全面性**的脫胎換骨，而非**片面性**的提升或改善而已。別忘了，本課程的知見絕非感官上的所知所見，而是心靈對感官訊息所作的詮釋。縱然世間表相如此的紛陳殊異，但我們不再視任何一人或任何一物與自己毫不相干，只因我們共具同一目標——寬恕。

(3:11~13) 也沒有一物能與真理分庭抗禮。如今，真理終於得以降臨人間。它一得到你的邀請，便會迫不及待地前來擁抱這個世界。

　　只要我們不再接受「任何帶有死亡陰影的妥協觀念」（M-27.7:1），對立現象便不復存在。愛才是唯一的實相，夢境裡只可能存有愛的倒影或對愛的呼求。所有障礙一旦清除，真

理便會來臨，並且擁抱整個心靈，因這個心靈再也無需投射為
世界了。

(4:1) **一切有情眾生都在雀躍的期待中平靜下來，因為永恆的
時辰已經臨近了。**

這句話轉用了基督教的末世觀──「永恆的時辰」確實臨
近了，但絕不是《聖經》所描繪的那番末日景象。這一時辰指
的是心靈的復活，也就是從小我死亡夢境覺醒的那一刻。

(4:2~6) **死亡不復存在。上主之子終於自由了〔第一百六十三
課〕。恐懼就在他的自由裡徹底結束了。如今大地再也沒有任
何隱祕的死角來庇護病態的幻相、恐懼的夢境以及錯誤的宇宙
觀。萬物會重現於光明之中，經由光明的轉化，它們明白了自
己存在的目的。**

「從此，再也沒有一個幻相值得信任，再也沒有一點黑暗
遮蔽得了基督的聖容。」（T-31.VIII.12:5）這些隱祕的死角，
就是我們心中積壓的怨恨與罪咎。我們之所以存心隱藏，因為
它們能幫我們把愛推出去；若能進一步把心頭之恨也投射到他
人身上，自己就更能高枕無憂了。直到有一天，我們終於憶起
自己對天父的唯一渴望，頓時恍然大悟，除了回家以外，自己
並不想要人間任何東西，在這一刻，所有的恐懼與怨恨霎時消
失了蹤影。從此，我們才會明瞭萬事萬物的目的；它們再也無
法將我們驅逐於上主之外，反倒會隨時提醒我們，此生唯一的

目的就是回歸於祂。

(4:7~8) 身為上主兒女的我們，終於由凡塵脫穎而出，親眼看到了自己的完美無罪。天堂之頌遍傳世界，世界已被舉揚到真理之境了。

「天堂之頌遍傳世界」，與前文「遍照於世界」（2:5），同樣是指心靈的內在世界。天堂之頌甚至稱不上一首頌歌，因它不過就是一個音符。唯有放下小我充滿罪咎與怨恨的刺耳輓歌，才表示我真的選擇了天堂這一音符。當我為自己領受這「大音希聲」之頌時，我其實已經為整個聖子奧體接下了這一份禮物。

(5:1~2) 如今，世間的「分別相」已不復存在。差異性一旦消失，上主之愛一眼照見了自己的真相。

分裂幻相之出現，始於分別和差異之信念，亦即：「我與上主是不同的兩個生命；我若要存在，就得犧牲上主。」這齣瘋狂戲碼反覆在人間上演，演到自己昏眩嘔吐；個人如此，一天比一天病態，整個社會也一代比一代瘋狂。只因我們相信，唯有排外、攻擊、怨恨，自己才有滿全願望的可能，其實它們無一不是在強化分裂又病態的小我思想體系。

真愛只會著眼於愛的本身，這正是當初我們不滿上主的原因。我們要求特殊的關注，但真愛只可能著眼於愛，它看不到被寵壞的分裂聖子在那兒大發雷霆：「老爸，多關注我一

下！」由於上主只可能著眼於自身，我們才會另起爐灶，打造出另一個充滿分別與差異的世界，以及一位認可這些差異的神明，這樣我**才會**得到特別的關注。

(5:3~5) 此外，我們還想看到什麼景象？這慧見豈會留下任何未竟之功？我們已經目睹了基督的聖容、祂的無罪本質，也看到了那藏身於所有形相之後而且超越一切目的之上的聖愛。

小我一旦消逝，我們眼中自然只會看到基督的無罪本質，從此再也不需要慧見來修正我們了。生活中的每個際遇，接觸的每個人、每件事，都給予我們一個選擇慧見及憶起上主聖愛的機會。然而，我們不可由形式層面來了解這一聖愛，否則就會淪於泛神論。畢竟，聖愛超越一切形式之上，它是透過寬恕這一神聖目標而彰顯於世的。

(5:6~9) 我們何其神聖！因為我們就是靠祂的神聖本質而重獲自由的。我們接納了祂的神聖生命，那本來就非我們莫屬。我們永永遠遠都是上主所創造的模樣；我們只有一個願望，就是祂的旨意。代表其他意願的幻相從此一逝不返，因為你的人生目標終於統一了。

這段美妙的描繪，讓我們聯想起海倫的一首散文詩：

領悟自己如此神聖的我們，何其神聖；
只因祢的光明始終照耀我們。
因祢的萬世聖名，感謝祢不曾遺忘；

我們自以為打造出來的神便消失了蹤影，

一併帶走了宇宙幻相，

那只是我們仿照祢造化的贗品。

——天恩詩集（暫譯）119 頁

　　唯有拒絕那極不神聖的小我生命，才表示我們真心接受自己的真實身分——基督的神聖生命，故說「我們只有一個願望，就是祂的旨意」。再重複一次，世間萬事萬物唯有在聖子對天父的唯一渴望下，才可能殊途同歸，共同憶起自己的神聖真相。身為上主真實聖子的我們，怎麼可能會把任何人視為毫不相干的陌路，乃至認為比自己更神聖或更不神聖？為此，我們每天的生活只有一個目的，就是誠實地正視那些妨害自己認不出彼此互為一體的障礙。我們要特別留意自己的判斷和特殊需求，但無需與小我奮戰或絞盡腦汁要消除那些障礙；只需清楚看見自己又選擇了死亡的思想體系就夠了（包括你的和我的死亡體系）。因為你若落入其中，我必也同陷其內，連上主都會遭池魚之殃。幸好在此之際，那寧靜而纖柔的天音會慈愛地在我耳邊響起：「你真的想要如此嗎？」只要每時每刻皆能看清自己正在做什麼，以及它帶來多大的痛苦，終有一天，我們會忍不住反問自己：「為什麼我會為**這種事**拋棄上主的愛？為什麼我明明可以活在祂的愛中，卻偏要死抓著這些狠毒的判斷、無情的念頭和行為不放？」這一反問，等於把「判斷才可能幸福」的幻相帶到真理喜訊之前，然後，我們才會打從心底

說出：「我再也不想要這樣了！放下判斷而重拾幸福，哪會是罪過呢！」唯有如此，我們才可能逐漸體會那「藏身於所有形相之後而且超越一切目的之上的聖愛」。

(6:1) 這一切都在等著我們所有的人，然而，我們尚未準備妥當，無法欣然迎接它們的來臨。

這一切都在等著我們**所有**的人，而不是某一群人而已。我們務必把精力投注在看清自己多麼想要排除異己、不願視他人與自己共有同一人生目標。明白自己之所以如此不甘，只因一旦著眼於共同福祉，自會體諒一切而無法繼續攻擊、判斷或定人之罪；這也意味著自己最熟悉的那種日子會因此「斷送」掉。這種隱憂其實是我們最需要正視的，否則，要磨到何年何月才有機會釋放這一恐懼？

耶穌這句話頗具安撫作用，他勸我們別驚慌，沒有人期待我們今天就該做到，他其實也知道我們根本**不打算**馬上付諸行動。無論如何，耶穌希望我們至少能夠意識到自己不想做的究竟**是什麼**，以及**為什麼**不甘去做，這就夠了。

(6:2~3) 只要還有一顆心靈困在邪惡的夢裡，地獄的觀念就會顯得真實無比。為此，上主之師會以喚醒沉睡的心靈為己任，並在他們的夢境裡代他們去看基督的聖容。

耶穌再次將我們領回這個首要主題，他在〈教師指南〉的結尾還會再次提醒。我們的任務不是拯救外在的世界，而是自

己心內的世界。只要選擇真相，在這神聖一刻，真理就如一道燦爛明光，遍照世界而且療癒了世界。毋庸贅言，這一切純然發生於**心靈內**。換個說法，我們此生的任務不過是用基督的聖容（亦即「著眼於上主之子純潔無罪」之慧見）來取代世界的罪咎之夢。如此而已。

(6:4~5) 他們會以祝福來取代謀害之念。他們放下了自己的判斷，交託給真正負有判斷天職的「那一位」。

聖靈的判斷絕無定罪之意，只可能反映出上主之子與生俱來的「同一」本質。有些人能在夢中為愛發聲，而有些人還在忙著向愛呼求。至於身為愛之兒女的我們，只有一種回應方式，就是：向表露愛的人，報之以愛；對呼求愛的人，依舊報之以愛。

(6:6) 上主的聖子會在祂最後的審判中找回自己的真相。

可還記得？上主的最後審判不過是：我們始終是祂的愛子。這是任誰都改變不了的幸福真相。

(6:7~8) 他已得救了，因為他已聽到了上主的聖言，而且明白其中的深意。他已自由了，因為他已接受上主的天音所宣告的真理。

「上主的天音所宣告的真理」，當然不是指擴音機裡傳出的有聲語言。祂的真理就在每個人的心內，只要我們決心聆聽

救贖天音（分裂不曾發生過），等於為所有的人作了選擇，因為上主聖子是同一生命。

(6:9) 他以前企圖置之死地的人，如今與他一起復活了，他們並肩而立，準備好一起覲見他的上主。

所有我曾經批判過、謀害過，以及無法視為與我共具同一福祉的人，如今都被寬恕了；隔在我與弟兄之間的那層特殊性面紗，如今終於撤除。當我揭開這一面紗而為自己領受救贖之刻，我同時為所有人作出了這一選擇。我們在十字架上是同一生命，復活之際也是同一生命。前文說過：處在人間戰場，我們全都活成互不相干的個體生命，那樣是不可能真正了解一體真相的。但只要提升至戰場之上，我們便不難看清，其實只有一位聖子，也只有一個分裂妄念而已。最後，我們終會明白，天人之間根本不曾分裂過，我們始終是上主創造的原貌——只有唯一聖子，唯一大願，以及唯一真愛。

貳拾玖. 未盡之言⋯

我在講解〈正文〉時，曾提過coda這一樂曲形式，它是大型樂曲的終曲，一面帶入新旋律，一面仍與前一樂章緊密呼應。貝多芬尤其是箇中高手。〈正文〉的結尾以及本篇「未盡之言」，有如書籍最後的「跋」，也可視為樂章的終曲。除了引進幾個新觀念以外，耶穌再度拉回〈教師指南〉的兩大主題，作為全書的結語，它們就是「將他人福祉與自己的福祉視為同一回事」（這是上主之師的先決條件），以及「我們需要向聖靈求助」。

(1:1~3)〈教師指南〉無意答覆奇蹟師生們可能提出的所有問題。事實上，它只能針對少數幾個常見的問題，簡要地點出〈正文〉及〈學員練習手冊〉幾個重要概念。它只是一種補充，無法取代前兩部課程。

不僅在此，耶穌在〈教師指南〉其他各篇以及〈練習手冊〉也曾多次強調過這部課程在內涵上的統一及不可分割性（縱然海倫筆錄〈正文〉時，其他兩部書還沒誕生）。三者缺

一不可，沒有一部足以取代其他兩部，因為每一部各有不同的焦點。〈教師指南〉的宗旨，是為〈正文〉與〈練習手冊〉幾個重要觀念提供一套綜合性的解說，同時不斷把焦點拉回「如何才是道地的上主之師或奇蹟學員」這一主題。但它同樣無法取代〈正文〉的理念架構，或是〈練習手冊〉的心靈操練。

(1:4) 本文雖然名為〈教師指南〉，你必須記住，師生的分別只是「聞道有先後」而已，因此從時間的角度來講，他們的不同只是暫時性的。

〈教師指南〉開宗明義即指出教師與學生的同一性，聞道雖有先後，形式層面亦顯然有別，但這些差異純屬幻相。從內涵而言，老師教什麼，就會學到什麼；學生學到什麼，自然也會產生教誨示範的作用。

(1:5~7) 有些學生可能先讀這部〈指南〉獲益較大。有些學生可能比較適合由〈練習手冊〉下手。又有些學生可能需要由比較抽象的〈正文〉開始。

耶穌在此告訴我們，依循何種次序操練《課程》，並無對錯或優劣之別，但他傳授三部書的初衷，還是期待我們有朝一日能夠融會貫通。

(2:1~6) 哪一部課程適合哪一類人？哪些人只讀禱詞就能獲益良多？哪些人也許還消化不了太多理念，只需要一個微笑就夠了？我們不該妄自答覆這類問題。上主之師走到這一步，不會

不了解其中道理的。這部課程非常注重因材施教，每一部都有
聖靈的特別用意及指示。

　　這段引文又導入了第二主題，亦即「聖靈的角色」。簡單
說，耶穌要我們在向聖靈求助之前，切莫自以為懂了，或妄自
解決問題。耶穌說「這部課程非常注重因材施教」，用意是警
戒奇蹟學員與所謂的奇蹟教師，他們經常落入一個陷阱──
認定學習《奇蹟課程》只有一個方式（也就是**他們自己的**方
式），因而強迫別人接受那個方式。其實，唯一的方式乃是聖
靈的方式。可以說，耶穌此處的提醒，溫柔地為我們修正了這
一錯誤。話說回來，聖靈本身既然是抽象而「毫不具體」的，
故祂並不在乎我們以何種形式研讀和操練，只要我們有心寬
恕，且允許祂的愛導引自己每一個起心動念，經由自己親身示
範而通傳出去，如此就綽綽有餘了。祂**必會**讓我們知道哪一種
操練方式最適合自己的。當然，這種指示未必是有聲言語，只
要沒有小我插手其中，我們自然會知道該怎麼做。再提醒一
次，對自己最有益的方式，未必適合別人。耶穌早已點出，操
練本課程並沒有所謂正確或錯誤的方式。

(2:7~10) **向祂請教吧！祂必會答覆你的。這是祂的責任，也只
有祂能為你負責。這也是祂的任務。而你的任務則是把問題轉
交給祂。**

　　請記住，「向祂請教」的真義，純然只是把妨害我們聆聽
的障礙帶入祂愛的臨在。一旦放下了自己的特殊性，障礙自然

清除，我們必會聽到的，只是聽到的未必是有聲的話語而已。
這種「聆聽」，很可能是一種覺知。不管針對的是外在問題，
或是如何操練《課程》這類事情，我們自會知道如何才是最有
愛心的回應方式。因此，千萬別誤解了耶穌的話，他要我們把
自己的幻相帶到聖靈的真相內，這才是我們**唯一**該做的事。
〈正文〉也說了，我們的任務僅僅是選擇寬恕，選擇奇蹟；也
就是捨下毫不神聖的小我，而選擇基督的神聖生命。為此，在
形式層次上如何將寬恕、奇蹟及神聖本質推恩出去，都不是我
們該操心的事（T-22.VI.9; T-16.II.1）。如果我們的心思老盯著
外在的表達形式，比方說，把成為奇蹟學員或奇蹟講師當成一
項極其神聖的任務，我們馬上便掉回小我特殊性之深淵。人間
唯一神聖的工作，莫過於將自己的罪咎帶到聖靈的愛中，此生
沒有比這更重要而且神聖的事了。

(2:11~14) 你難道還想逞強，為自己不甚了解的種種決定負責？你應慶幸自己有這樣一位不可能犯錯的聖師。祂的答覆永遠都是對的。你能為自己的答覆作同樣的保證嗎？

耶穌在第拾篇論及判斷時，說了類似的話——我們確實一
無所知，故所作的判斷必錯無疑。如此有限的小我是不可能了
解萬物的存在意義以及什麼才是對我們有益的，更遑論它會知
道世界的福祉是怎麼一回事了。同樣的，這部課程會在世間如
何發展，我們也完全無從探知。若自以為知道，可說是一種高
度的傲慢，而這正是小我最厲害的陰謀，它讓我們認為自己無

所不知。試想，深信自己活在時空宇宙內的我們，怎麼可能體會到《奇蹟課程》是從時空之外開講的（連小我本身也非時空的產物）？這樣的我們，又何從理解全然超乎自己認知能力的那一次元之事？事實上，人類的大腦天生的設定就是認不出心靈的存在，在此限度下，我們豈能知道世上任何一物的存在意義？幸運的是，我們**仍能**了解自己需要耶穌的協助，才得以著眼於共同福祉而非個別利益。為此，向他求助成了我們在此的唯一責任。

在這篇〈教師指南〉的「終曲」，耶穌首次提出以下這個觀點。

(3:1~7) 你若愈常把決定權轉讓給聖靈，對你愈有利，而且是相當重要的利益。你也許從未想過這一點，然而，它的關鍵性不容輕忽。遵循聖靈的指示，能夠幫你消除自己的罪咎。這是救贖的真諦。也是本課程的核心。你想像自己已經篡奪了原本不屬於你的任務，這是恐懼的基本原因。反映在你眼前的整個世界都是證明「你確實幹了此事」的幻相，你不可能不心懷恐懼的。

當我們聲稱「無需上主，我也能生存」之際，世界便開始發跡了；當上主聖愛之記憶化身為聖靈浮現我們心中時，我們向祂說出同樣的話：「沒有祢，我也能生存下去。」當耶穌現身於我們夢境，我們再次重複這一句話：「無需慈愛智慧的你進入我生命中，我照樣能生存下去。」每當我們對任何一人湧

現這類心態時，等於重新上演一次原始的一念無明，告訴上主我們意圖打造自己的王國，自行界定愛是什麼，而且還能從此過得幸福快樂。這一無明妄念被小我判定為一種罪，在我們心中激發出強烈的罪惡感，深恐上主的報復。由是可知，轉向聖靈求助，就等於終結了「我比祢更知道該怎麼做」的信念。也唯有如此，才解除得了我們的罪咎，接受救贖原則的真精神，相信天人不曾分裂過。只因我們向上主的天音求助之時，無異於呼求上主的記憶提醒我們原本存心遺忘的事，表示我再也不願與祂分裂了。

由於眼前的世界所反映的，正是我們篡奪了上主王位的那一幻相，故下文才會這樣說：

(3:8~9) 因此，把決定的任務交還給本來就非祂莫屬的「那一位」，你才可能由恐懼中脫身。如此，你等於是讓愛的記憶重歸自己的心靈。

至此，上主已不再是可怕的天敵，聖靈也不是祂派來潛入人心、企圖毀滅我們的一員悍將。於是，心靈不再是殺戮戰場，我們便如此擺脫了恐懼的陰影。

小我之所以編出罪咎懼的劇本，目的即是不給我們任何機會憶起上主的愛。我們一旦認清自己那一套錯了，心內的「那一位」才是對的，而且可以隨時向祂求助，就等於撤除了自己對小我的信念，它的整套思想體系便瓦解了。聖愛的記憶必會

重現我們心中，因為再也沒有任何東西阻礙得了聖愛流經自己的心靈了。

(3:10~11) 因此，切莫認為你必須遵照聖靈的指示是因為自己的不才或無能。其實它是帶領你出離地獄的善巧方便。

剛開始攀登耶穌的階梯之人，不免提出一些具體的要求，只因我們自知無法單憑自己完成這一旅程。〈頌禱〉的前兩節已經明說了，還在階梯底層的人確實會要求比較具體的援助。在扶梯而上之際，我們便會逐漸明白自己真正有待援助的，是如何解除心中那套思想體系，而不是謀求更好的職業、美好的關係、健康的身體，或致力世界和平。我們應當求助的，僅僅是如何把共同福祉視為自己的首要之務。總之，當我們一步一步地拾級而上（有如從地獄升至天堂），我們的焦點會逐漸由具體需求轉向自己的一體生命，也就是請祂隨時提醒我們，與弟兄攜手並進，因為我們原是同一生命。

(4:1~5) 在此，我們再次看到本課程的弔詭說法。你只要能夠說出「光憑自己，我一無所能」，你就能獲得一切能力。然而，這句話的弔詭性只限於文字表面。上主創造的你本來就擁有一切能力。你營造出來的自我形象才毫無力量。

這段話勸我們放下自以為擁有的能力，轉而接納上主的能力，也就是我們心中本有的聖靈之真理。

(4:6~8) 聖靈深知你的真相。但你所營造的形象卻一無所知。

然而，不論它多麼顯然地徹底無知，卻喜歡假裝自己無所不知，因為是你賦予了它這一信念。

我們（指的當然不是形體之我，而是作抉擇的那部分心靈）選擇小我營造出來的罪、咎、懼的自我形象，也賦予了它上述的自信。比方說，認為這個正在研修《課程》的自己多麼有慧根，因而自視不凡，恰恰透露了我們對本課程的理解何其膚淺。耶穌在〈正文〉曾經如此問過：「活在世界上的那個『你』究竟是誰？」（T-4.II.11:8）世間的這個「你」，其實並不存在，我們經驗到的只是心中的一個假相而已，而耶穌所說的「你」，始終是指抉擇者。

(4:9~12) 你不只為它以身作則，世上所有的學說都在為這一信念撐腰。但那位「聖師」深知一切，祂不會忘記真相的。祂的決定必會利益一切眾生，絲毫沒有一點攻擊的意味。因此也不會勾起任何人的罪咎感。

我們深願自己也能成熟得如耶穌一般，心中毫無罪咎或攻擊之念，只存有救贖之愛。只要我們肯親自領受救贖，這愛便會自動流經我們而推恩出去，包容**所有**的人（而非某些人而已），因為救贖必是**全面**的（而非片面的），容不下絲毫分裂心態。

(5:1) 凡是企圖行使自己不曾擁有的能力之人，無異於自我欺騙。

　　這正是我們在原初那一刻所幹的好事，把我們由上主那兒盜來的能力充當自己的本事，而且為所欲為。我們在自己的生活中，也不斷在幹同樣的事，只因刻意否認，故覺察不出其中的傲慢。事實上，我們自認為擁有的那些本事，根本稱不上是一種能力，因它只打造得出幻相。為此，當耶穌論及小我的「運作模式」時（T-11.V），故意加了引號，因為那種運作能力虛幻至極，完全稱不上是任何能力。

(5:2~3) 然而，願意接受上主所賜能力之人，等於公開承認自己的造物主，接受了祂的禮物。上主的禮物是無所不能的。

　　我們必須看得一清二楚，自己早已拋棄了造物主賜給我們的無限天賦，寧願接受小我渺小又有限的禮物替代那一天賦。唯有清楚看見自己究竟在做什麼，終有一天我們才可能徹底甘心放棄小我的那些寶貝。

(5:4) 請聖靈為你作決定，不過表示你願收下自己的合法遺產罷了。

　　徵詢聖靈的意見，並不表示祂會告訴我們該買進或賣出哪支股票。祂唯一在意的，只是提醒我們身為上主之子的真正遺產及財富所在。

(5:5~10) 這是否表示，你若未徵詢祂的意見就不該說任何話了？絕非如此！那樣就太不實際了，本課程最重視的就是可行性。只要你能培養出「凡事問，隨時問」的習慣，你便可放

心，智慧必會在你需要之刻降臨的。每天早上都這樣準備自己，整天之中盡可能地憶起上主；只要環境許可，隨時祈求聖靈的協助，睡前也記得感謝祂的指引。你就會愈來愈篤定而且充滿了信心。

耶穌並非鼓勵我們信口胡問一通，好似你什麼功夫都不必下，只消開口問問聖靈意見就成了。事實上，求祂告訴你該採取什麼行動，而不是求祂幫你釋放心內隱藏的障礙，反而會誤導了焦點。為此，你應向祂祈求的是：能盡快覺察自己心中升起的「特殊性」或「個別利益」之念，讓每天每事都將你導向回歸天鄉的正途，完成此生唯一的目的。換句話說，請祂教你如何把每一種遭遇都化為助你由小我死亡夢境醒來的工具，看清自己怎麼打造出罪咎、仇恨以及判斷這個虛幻國度的，徹底覺悟自己錯得多離譜。於是，你想離開此世的心態漸漸增強了，只不過心中仍殘存一份對小我世界的戀戀不捨。為此，你得請聖靈幫你看清，自己何以如此樂此不疲地選擇小我，而且這麼熟練地給自己的行徑找各種藉口甚至將它們靈性化。若能與耶穌一起正視自己的行為，意味著你能明察而不判斷了。唯有放下自己的特殊性，方能把過去的選擇所導致的痛苦帶入你本有的幸福之境。如此將分裂幻相帶入救贖真相，表示你對分裂之心的全面都已經有所覺察了。

(6:1~2) **不要忘了，聖靈所憑據的不是你的話。祂明白你內心的呼求，且會答覆你的。**

這讓我們想起第貳拾壹篇「語言在療癒過程中扮演什麼角色？」的討論。「內心的呼求」是指心靈的兩種選擇：想要留在小我的特殊性之夢中，還是由夢境覺醒。

(6:3~8) 這是否表示，當你內心起了攻擊的衝動時，聖靈也會以惡念來回應你？絕不會的！因為上主賦予了祂一種能力，會將你的心禱轉譯成祂的語言。祂了解攻擊只是求助的呼籲。祂會依此信號而伸出援手。上主若讓你的話來取代祂的聖言，那實在太殘忍了。

耶穌在〈正文〉「聖靈的判斷」那一節（T-12.I），為我們解說聖靈一向把我們的攻擊視為求助的訊號。他在此重複了同一教誨。

「用自己的話來取代上主的聖言」，這種事只可能發生在我們的意識層次裡，在實相中是取代不了的。祂的聖言，也就是耶穌之愛所涵容的救贖答案，始終存於心靈內，不論我們多想用仇恨、判斷以及特殊性的紗縵去覆蓋它，平安、喜悅和真愛始終在那兒。為此之故，當我們發出攻擊之念時，耶穌都能將它轉譯為對愛的呼求，而且報之以愛。除此之外，他一無所作，因他只能象徵光明與愛的臨在，等候我們將黑暗與恨的念頭帶入其中。我們能帶到祭壇多少黑暗及仇恨，就能從祭壇領回多少他要給我們的禮物。

(6:9~11) 慈愛的父親豈會讓孩子傷害自己，眼看著他自毀前

程？縱然他是咎由自取，他的父親仍會設法保護他的。你的天
父對聖子之愛遠甚於人間的父親。

耶穌以擬人的手法告訴我們，上主並非我們心目中打造
出來的那個恐怖怪獸。祂的聖愛對夢境一無所知，祂的審判
也始終不變：我們是祂的愛子，永遠與祂一體不分，任何事
件都改變不了這個事實。「連天堂之歌的一個音符都不曾錯
過」（T-26.V.5:4），唯因如此，我們才可能將充滿罪咎與仇恨
的人間噩夢帶入耶穌所說的單純真相中：「我的弟兄，重新選
擇吧！你的人生只是一場噩夢，沒有一事改變得了天堂之愛
的。」

(7:1) 請記住，你是祂的圓滿及祂的至愛。

這是我們的真相，也是救贖原則和〈練習手冊〉的結尾提
醒我們的生命真相：

> 我是上主之子，圓滿、健康而且完美無缺，在聖愛的
> 倒影下閃耀著光輝。在我內，祂的造化受到了祝聖，
> 永恆的生命亦獲得了保證。在我內，愛得以圓滿，恐
> 懼無處容身，喜樂所向無敵。我是上主的神聖家園。
> 我是天堂，祂聖愛的居所。我是祂神聖的無罪本質，
> 因祂的純潔無瑕就存於我的純潔無瑕裡。（W-PII.十
> 四.1）

(7:2~5) 請記住，你的軟弱即是祂的力量。不要對這一句話掉

以輕心或解讀錯誤了。祂的力量既在你內，那麼你自認為的軟弱必然只是一個幻覺而已。祂還會給你種種機會證實這一點。

〈正文〉最後一章也說了，我們一直都在自己的軟弱及內在的基督大能之間作選擇（T-31.VIII.2:3）。軟弱，是在「非此即彼」前提下追逐一己私利的小我，它的反面即是偉大的基督慧見，上主之子在此慧見下共具同一福祉與同一目標。為此，我們必須看清自己的軟弱，且透過寬恕將它釋放，基督的大能才可能重現於我們的覺知中。

(7:6~8) 向你的聖師祈求吧！不論你求什麼，祂都會賜給你的。不必等到遙遠的未來，你此刻就會收到祂的禮物。上主從不等待，因為等待意味著時間的存在，而祂超越時間之上。

這又是上主超越時空的一體生命之另一種說法。總之，我們不是靠世上任何作為來換取未來賞報的；只需接納天堂一體生命在人間的倒影，也就是下定決心只著眼於我們的共同福祉，如此便成了。

「向你的聖師祈求吧！不論你求什麼，祂都會賜給你的」，這句話的真義是要我們把種種掛慮及判斷交付到祂的愛中，祂才可能賜給我們一切所需。「不論你求什麼」，其實求的只有一物，就是超乎世間所有經驗之上的平安，那種平安不含任何衝突，也無二元對立。

(7:9) 忘掉你那些愚昧的自我形象、你的脆弱無能、害怕受傷

以及危機重重的夢境，還有你蓄意犯下的「惡行」。

耶穌之所以要我們忘掉，只因我們記憶中始終存有上主攻擊我們的印象，那恐怖的記憶在我們的妄心裡始終揮之不去。小我正是以此為藉口，慫恿我們忘掉記憶中的上主之愛，換成銘記小我那套謊言，也就是此生充滿怨恨鬥爭的滄桑、脆弱無能的經歷、危機重重的可怕夢境，還有自己蓄意犯下的種種「惡行」。為此，當我們開始釋放內心的罪咎，愈來愈接近真理時，耳邊就會響起小我不滿的警告：「可別忘了，罪、咎、懼及死亡，它們才是能保護你的盟友。」（T-19.IV. 四 .6:1~3）於是，我們可能突然病倒，或陷入嚴重焦慮，或者庸人自擾，乃至想起過去的怨尤與傷痛而憤怒填膺。這些突發的情緒，往往顯得無比真實而且迫在眼前，耶穌才會在此提醒我們溫柔地放下，讓它們過去吧！

(7:10~11) 上主深知自己的聖子，他永遠都是上主所創造的他。因此，我滿懷信心地將你交託到祂手裡，並且為這一切而代你感謝天恩。

最後，耶穌以一首詩作為全文的結束，如同〈正文〉的末章也是一首禱詞結束，那禱詞是這麼開始的：

天父，我感謝祢賜給我這些神聖的弟兄，他們都是祢的聖子。（T-31.VIII.10:1）

這其實是耶穌對天主教的「大司祭祈禱」所做的答覆。在

〈約翰福音〉17章裡，耶穌代表門徒向上主祈禱，教會後來據此而建立耶穌的大祭司之身分。從《奇蹟課程》的角度來講，福音的禱詞犯了一個錯誤，因它只代表一群特選的門徒而非所有的人，〈正文〉結尾的禱詞則將代禱的對象改為所有的人。

　　耶穌在〈教師指南〉的結尾，也做了類似的修正。在〈馬太〉、〈馬可〉以及〈路加〉等各福音的記載中，耶穌派遣門徒到世界各地傳教；在此，耶穌也派遣我們進入世界，但他不要我們去改造世界或傳播寬恕的福音，而要我們親自向世人示範「妄念轉為正念」這一心靈轉變，世界便會改觀，因為世界就是我們。

　　(8)如今，願你的所言所行蒙受上主的祝福，

　　　　為拯救世界之故，祂轉身向你求助。

　　　　上主之師，祂由衷地向你致謝，

　　　　全世界都沉浸於你由祂那兒帶回的恩典。

　　　　你是祂的鍾愛之子，

　　　　為祂所用，成了你的天命，

　　　　上主的天音，經由你的善巧而遍傳寰宇；

　　　　時空的世界，到此告終，

　　　　有形可見的一切，在此結束，

　　　　無常的萬物，徹底化解歸無。

　　　　你帶來了一個新世界，

　　　　眼所未見，耳所未聞，

卻是無比的真實。

你是何等的神聖！

世界藉著你的光明，反映出你的神聖光彩；

你從不孤獨，在此也不乏弟兄。

我為你而感謝天恩，

也願與你共襄盛舉，

為了上主之故。

因我知道，

那也是為了我自己，

以及所有與我一同邁向上主的弟兄。

　　阿們

　　〈教師指南〉的結尾與開篇用意都相同，耶穌請我們充當他的管道，為這氣數已盡且毫無指望的世界帶來一些慰藉與平安。一如前例，他不要我們對外大張旗鼓，我們甚至無需改變自己或他人的生活，只需改變自己的心念便綽綽有餘了。唯有如此，才會如這首詩所說的「時空的世界，到此告終」，「有形可見的一切，在此結束」，「無常的萬物，徹底化解歸無」。如何改變自己？即是著眼於所有人的共同福祉，明白我們不僅要跟耶穌一起步上最後的旅程，還必須和所有弟兄同行才成。我們已深切明白，若不能與所有人同行，是不可能與耶穌同行的，世界從此才會改觀。所謂福音喜訊，不過是讓上述的聖靈

天音傳遍普世，讓深埋於罪咎與仇恨而不見天日的世界重放光明。若要完成這一美夢，讓世界重放光明，我們都必須超越彼此外在的差異，將世上每一個人的旅程視為自己的旅程，而且以這個慧見作為此生的唯一目標。唯有如此，當我們祈求耶穌幫自己從仇恨噩夢中醒來，進入寬恕與愛的幸福美夢時，才算是發自肺腑的心禱。

詞彙解析行旅

前　言

　　往昔的音樂會中，聽眾若特別喜歡某支曲子或某節旋律，他們會大喊「安可」（Encore，法文「再來一次」之意），要求樂團重複那一段。時至今日，樂團或演奏家通常不會重複同一樂曲，而是在正規節目結束後，加碼一首新曲作為安可曲，以答謝聽眾的賞識，這幾乎成了音樂會的慣例。我們不妨把〈詞彙解析〉視為耶穌為《奇蹟課程》加奏的安可曲，藉以表示它並不是《課程》原有的一部分。1975年的夏末秋初，《奇蹟課程》已經完成了最後的編輯，整部手稿可說業已殺青，我們影印了三百份。後來，好幾個人拜託海倫為讀者筆錄一份索引，界定一下奇蹟術語，因為《課程》雖採用不少當時流行的詞彙或宗教術語，含意卻大異其趣。於是，海倫和我坐在她家沙發上，擬出一份有待澄清或界定的詞彙清單，那過程我至今記憶猶新。不過，我們當時提出的詞彙，最後大都沒有納入〈詞彙解析〉中，反倒成了我後來在1982年出版的《奇蹟課程詞彙索引／暫譯》（*Glossary-Index*）一書的骨架。

　　秋天近尾聲時，海倫終於完成了我們如今看到的〈詞彙解析〉之筆錄，內容僅僅是解釋《課程》裡幾個重要的名詞。大功告成之際，我們並不確定該如何處理這份筆錄資料，幸好海倫「看到」（她有時是以圖像形式接收訊息）〈教師指南〉是以〈詞彙解析〉收尾的。因此，當三部資料在1976年付梓之時，我們便把〈詞彙解析〉併入〈教師指南〉那一部，雖然在

形式上它並不屬於〈教師指南〉，而比較偏向「附錄」。

　　〈詞彙解析〉共有八篇，包括導言、結語以及其間六篇核心文章。它以對比的方式詮釋《奇蹟課程》的關鍵術語：心──靈，小我──奇蹟，寬恕──基督聖容，正見──真知，耶穌──基督，以及最後一篇「聖靈」。〈詞彙解析〉雖沒有像其他三部書那般以交響樂的形式鋪陳，但仍有主旨貫穿其間，亦即**形式與內涵**之分，或「象徵的用法」。在導言中，便已具體點出這一主旨，我在逐篇講解時，還會不斷帶回這一核心主題。〈詞彙解析〉的重要性在於澄清形式與內涵，象徵和源頭之間的混淆，提醒奇蹟學員勿把原本只具比喻性的說法過於當真。

　　當初筆錄資料時，原本是沒有篇名的。記得我在原始文稿的開頭寫的是「本課程所用的詞彙」（Use of Terms），此乃借用導言最後一行的詞句，但這與內容顯然不符。最後，我們終於決定了目前的篇名〈詞彙解析〉，因為「解析」（clarification）一詞在整部資料開場時出現了兩次。無論如何，你若據此而期待找出《奇蹟課程》究竟怎麼界定**奇蹟**、**小我**或**寬恕**這類術語，必會大失所望，因為它的描繪手法十分詩意，根本沒有給予一個明確的定義。話說回來，你一旦熟悉了《課程》的內容以後再讀〈詞彙解析〉，必會有茅塞頓開之感。此外，耶穌與聖靈的本質，在《課程》中一向只是點到為止，唯有〈詞彙解析〉作出最清晰的解說。

導　言

(1:1) 這不是訓練哲學思考的課程，故不重視遣詞用字的精確性。

　　耶穌開門見山提醒我們，〈詞彙解析〉並非一般字典或索引，他只在意內涵，而非這些詞彙的特殊用法或形式。所以他緊接著說：

(1:2) 它唯一關切的只是救贖，也就是修正知見的過程。

　　一言以蔽之，重要的是《奇蹟課程》所要傳遞的訊息，而不在於傳遞的形式。《課程》雖然充滿了神學意味，但它根本無意躋身各派神學之列。耶穌絕不想看到他的學生落入基督教兩千年來的窠臼，老是在某些術語名相上爭議不休，為「耶穌」、「聖靈」、「救恩」這類名稱而掀起無數的神學論戰，即使未到兵刃相向的地步，一旦交相攻訐可就從不手軟了。為此，耶穌叮囑我們，切莫重蹈覆轍，他的《課程》只有一個目的，就是幫我們重建真實生命的一體意識，透過寬恕而與人結合，他絕不樂見任何人以此作為分裂聖子奧體的藉口，彰顯自己與眾不同，製造更多的分裂。

　　耶穌在此等於為後續之文預作鋪陳，一如在〈心理治療〉與〈頌禱〉二文那般，提綱挈領點出《課程》的核心教誨，同時也一再告誡「靈性特殊性」的貽害。他不斷提醒奇蹟學員，

《課程》的真正目的乃是憶起上主唯一聖子的一體生命。倘若老是滿口奇蹟術語而造成同修之間的隔閡，或和其他門派的間隙，無異於與本課程的宗旨背道而馳，因為真正的救贖在於轉變自己的心念，也就是修正「個別利益」之妄見。

(1:3) 救贖的途徑即是寬恕。

　　我們會在本篇看到耶穌如何交替使用「修正、寬恕、救贖、奇蹟、救恩、正知見、基督聖容」等等詞彙；名稱雖然有異，內涵毫無不同，均不外乎修正妄心妄念而已。這些名詞所反映的，不過是我們選擇以聖靈為師之後，思維自然轉成的正念。耶穌自己既已不受任何形式的拘束，自然也不樂見我們死守著他在教學上不能不做的一些界定。為此，他相當靈活地交替使用這些術語，有時還出現前後不太一致的情形，用意所在，無非鼓勵我們把眼光越過象徵層次而深入它的內涵。比方說，當我們閱讀一首偉大的詩篇或小說時，書中文字的描繪是要啟發讀者的體驗，而不是要我們去分析作者為何如此遣詞用字。同樣地，耶穌也是以藝術家的手法來傳達他對救贖與真理的慧見。我們真正要學的是他所傳達的訊息，慢慢體會出《課程》苦心孤詣所要導向的境界。

(1:4) 它與「個人意識」的結構問題毫不相干，因為「個人意識」所呈現的不過是「原始無明」或是「原罪」的觀念。

　　「個人意識」指的是分裂的心靈。耶穌曾說，意識「是

天人分裂之後在心靈內所形成的第一道裂痕」（T-3.IV.2:1）。
因此，意識屬於二元世界的一部分，且為二元世界效命，活在
其中的「我們」才會意識到「另一物」。天堂則屬於無二無別
的實相境界，一體不二的基督天心自然不可能意識到其他東
西。耶穌在此明說了，他沒有興趣去剖析分裂之心的結構。當
我們說到正念之心、妄念之心以及抉擇者時，不過是把它們當
作一種象徵性的指標，指的是超越文字的經驗。然而，這類描
述的最大困難在於：我們不得不以線性思維的形式，來描繪本
質上徹底虛幻的心態。總而言之，我們在此所講的一切，純屬
象徵性，因為說到究竟，上主只是一個「絕對的事實」（T-3.
I.8:2）。其餘的一切，若非反映這一受祝福的「事實」（如寬
恕之類），就是否認這一「事實」（如分裂思想體系）。

　　由此可知，剖析分裂妄心和剖析虛無毫無不同，耶穌真正
的目的是將我們提升到分裂心靈之上，直接修正分裂的妄念，
而不是無謂的鑽研分析。然而，唯獨一件事值得分析——我們
持此妄念的目的究竟何在？說穿了，不過是防止自己由夢中覺
醒而已。我們在原始之初所犯的錯誤即是把那**小小瘋狂一念**當
真了，心靈從此不斷分裂，個人意識也由此產生。也因此，唯
一有待化解的，僅僅是心靈在原初決定把那**小小瘋狂一念**當真
的那個選擇；而化解之道也唯有寬恕而已。一味地分析鑽研，
只會將我們導入歧途，因為那樣做完全發揮不了修正的作用。
正如下文所說：

(1:5~6) 如果你真想修出「罔顧錯誤」的功夫的話，應知研究錯誤本身不足以帶來修正。而本課程所致力的正是「罔顧錯誤」的過程。

　　《課程》的重點不在於研究小我，它的目的是教我們怎麼跳脫小我，而非成為「小我專家」。最後這句話影射了兩種可能，不是將小我思想體系哲理化，就是迷戀小我的特殊性，深陷其中卻不自知。其實，所謂的正視小我，只需明白兩件事：我們為什麼會選擇它，以及我們寧選罪咎而不選寬恕時所付的慘痛代價。「罔顧錯誤」，並非看不到錯誤，而是看穿錯誤背後究竟是怎麼一回事。一旦具備這樣的眼光，我們自然不會再重複同一選擇。眼光越過小我而看，是指我們真心想要修正先前的錯誤決定。小我無需修正（幻相有什麼好修正的），我們只需下定決心不再相信它那一套就夠了。

　　在此，我們又看到耶穌由衷但願我們慎防落入小我的陷阱。他要我們好好閱讀〈正文〉，才會逐漸看清，認同分裂和特殊性的思想體系，是多麼愚蠢的選擇。唯有如此，我們才可能超越它而找到上主的平安，這才是我們真正的目標。

(2:1) 所有的詞彙都有引發爭議的可能，喜歡爭議的人，不難找到藉口。

　　任何事情都有可能被我們搞出問題，奇蹟學員既不例外，也無法免俗。我們會為某個字而爭議不休，例如為什麼耶穌在

〈正文〉這麼說，在〈練習手冊〉卻說了相反的話。請記住，目的代表一切！小我秘而不宣的目的就是製造問題，它會在你和耶穌、和他人，乃至和自己之間不斷製造糾紛。人們若要存心找碴，一定找得到的，正如同你若蓄意找人吵架，也絕不會沒對象的。然而，《奇蹟課程》是一部藝術作品，不是科學論文，它的遣詞用字不會那麼拘泥刻板，只要我們真正明白了它的訊息以及整套思想體系，自然不會掉入小我的陷阱。換言之，不論欣賞的是文字、圖像或音樂作品，我們若能融入藝術家的慧心慧眼，自能憑直覺領會作品的內涵；所有的概念與分析，此時都顯得多餘。這正是耶穌在此想說的：「我不希望你把此書當成一部論文來讀，讓這些詞句在你心中發酵吧！我要你在書中體驗到我的愛，而不是一套理性知識。」

(2:2~3) 而有意澄清自己觀念的人，也會如願以償的。然而，他們必須心甘情願地罔顧那些爭議，明白那只是一種抵制真理的反應、存心拖延的伎倆而已。

我們若真心想要了解《奇蹟課程》，一定會如願以償的。然而，如果死抓著書中的象徵符號不放，就只會找到爭議和矛盾。別忘了，耶穌純粹是針對「目的」而說的。真理超越一切文字，每當人們在文字上吹毛求疵，很可能是存心抵制書中所說的真相。而抵制真相，一直是《奇蹟課程》的重要課題，在此處，耶穌特別點出了我們對《課程》所懷的抵制心態。

(2:4) 神學性的思考勢必引發爭議，因為它們是建立於個人信

念之上，你若不接受就等於反對它。

　　眾所周知，基督教要求信徒全面相信教會所做的一切，包括他們獨特的釋經法、耶穌降世的目的，以及救恩的意義等等，甚至以護衛真理為藉口，不惜大開殺戒。我們幾乎可以聽到耶穌在此懇求我們，千萬別拿他的《課程》來幹這類事情，比如說，把此書當做排除異己的工具。他只要求我們同意一件事情，就是我們只有同一目的，因為我們原本是同一個生命。完成這一目的，與我們是否同意《課程》的教誨或相信某一段的意義毫無關係。**這不是一部要你相信而是教你體驗的課程。**當我們決心寬恕時，便意味著我們已經甘願放下那離間我們與弟兄的個別利益，於是，我們很自然會體驗到愛的臨在。我們全都走在同一旅程上，我們無需同意他人所言所行，但也不會因為意見相左而發動攻擊。觀點不同，在人間乃是最自然的現象，但這絲毫遮蔽不了基督的慧見，更不會讓我們對上主之子的同一生命視而無睹。

(2:5~6) 人間不可能有放諸四海皆準的神學理論的；然而，放諸四海皆準的經驗不只是可能，而且是必須的。本課程的目標就是指向這一經驗。

　　在天堂裡，愛是我們普遍共有的體驗；在人間，只可能存有愛的倒影，也就是寬恕，因它化解了小我的分裂、分別及特殊性之念。每個人都有不同的信念，所以人間不可能有普世一致的信仰。然而，這些差異實在不是重點，因為它們**全部**可

能帶領我們超越各自的形式而邁向唯一的目標，也就是放諸四海皆準的愛之體驗。我們不一定要接納他人的信仰體系，也未必需要真正讀懂《課程》，仍然可以把彼此的歧異當做學習的課堂，學習不因彼此在形式層面的差異而影響到我們原是同一生命這個內涵。耶穌告訴我們，他的《課程》是「一部強調『因』而不強調『果』的課程」（T-21.VII.7:8），而且重視的是內涵而非形式。反之，當形式戰勝了內涵，特殊性便稱霸天下了（T-16.V.12:2）。大部分的宗教都難以倖免。這一段話其實隱約在譴責基督教，因它企圖用愛的儀式來取代真愛的經驗。當儀式反客為主，且被信徒看得神聖無比時，已無異於製造分裂，只因沒有一種儀式可以適用於所有的人。相反的，上主之愛必然放諸四海皆準，耶穌正是要求我們以此普世心懷來操練他的《奇蹟課程》。

(2:7) 唯有這種經驗才具備了一以貫之的特質，也唯有這種經驗能夠了結人生所有的不定感。

　　整部課程唯有在內涵層次（即愛）是前後一貫的，因為只有愛始終不變。一旦落入形式層次（例如神學或信念），便混雜了「不定性」，只因我們不可能讓所有的人認同自己的想法。每個人的大腦結構各自殊異，心靈卻是一個，同時兼具了小我的妄心與聖靈的正念這兩部分。

(3:1) 本課程完全是針對小我的思想架構而寫成的，因為只有小我需要這一課程。

　　這句話非常重要。《奇蹟課程》不代表真理本身，它只是借用了種種象徵、觀念以及理念，為此，它和其他宗教傳統一樣，包含了神話、神學、基督論、宇宙觀、末世論，凡此種種，全都屬於小我的領域。耶穌的意思是說，他必須借用小我的思想架構來傳達普遍而永恆的訊息。〈教師指南〉一開始就曾明說，《課程》只是百千種普世課程的一支而已（M-1.4），它的普遍性僅限於一體性的救贖原則。也就是說，分裂不曾發生過，上主之子永遠清白無罪，故根本就沒有罪這一回事。唯有這個內涵是一以貫之且永恆不易的。

　　只要活在人間，無論說話或讀寫，都必須藉助文字，但它們都只是「象徵的象徵⋯離真相有雙重之隔」（M-21.1:9~10）。有鑑於此，我們應該只把《課程》的種種象徵當做工具使用，不僅如此，還必須培養出超越文字表相的能力。否則，我們必會淪入分裂與判斷。由《課程》的形式來看，不難明白它是針對西方讀者而寫的。姑且不論好壞，西方世界的思維一直受制於基督教文化，《課程》許多觀點即是針對它的弊病而發的，只因愛與一體的原始訊息已被它替換為特殊性及分別判斷了。耶穌原是要幫我們捨棄小我的思想體系，讓我們由夢境徹底覺醒，結果，這一初衷卻遭到扭曲而變質，反倒把夢中世界搞得更真，而且愈陷愈深，這全因我們只想把眼前這個註定要垮的夢境換成另一種特殊之夢而已。

　　正因如此，有待修正的內涵，不得不透過某種形式來呈

現。由於基督教是當今世界的主流文化，耶穌很自然便採用了基督教的術語，但卻賦予不同的意義，如此而已。無論如何，他絕不樂見我們受限於這些文字術語，例如用《課程》針對**罪、寬恕、耶穌**或**基督**所下的特殊定義，來抨擊另作他解的基督徒。畢竟，真正舉足輕重的唯有一物，即超越一切形式之上的愛。

(3:2) 它所致力的目標並非超越一切錯誤之上的境界，整部《課程》的設計僅僅是為那境界鋪路而已。

可還記得〈練習手冊〉的結尾這樣說：「這個課程只是一個起步，而非結束。」（W- 跋 .1:1）〈練習手冊〉的目的（其實也是本課程的目的），乃是為我們指出正確的原則，教導我們追隨正確的老師，踏上正確的道路。如此，我們方能終此一生跟隨耶穌的腳步，日復一日操練他的寬恕法門，直到安返天鄉。《奇蹟課程》的焦點從來不放在愛或真知上，它的目標是平安（T-8.I.1:1~2）。唯有在平安中，我們才能踏踏實實、一步一步由夢中醒來。至於那超越夢境之上的上主聖愛，根本不是我們該操心的事。這一主旨可說貫穿了〈詞彙解析〉全篇。

(3:3) 因此，它使用文字，而文字只有象徵的功能，無法傳達超越象徵之上的境界。

耶穌在〈正文〉「超越象徵之上」（T-27.III）那一節說過，上主與真理不是人間所能懂得的，然而真理的倒影卻是我

們可以學習也能夠領悟的，但需要透過寬恕才行。我們雖然無法真正了解上主與基督的一體生命，卻仍可學會一事：真正的生命連結憑靠的是寬恕與共同福祉，而非仇恨或個別利益。耶穌借用文字讓我們了解內涵，然而，對訊息的內涵而言，文字本身毫不重要，它只是承載內涵的一個框架而已。總之，我們需要的是訊息的內涵，而非傳達它的那些文字、觀念，或形上理論。

(3:4) 只有小我才會提出一堆問題，因為只有小我才有一堆疑惑。

　　所有的疑問都出自小我，因唯獨小我會有層出不窮的疑惑，基督則一向肯定無疑。耶穌在〈正文〉「寧靜的答覆」（T-27.IV）一節曾說過，那些疑問骨子裡其實是恨，因為它們完全建立在小我那套「我們活在二元對立的世界，且受二元世界所限」的觀念上。為此，我們才會假借某些事情提出根本無解的問題。天堂裡，唯有真理獨存，既無問題也無答案；既無提問者，也無答覆者。只要一提問題，表示我們已經落入了分裂狀態。由此可知，人間的問題雖有出於正念或出於妄念之別，但提問本身仍屬於一種幻相，故脫離不了小我的基本架構。話雖如此，不論我們在人間打造出什麼，聖靈仍能轉用於另一目的，故我們也無需刻意克制自己發問。別忘了，《奇蹟課程》就是應海倫與比爾「另一條路」之問而來到人間的。

(3:5) 問題既然提出了，本課程只是提供另一種答覆而已。

〈正文〉說過，小我永遠先聲奪人，卻必錯無疑；聖靈才是真正的答案（T-5.VI.3:5; 4:2）。首先，必須提出疑問或找到問題，答案才會接著出現。再說一遍，總得有海倫與比爾的提問在先（也就是他們彼此的關係，與他人的關係，還有他們對「另一條路」的渴求，以及他們尋找答案的決心），才引來了《奇蹟課程》的答覆。《奇蹟課程》正是另一條路，不只為他倆而來，同時也為了所有正在飽受特殊關係之苦的世人而來。我們既然活在小我的世界，就必須仰賴種種特殊需求才能存活下來，也因之，我們不斷在世上尋求答覆，卻始終沒有一個答覆解決得了問題。在此，耶穌鄭重告訴我們，《奇蹟課程》乃是一個能夠真正解決問題的答覆。

(3:6~7) 然而，我們的答覆無意標新立異或巧言惑人。這些都屬於小我的特質。

世間的答覆充滿機巧，不但複雜無比，而且常在原地打轉，因為它們並沒有真正答覆了問題——那些答覆全都迴避了「我們究竟是誰」這個根本問題。如果真正答覆了這一問題，整個世界都會消失。世界原是我們不可告人的秘密所投射出來的陰影，而我們之所以打造出這種世界，用意就是不讓它答覆我們最切身且最根本的問題。如此說法，表面上看來彷彿似是而非，其實不然。世界對人類的問題確實提供過不少睿智的答案，歷史上也不乏偉大的思想家為世人釋疑解惑，然而究竟而言，他們的答覆僅止於消除人類的自我懷疑，而沒有任何一個

能夠徹底答覆存在的問題。為此,耶穌才說:

(3:8~9) 本課程十分簡單。它只有一個任務及一個目標。

　　這裡的「任務與目標」就是找出「我是誰」的答案。這問題出現於〈練習手冊〉將近尾聲之處(W-PII.十四)。世界即是根據小我的答覆而打造出來的模型:「我是一具身體,分立、特殊,而且飽受不公的待遇。」針對這種答覆,《課程》揭發了小我之言的虛妄。唯有質問小我,才堪稱出自正心正念的大哉問;唯有如此,我們才會意識到問題的存在而得以正視它;也唯有如此,我們才可能看清小我並非自己的本來面目。這個障礙一旦撤除,「你的真相便會向你啟示它自己」(T-31. V.17:9),這才是最真實、最究竟的答案。無論如何,請記住,我們真正**是什麼**,並非《課程》的下手處,它一心只想幫我們消除小我認定的**那個**我們而已。《奇蹟課程》之所以如此簡單,正因它只有這一個任務和這一個目標。

(3:10) 為此,它才能徹底保持一貫性,因為只有如此它才能一以貫之。

　　仔細推敲這一句話,便會看出耶穌是在告訴我們,他的《課程》在象徵、概念與措辭這些形式層次未必前後一致;它的一貫性僅存於寬恕的內涵中,也就是解除我們對「個別利益」根深柢固的信念。我再重複一次耶穌對我們或明言或暗示的懇求:「不要只認同《課程》的理論和神學,而應把它們視

為幫助我們領悟出上主之子先天一體性的工具。」簡言之，我們全都共有某一程度的判斷與憎恨，寬恕及愛，還有從中選擇的心靈能力。

總之，《課程》的目標是幫助我們揭發小我虛誇機巧的手法，試著不再與小我同流合污，從而擺脫不平安、不幸福的苦日子。只有從內涵而非形式層次來化解，我們才會悟出本課程的宗旨及其一貫的特質。再重申一次耶穌告誡的要旨：切莫讓你對《奇蹟課程》的觀點，離間了你與意見相左者的關係。不消說，你無需贊同他們所言，但也不必把他們當成死對頭。在戰場之上（也就是內涵層次），只有一個生命。你會愈來愈明白，我們都活在同一條「分裂」之船，這一覺察乃是我們重返天鄉的先決條件。

(4:1) 小我勢必會提出各式各樣的問題，本課程卻無意作答。

奇蹟學員最常提出的問題是：分裂是怎麼發生的？既然是完美的一體，怎麼會跟自己分裂？既然我們全是上主唯一天心的一部分，怎麼可能出現個體生命？針對這些問題，耶穌答覆如下文。只不過，就算給了最好的答覆，依舊滿足不了我們的理性的。

(4:2) 因為小我看不出自己只是假冒問題的形式，提出一個不可能有答案的問題而已。

換句話說，所有反問的背後都隱藏了一種預設的認定：

「我相信小我、分裂、個別意識全是真的，因此，你必須為我解釋它們是怎麼發生的！」由此可知，這些「反問」顯然企圖將對方誘入提問者的分裂之網來答覆問題，讓對方不自覺地認同了自己先前的認定。然而，唯有從愛的層次來答覆，才是唯一而且真實的答覆。也就是說，不再著眼於彼此的相異之處，你的答覆才算完美的答覆，不論你以什麼形式來回應，提問者都會放下戒心而收到答覆的。

　　此外，這些問題除了小我的意圖之外，其實還隱藏了一個更深的渴望：「請讓我明白，分裂不是真的，是我想錯了；而我得到這個答案的唯一方式，就是你答覆我時不含任何判斷、憤怒或不耐。」倘若真的聽出對方的心聲，你不會不給他一個正確答覆的。正確的答覆必然不離《課程》這一原則：「答覆的形式雖多，反映的內涵只有一個——因所有問題都是同一問題，出自同一小我的認定，也全都代表了相同的求助訊號。」

(4:3~5) **小我會問，「這不可能的事怎麼發生的？」「這不可能的事又產生了什麼後果？」它以各種形式提出類似的問題。這是無法作答的，只能靠體驗。把你的精力放在體驗上吧！不要再被神學思考耽誤了。**

　　是的，這些問題永遠不可能找到滿足我們理性的答案，只能靠體驗，我之前已經解釋了，正因為那些提問都並非真正的問題。當你在問題背後聽到了求助的呼聲時，你自然能以最契合對方需要的形式，給出一個正確的答覆。但你必須先進入愛

的內涵層次並且有所體驗，你才知道如何由問題本身提升到提問人心裡真正的渴望：「請讓我看出自己想錯了，分裂並非我的存在真相，我並沒有毀掉真愛，我仍舊配得到愛的。」這是世間每個人發自內心深處的哀號。

　　換言之，我們真正想要的，是這個寬恕體驗，因此耶穌說：「把你的精力放在體驗上吧！不要再被神學思考耽誤了。」話雖如此，但也別忘了《課程》確實有它的一套神學。如果有人說《課程》沒有神學，可別相信！只是耶穌會說：「那又有什麼關係，只要別把這套神學理論當成攻擊其他信仰追隨者的工具就好了。畢竟，你真正渴望的是能夠結合所有人的那個愛。」

(5:1~2) 你也不難看出，本課程只在開始的時候簡要地提了一下結構性的問題。我們很快就跳過去而進入了中心主題。

　　「結構性的問題」，指的是心靈的內在結構。〈正文〉頭幾章便已提到正見之心，妄見之心，同一心靈；妄見心境，正見心境（奇蹟心志），以及一體心境。但耶穌「很快」就擱下這些名詞而進入「寬恕」這個「核心教誨」。由於海倫和比爾都是心理學家，耶穌才會一開始就先澄清心靈的內涵。縱然如此，他還是不忘叮囑我們，遲早都得從分裂之心提升到基督天心的境界。

(5:3) 既然你要求我澄清一些觀念，就讓我們討論一下本課程

所用的詞彙吧！

　　這句話有如耶穌的安可曲，他等於跟我們說：「既然你請求我解說，我當然會滿全你之所願；但可別寄望它會以你自以為需要的形式來呈現，因為那並不是你真正想要的。」他在澄清那些詞彙之際，十分技巧地答覆了我們暗中的渴望。這些優美而感人的篇章確實是應了我們想要一份名詞索引或字典的請求而來，但真正的答覆遠遠超越這類解說之上，在詞彙「解析」的形式下，洋溢著愛的內涵，現在，就讓我們心無戒懼地接收下來吧。

壹. 心——靈

　　第一篇先談「心與靈」。耶穌在此論及正心、妄心,以及一心。

(1:1~2) 心靈(mind,或簡稱為心)這一詞,代表著靈性的運作主體,心靈為靈性提供了創造力。當這個名詞用於上主或基督身上時,會以大寫來顯示,如「上主之心」(簡稱為天心),或「基督之心」(簡稱為基督心)。

　　很明顯,耶穌的用詞前後並不一致,恰恰印證了他在導言中的提醒。此處的用詞與說法,與《課程》主軸稍有不同,也藉此提醒我們該注意內涵而非形式。他在此把心描述為「靈性的運作主體」,影射出心與靈是不同的。毋庸多說,天堂裡絕無這種區分,在那兒,我們既是心,**也是靈**,兩者是同義字。若要了解耶穌的意思,不妨想像一個噴水池,心就像馬達,推動著噴泉,靈則是來回流動的水。只不過,連這個比喻也只能算是活在分裂之境的我們,對超乎理性認知之境所能找到的象徵說法而已。

　　在《課程》裡，英文小寫的心（mind）通常是指分裂之心（但也不可一概而論）；大寫的心（Mind）則指天心或基督心，它與靈是同等的。

(1:3~4) 靈性（spirit）指的是上主的聖念，是上主按自己的肖像而造出來的。合一無間的靈性，即是上主的唯一聖子，又稱為基督。

　　本段的靈性，是指我們的真我──自性，也就是上主的唯一聖子合一無間的靈性。

(2:1~3) 因著心靈的分裂，上主兒女在世上活得好似獨立的個體。連他們的心靈也顯不出任何相通之處。只因幻境中人特別熱中於「個人心識」這類概念。

　　表面看來，我們是各自分立且互不相同的個體，這一存在形式其實正是身體設計的初衷，世界因此打造出一具一具的身體。既然我們全都認為自己是獨立的個體生命，耶穌只好針對這些個別心靈喊話。他在此特別澄清，這絕非我們的真相，但為了遷就我們的經驗，他不能不如此措辭。

(2:4) 本課程才會把心靈描繪成了好像真有「靈性」與「小我」兩部分似的。

　　耶穌此處所用的**靈性**又另有所指，他把靈性視為正念之心，**小我**則代表了妄念之心。這種含意的轉換，充分說明了，

如果我們企圖以分析方式為這些形上詞彙的內涵作精確界定，簡直是自討苦吃。耶穌在第一段的結尾提到「合一無間的靈性」，指的是基督，但到了這兒，也唯獨在此，他把靈性與正念之心等同看待。

(3:1) 靈性那一部分〔正見之心〕，經由聖靈，仍然與上主聲息相通；聖靈雖然只存於這一部分，但仍看得見另一部分〔妄見之心〕。

　　如果吹毛求疵一點，應該說成「靈性的**倒影**或**記憶**存於正見之心中」。

(3:2) 除了直接引用《聖經》時，我盡量避免使用「靈魂」（soul）一詞，因為這個詞的用法眾說紛紜。

　　連這個說法也不全然準確。「靈魂」一詞出現的次數不多，〈正文〉提到這個詞，**大都**援引自《聖經》，例如說魔鬼要收買我們的靈魂云云。但另有幾處，耶穌論及死後靈魂不滅的宗教觀念時，也用到「靈魂」一詞，相當於「個體心靈」的同義詞。

　　總之，從形式或學術上來說，靈魂的說法並不統一，但在內涵上卻可一以貫之。耶穌的意思是，為了避免不必要的神學爭議（他在導言已說明了這一顧慮），他寧可不用「靈魂」一詞。因為這個詞在新時代圈內代表一種意義，在基督教神學又有另一種意思，到了猶太教則別有所指。至於奇蹟學員，不妨

將**靈魂**理解成靈性的同義詞，也就是我們的存在本質──基督自性。

(3:3) 然而，你若了解靈魂是不生不滅的存在，屬於上主那一層次，那麼，你也可以把靈魂當成「靈性」的同義詞。

耶穌又回到**靈魂**是「合一無間的靈性」之說法了，他先前已把靈性視同正念之心，而我們對自己靈性真相的記憶正存於此心之內。

(4:1) 心靈內還有一部分則是徹底的虛幻，只會製造幻相。

這「一部分」當然是指小我的思想體系。對此，耶穌已在〈正文〉多所著墨，故在解釋專有名詞時不再深入細述。

(4:2) 靈性才具有創造的潛能……

真正的靈性永遠都在創造。此處耶穌說「靈性才具有創造的潛能」，即是指正念之心。已陷入昏睡的心靈只能說具備潛能而已，因為我們尚未與天心的創造能力連結。

(4:2) ……但在心靈尚未統一以前，它雖代表了上主的旨意，卻好似壯志難伸。

「好似」一詞不可輕忽。我們的真實自性（即靈性）**好似**被囚禁了而有志難伸。事實上，什麼事都沒發生過。

(4:3~5) 然而，上主的造化依舊生生不已，絲毫不受干擾，因

為那是上主的旨意。這個旨意始終是統一的，因此它對世界反倒顯不出太大的意義。因為它既無對立，也沒有程度之分。

　　我們自以為天堂及自性都被我們毀了，或是已被我們搞得面目全非，其實，我們那些瘋狂噩夢哪裡改變得了永恆不易的真相？放眼看看世界的無常，便知道上主的創造大願絕對不可能臨在此地的。上主的旨意（也就是上主和基督自性）徹頭徹尾的一體無間，它沒有對立，也沒有中間地帶橫梗其間。上主的旨意既屬於一體不二之境，自然不可能存有分別意識，因此它對我們的二元宇宙毫無意義可言。唯有正念之心，仍含有這個一體生命的記憶及聖子奧體合一無間的本質。在人間，我們只可能透過同一寬恕目的，經驗到一體境界的倒影。〈正文〉最後一章出現這麼一句：「我們終於結合於同一目的之下，地獄的末日已不遠了。」（T-31.VIII.10:8）。地獄中存在著各自殊異的目的，我們唯有看清且接受了唯一的共同目的，才可能由夢中覺醒，地獄便不復存在了。到了天堂，就不再有什麼共同目的可言了，因為那兒只有基督這唯一且一體的生命存在。

(5:1) 心靈能夠是正確的，也能夠是錯誤的，全憑它聆聽誰的聲音而定。

　　這一段話顯然在說抉擇者，只是沒有清楚指出而已。「全憑它聆聽誰的聲音」，它，正是指心靈中作抉擇的那一部分，它既可聆聽小我，也可以聆聽聖靈。這句話又與前文所謂的「結構問題」相呼應，當我們說分裂的心靈含有小我的聲音、

聖靈的天音，以及負責選擇的那一部分，顯然講的就是結構。
只是別忘了，這分裂的心靈本身並非真的存在，最多只能把那
些部分視為一種「象徵」。如果用人世的經驗來比喻，我們會
「聽到」兩種聲音（或兩套思想體系）──我們可以選擇放下
怨尤而快樂起來，或者寧可活得淒慘，也要抓著怨尤不放。而
這兩種可能性同時存在於我的覺知中。

**(5:2) 正見心境（right-mindedness）聆聽的是聖靈之音，它寬
恕了世界，能以基督的慧眼在滾滾紅塵下認出真實世界。**

　　〈詞彙解析〉多次提到真實世界，卻沒有為這個名詞多作
解釋。在此，我們又看到了耶穌將正見心境和基督慧見、寬
恕、聖靈，以及真實世界等同視之，這是由不同角度來表達救
贖的內涵。僅僅如此而已。

**(5:3~4) 這是至高的慧見，也是最後一個知見；唯有具足這一
條件，上主才能跨出祂最後的一步。於是，時間與幻相到此便
一併結束了。**

　　寬恕修成之後，我們就會由夢中覺醒，恍然大悟世間一切
果真是一場夢，受制於「各逐己利」，也就是在「非此即彼」
這一生存原則下，某些人贏了，其他人就會輸。一旦置身夢
境之外，方知我們根本是同一生命，不受小我世界的管轄。也
許有人仍會把我們當成某個人物或是這一具身體，但我們非常
清楚這個我並非真正的自己。這一覺知即是真實世界之慧見，

在這個終極慧見下，所有的時間與幻相原是同一回事。說到究竟，整個時空世界不過是天人分裂那一根本幻相所投射出來的一個「形式」而已。分裂之夢剛開始時只是一念，也僅止一念，我們卻相信自己能夠把它投射成一個世界。然而，只要我們真心寬恕，放下自己特殊性的種種幻相，這個大千世界便無聲無息地消失了，最後僅僅剩下「上主的記憶」。

從另一個角度來看：

(6:1) 妄見心境（wrong-mindedness）聆聽小我的聲音，它會營造出種種幻相，著眼於有罪之物，為憤怒找藉口，把內咎、疾病以及死亡都視為真實。

這一幻相世界可說是我們的至愛，只因我們如此珍惜那套充滿罪咎、恐懼、懲罰以及死亡的思想體系，它不只是整個世界的起因，也成了我們個體生命的存在基礎。

(6:2) 這個世界與「真實世界」兩者都屬於幻境，因為正見之心不過是回顧或寬恕那些從未真正發生過的事情而已。

耶穌在第參篇會把寬恕稱為「一齣喜劇」（C-3.2:1），它既是最後一個幻相，也是幸福美夢的最高潮。它雖然仍屬幻境，卻充滿了喜悅，因它會帶領我們超越所有的苦難以及製造痛苦的罪咎溫床。「寬恕那些從未真正發生過的事情」，跟《課程》要我們寬恕弟兄並沒有做出的事，顯然是同一說法。弟兄沒有對不起我們，因為他們既沒有害我們失落天堂，也搶

不走我們心中的上主平安，不論他們做了什麼或沒做什麼，上主聖愛與平安依然纖毫無損地存於我們心中。不僅如此，我們若寬恕了他們的「罪過」，還能一併寬恕自己投射在他們身上的自我定罪。

(6:3) 因此，它並不是基督之心那種一體心境（one-mindedness），基督與上主共具同一個旨意。

有關心靈結構的描述到此終於完整呈現：分裂之心包含了正見之心與妄見之心（當然還有隱而不現的抉擇者）；基督之心則代表一體心境，屬於渾然不分的一體境界。

(7:1) 在這世界上，只剩下一種自由，就是抉擇的自由，而且始終介乎兩種選擇或兩種聲音之間。

整部課程幾乎都圍繞著我們的「選擇能力」這一核心觀念打轉。耶穌雖然沒有用「抉擇者」一詞，卻再三提到心靈中那個能在小我與聖靈之間作選擇的抉擇主體。

(7:2) 意志或意願（will）不屬於知見（perception）的層次，也與抉擇無關。

真實的或一體的靈性裡絲毫沒有知見的成分，上主內亦無此物，因在天堂之境沒有什麼好選的。

(7:3~6) 人的意識（consciousness）只是一種接收器，它不是由上就是由下，或者說由聖靈或是小我那兒接收訊息。意識具有

不同的層次，人的覺知力（awareness）也會瞬息變化，然而不論它怎麼變，都無法超越知見的範圍。覺知力只要加以訓練，達到巔峰狀態時，便能覺於「真實世界」。正因意識有不同的層次，故能加以逐步訓練，這一點也證明了意識是無法契入真知領域的。

　　我們心知肚明，自己始終在瘋狂失常與清明正常兩極之間擺盪不已，在低下的妄念與高明的正念之間搖擺不定。但不論低下或高明，均屬於知見的領域，也就是幻境。直到我們接受了救贖，表示正念已經修正了妄念，於是兩者都會消失，抉擇者也無存在的必要，因為此後再也無何可選了。在這個真實世界停留片刻之後，上主便會翩然降臨，將我們提升到祂那裡，也就是我們不曾離開過的基督的一體心境。

　　《奇蹟課程》的終極目標只是引領我們抵達真實世界，而〈練習手冊〉的立意正是專門訓練我們的心念如何抵制小我而選擇聖靈。〈詞彙解析〉的後文會一再提到這個寬恕過程，唯有藉著它，我們方能覺醒於真實世界，邁向真知之境。

貳. 小我──奇蹟

　　本篇的文筆比起導言和前一篇,更顯得詩意盎然。〈詞彙解析〉各篇中唯有本篇和結語是通篇採用抑揚格的無韻詩體寫成的,其餘諸篇則是詩體與散文體夾雜並用。本篇重述了前文的觀點,凸顯出〈詞彙解析〉的目的並非真的在解析名詞,而純粹是用詩意的筆法來描述「小我」,並且反襯出「奇蹟」而已。因此,本篇其實並沒有為小我做出任何清晰的界定,它只針對小我的虛幻本質作了一番如詩的描繪。

(1:1~3) 幻相是不會持久的。死亡是它們的必然結局,幻相世界裡只有這一點最為肯定。為此,它必屬於小我的世界。

　　在小我的領域內,不論是它的思想體系,或是由之衍生出來的形相世界,全都變化無常,終歸一死,可以說,世間無任何一物能讓人感到肯定不疑。這正是耶穌辯證「世界不可能出自上主之手」最主要的論據。縱然如礦物之類的無機物得歷經百萬年才會消融,然而,但凡形相世界的東西,無一逃得了成住壞空的命運。反之,唯有天堂才具有永恆不易的本質。耶穌

以此作為天堂與人間，上主與小我的基本分野，並據之引申：上主絕不會也不可能與小我的分裂思想體系有任何瓜葛，更別提它打造出來的世界了。正因如此，耶穌一直對我們耳提面命，唯獨上主是肯定不疑的，我們若選擇小我，就無異於踏上了充滿變數的歧途，也和聖靈領我們回家的千古不易之路分道揚鑣了。

(1:4~5) 小我是什麼？它是你對自己的真相所作的那個夢罷了。

讀到這裡，我們每一位一定都會期待耶穌為小我的本質作個界定，結果他並沒有這麼做。他直接點到「小我之夢」，也就是想要打造一個分裂心靈的個體之我，以此取代我們原有的一體之心與自性。《課程》常用**有辱上主造化**的**贗品**（T-24.VII.1:11; 10:9）來形容小我與身體，因為我們原本是上主按照自己的肖像而造的基督，而小我與身體只是我們靈性生命的拙劣仿冒品而已。

(1:6) 它是你認定自己與造物主分離的那一念，它是你想要成為非祂所造的模樣那個願望而已。

整個小我不過是我們認為可以與造物主及生命之源分庭抗禮的一念而已，這意味著我們並不想要上主把我們創造成與祂一體不分的那個自性，我們要的是其他的東西。要知道，這個自性並不是整體的一小**部分**而已，它是上主整體生命不可或缺的基督自性。為此，當上主之子心內升起這**小小瘋狂一念**時，

背後其實暗藏一個願望:「我想要比所有一切還多一點,我要一個活在上主之外,而且讓祂不能不注意的自我。」那個願望成了小我的原型,由此又衍生出另一妄念:「我不僅想要與上主分開,而且我**已經**與祂分開了!」請容我在此玩玩文字遊戲,來點出小我的自大荒謬:「我不想繼續活成上主的**一部分**(a part),我已經活在祂**之外**了(apart)!」

然而,實相之境沒有「願望」這種東西。《奇蹟課程》特別區分了願望(wish)和願心(will)〔譯註〕。小我的妄心總是活在願望中,當然,願望也可能出於正念之心。至於天堂,它屬於基督的一心境界,那兒只有願心,因為在非二元之境,只有上主旨意,完全不可能有什麼願望。「想要分開而且與眾不同」,這樣的願望,事實上只可能出於幻覺。我們一旦沉溺於那種念頭,或是自認為只是隨意想想無妨,它就會變得愈來愈真實也愈來愈強大。不過下一句接著點明:也只有發狂的心靈才會把它當真的。

(1:7) 這東西瘋狂得很,毫不真實。

在《奇蹟課程》,**瘋狂**一詞與**神智失常**屬於同義字,它的核心信念就是「我們可能存活於上主之外」,或者說,「上主的一部分可能把自己由聖愛的一體生命中撕裂出去,宣告獨立且自立為王」。世上所有的人都採信了這瘋狂之念,耶穌才會

〔譯註〕中文版將小寫的will譯為意願或願心,大寫時則譯為大願或旨意。

說我們全瘋了，我們真以為看到且聽到了根本不存在之物，而把虛幻不實之境視為真實，這正是精神病的典型症狀。

(1:8~9) 它只是無名之物浪得的虛名罷了。它象徵著不可能的存在、沒有選擇的選擇。

　　小我代表一個根本不存在之物。最令人費解的是，會思考這類哲理的大腦，以及被大腦控制的這一具身體，這個**我**，耶穌竟然說它不存在。這可說是人生最大的吊詭，耶穌竟然跟一個自認為存在的大腦說「它只是無名之物浪得的虛名罷了」，根本不是真的！

(1:10) 我們賦予它一個名字，只是為了幫助我們了解它代表的只是「認為自己所造的一切都是不朽的」那古老的想法而已。

　　《奇蹟課程》不時告訴我們，上主所創造的，不可能變成可朽壞或非永恆的生命。這說法在〈練習手冊〉裡表達得尤其優美（W-PII.十三.5:4）。然而，小我那一套思想體系卻主張，它打造的那個具有個體意識的自我，以及由此意識產生的世界，才是真正的、永恆不朽的。試想，小我的世界、思想體系以及自我如果真的永存，那麼，上主的自性及其天國豈有立足的餘地？只因一體與分裂，實相與幻相，愛與恨，光明與黑暗，都是絕對無法並存的兩種狀態，除非那個人瘋了！只有神智失常的人才有辦法把全然互斥的狀態彼此「解離」，讓它們並存於心靈。

　　前面的導言說過：「本課程完全是針對小我的思想架構而寫成的，因為只有小我需要這一課程。」在此，耶穌進一步將那「古老的想法」命名為小我，不過是想讓我們明白他的教誨，幫我們意識到自己裡面真有一部分以為自己是存在的。然而，這一部分其實純屬幻覺，我們根本就不存在。遺憾的是，不論耶穌如何耳提面命，對我們學習《課程》，似乎一點幫助都沒有。他在整部書中不厭其煩，一次又一次反覆重申，只因我們往往會虛以委蛇，粉飾太平，假定那些說法別有所指。畢竟多半時候，他不也常常假定我們存在於此嗎？他還不斷向抉擇者喊話，督促我們選擇正念，放下妄念。然後，他又會隨時不忘補上一句「那個分裂的自我其實並不存在」。終究而言，他的教誨雖然充滿權威，卻也表達得極其委婉、仁慈與耐心。只因他不得不遷就我們當前的心態，慢慢將我們導向自己的生命真相。

(1:11) 這種念頭只可能衍生為一場夢境，而所有的夢境最後都會在死亡中結束。

　　小我始於一個死亡之念，因為它原是攻擊生命且欲置之於死地的一個妄念。小我最擅長掩飾，常把這個死亡之念偽裝成生命之念，賦予我們一具狀似充滿生機、還會與其他人互動的身體。事實上，凡是由小我衍生出來的東西，必然蒙上一層死亡的陰影。〈正文〉曾如此說：「死亡其實就是我們稱之為『小我』的念頭帶給你的必然結局，一如上主之念會帶給你

生命之果那般必然。」（T-19.IV.三.2:15）耶穌論及死亡時還說過「切勿混淆了象徵與其源頭」（T-19.IV.三.11:2），正是此意。死亡象徵了身體的宿命，試問，從未真正活過的身體怎麼可能死亡？然而，在小我的夢中，身體看來非死不可，只因它源自一個死亡之念。因此，耶穌要我們少在身體上費心，多把精神放回心靈的死亡之念上，那才是問題的癥結。換句話說，耶穌要把我們由象徵層次拉回它的源頭，也就是由身體轉向心靈，由形式轉向內涵。唯有如此，終有一天我們才會領悟：小我的夢幻世界終將在死亡中結束，因為它來自死亡——**觀念離不開它的源頭**。

(2:1~2) 小我是什麼？就是虛無，外表上卻顯得真有那麼一回事似地。

　　耶穌在此依舊只是描述，而非界定。我們都知道，小我「顯得真有那麼一回事似地」，純是因為我們把**自己**全然當作一回事兒，而且在世上還活得煞有其事。縱然如此，這一表相轉變不了小我先天的虛無本質。

(2:3) 在形相世界裡，你很難否定小我，因為只有它顯得最為真實。

　　我們打造出一個形相世界，目的即是要把小我的分裂思想體系襯托得真實無比；相形之下，上主反倒顯得虛幻不實。小我在形相世界裡不僅生龍活虎，還能呼風喚雨；相對的，上主

在此好似一籌莫展，甚至自身難保了。

> 世界是為了攻擊上主而形成的……〔而且〕成了上主
> 無法插足之地……（W-PII.三.2:1,4）

小我論及上主、天堂及靈修時，必然是從自己的角度出發的，在它的二元論調下，「上主創造了世界」這類神學大為盛行，所反映的乃是分裂與原罪的假相現實。為此，下面這句話十分重要，反映出聖靈對小我的辯駁：

(2:4) 然而，上主所創造的聖子豈會棲身於這種形相或是虛有其表的世界？

在整部課程裡，耶穌一直為我們解釋為什麼真實的上主不可能跟這個物質宇宙有任何互動〔原註〕，純為靈性的上主之子怎麼可能活在肉體世界裡？（他在後文還會再次提及這一觀點）由此可知，《奇蹟課程》與身心靈一體這類整合式健康學說，可說是風馬牛不相及，因為天心與靈性和世間所謂的身心靈完全是兩回事。請記住，《課程》屬於非二元的思想體系，我們雖可能夢見自己活在形相世界中，但夢境畢竟不會變成真實。話說回來，我們是可能活在天堂大愛（我們真正的家）的倒影世界裡的。後面的第陸篇提到，身為聖靈化身的耶穌，邀請我們成為他在人間的化身，就是要我們在世上活出他和聖靈

〔原註〕請參閱T-8.VI.1~3; T-11.VII.1; T-13.in.2:2~3:1。另在《奇蹟課程詞彙索引／暫譯》一書提供了比較完整的例句清單。

所代表的救贖思想體系，也就是放下個人利益，向人示範共同
福祉。

**(2:5) 若有人要求你界定小我，還要你解釋它是怎麼形成的，
這人必然已經認定小我是真實的，他想透過界定的方式，把小
我的虛幻本質隱匿在那好似言之成理的文字解說後面。**

　　針對「虛幻的小我怎麼可能從實相中冒出來」這類問題，
耶穌在此繼續引申導言的觀點，推出後半段的答覆。他指出，
凡是要求界定小我或追究小我起源之人，分明已經把小我看成
真實的存在了。只要一掉入這類議題，所有的文字理論暗地裡
都在為小我的虛幻本質撐腰。難怪小我這麼喜歡神學、哲學、
本體論，以及種種方法論，因為在研究那原始妄念之際，無
可避免會認定自己研究的對象真實無比。對此，耶穌反其道而
行，他要我們了解小我的真正企圖，而不掉入「小我究竟是什
麼」這個問題裡。

　　若要避免落入小我的陷阱，我們必須明白，心靈選擇小
我，純是因為害怕真愛那無所不包的本質。也因此，每當自
己在縱容特殊性之念而引發痛苦、憤怒，開始抱怨不公平的時
候，我們便能學會看透這神智失常之舉背後的目的，以及小
我藉著無可理喻的證據來打擊真理實相的瘋狂伎倆。耶穌要我
們學習的，正是**這點**，而不是去追究那根本無從理解的小我本
身。為此，耶穌只用藝術手法來描述小我，並無意為它下個清
晰的定義。他的這番解說，必會幫我們體會到小我的虛無，也

勢必激起我們內心極大的焦慮，因為「耶穌所言若是真的，我根本就不在這兒，而是活在上主的天心內」。

(3:1~5) 沒有一個謊言能夠透過界定的途徑而弄假成真的。也沒有一個謊言蒙蔽得了真理。小我的不實性不是靠文字解說就能否定得了的，它的存在不會因為虛有其表而顯出了意義。有誰能為無法界定之物下定義？雖說如此，我們仍有一個解決方案。

不論我們如何努力研究、描述、解釋、分析或界定一物，也無法把「它」變成「非它」。但常常自以為是的我們，總以為把小我界定得愈清楚，這幻相變成真相的機率相形之下也會愈大。我們全都受此妄念蒙蔽，千方百計想把這個自我變為真實。無論如何，這種謊言終究是不可能得逞的，真相必將大白。為此，我們不能掉入它故意「提出」的「小我是什麼？它怎麼冒出來的？」這類問題，只能針對小我本身來回答；而小我本身是有解的，答案就是奇蹟。如下所說：

(4:1~4) 即使我們無法真正為小我的本質下定義，但我們仍能說出「它不是什麼」。我們不難把這一點看得一清二楚。我們也是由此歸納出小我的本質的。只要你敢正視與小我相反的那一面〔奇蹟〕，你就會看見那唯一有意義的答案了。

這一段直接切入《奇蹟課程》的「化解」要旨。愛的本質雖然超乎言詮，但我們至少說得出愛不是什麼。特殊之愛不只

二元對立，還具有相當的排他性，它其實充滿恨意和操控，成了一種不折不扣的交易。只需正視一下小我的特殊之愛，自然明白其中絕無真愛的成分。

(5:1) 只要是與小我相反的，不論是從它的起因、作用或後果來看，都可視為奇蹟。

　　小我是妄念體系的核心，奇蹟則是正念體系的靈魂。問題出於小我，修正則有賴奇蹟。小我的分裂、分化、排他這一套思想體系，把我們從心靈帶入肉體，而奇蹟會把我們由肉體再帶回那一度選擇了分裂的心靈那兒，給我們一個重新去看待的機會，而且快樂地重新選擇。

(5:2~3) 我們會在奇蹟中找到世間不屬於小我的一切。只有從小我的反面，我們才能看出小我的廬山真面目，看穿小我表面做出的一切以及它的因因果果，其實都是同一回事。

　　世界是果，小我思想體系則是因，依據**觀念離不開它的源頭**，「分裂的自我及世界」這個觀念永遠離不開它的心靈源頭；為此，物質世界雖然**看起來**和心靈是兩回事，其實它一刻都離不開心靈的分裂之念這一源頭。因和果根本就是同一回事，正如源頭和觀念一樣。分裂與仇恨的**內涵**和**形式**，也是同一回事，彼此不分。奇蹟的目的即是幫我們徹底了解兩者的因果關係。

(6:1~7) 在以往的黑暗之境，我們如今看到了光明。小我是什

麼？就是那片黑暗。小我在何處？就在先前黑暗藏身之處。它如今又成了什麼？何處才能找到它？它什麼也不是，也無跡可尋。

　　只要用心讀這幾句話，會感到一語道中；但如果用腦來讀，可能會愈讀愈困惑甚至愈火大，因為它們好似什麼也沒說。事實上，耶穌本來就沒打算要說什麼，因為關於小我，真的沒什麼好說的。耶穌只是藉用對照的筆法來揭露小我虛幻的本質。我們只要對真相有一點兒體驗，便不難看清小我的虛無，一旦明白把別人與自己看成同一生命究竟是什麼意思，自然了解特殊性是怎麼一回事了。只要親身經驗過一點心靈的光明，自然明白小我黑暗的本質是怎麼一回事，而且知道那根本是不可理喻的東西。

　　總之，透過小我與奇蹟的對照比較，小我的本來面目便可一目了然了，無需我們皓首窮經地分析或詮釋。然而，想要看清小我的底細，必須跳出小我之外去看，也就是必須藉助小我充滿仇恨的黑暗及聖靈充滿真愛的光明之間的對比。因為從小我思想體系的內部，是不可能看清小我的，唯有靠小我之外的某些體驗才行。奇蹟的妙用即在於此，它把我們領入了正念之我，以便正視妄心之我，然後溫柔一笑，便驅除了它的黑暗。

(6:8~18) 如今光明已經來臨，黑暗已經消失得無蹤無影。先前邪惡藏身之處，如今成了聖地。小我是什麼？就是那邪惡本身。小我在何處？就在邪惡的夢裡，它只會在你夢裡顯得真實

無比。過去十字架所在之處，如今立著上主之子。小我是什麼？還有誰會追究？小我在何處？如今，還有誰想追逐這個幻相？因為夢境已經結束了。

這就是耶穌的答覆。我們一旦有了真寬恕的體驗，自然不會再為小我操心，因它已銷聲匿跡了。在這神聖一刻，我們看清了小我的本質——傷痛、苦難、消沉、不幸、孤獨、恐懼，以及罪咎；在那當下一刻，我們只會體驗到平安，還有包容所有生命的上主之愛。有了這一答覆，我們再也不會提出一堆問題了。在此，我們又看到耶穌美妙地重述了導言中的觀念：當我們經驗到愛時，仇恨就消失了，那時便無分析它的必要了。夢境一旦結束，我們還需要知道什麼？

(7:1~3) 奇蹟是什麼？也是一個夢而已。然而，只要你全面正視一下這個夢，你就會疑慮頓消。

《奇蹟課程》的宗旨在於終結我們的提問，因為那些問題骨子裡其實是企圖鞏固小我的思想體系，所有問題以及提問者都是它一手打造出來的傑作。唯有奇蹟能帶我們超越一切疑問，問題也隨之消失，只因所有問題都源於自我懷疑，愛一出現，它們自然銷聲匿跡了。一旦知道愛才是自己的生命本質（並非理性的知道，而是真實的體驗），整個聖子奧體便跟你一起融入這個大愛。然而，夢境不會全面消失，因為我們還有一絲自我感，只不過這個我已經涵容了一切，再也不會著眼於個別利益——我們已經準備好由夢境覺醒了。

(7:4) **踏著溫柔的腳步走入展現於你眼前的愛的世界吧！**

　　世界本身並沒有改變，是我們變得仁慈溫柔了，只因那個口是心非的特殊性，連帶它無止無盡的需求與怨尤，一併自行隱退了。一旦明白了外境純是內心的投射，此後，我們只會矚目於內涵層次而不受形相所惑。我們終於能逐漸由仁慈溫柔的寬恕之念仁慈溫柔地看待世界了。

(7:5~6) **好好地端詳一下這一路上幫助你的人，並為天堂的肯定性以及平安的必然性而歡欣雀躍。你也不妨臨別一瞥身後的世界，你總算能夠義無反顧地離它而去了。**

　　我們看它最後一眼時，只會輕輕一笑：「我過去真的瘋了，竟然會相信小我，甘受特殊性的驅使，掉入競爭、得失、輸贏這類遊戲，結果除了痛苦以外，它什麼也沒有帶給我。」痛苦從此離我們而去，因為我們知道自己只是作了一個錯誤的選擇而已。從此，無需沉溺於錯誤中，只是懷著感恩之情看它最後一眼，因為它成了帶領我們回家的墊腳石。

(8:1) **小我是什麼？它不外乎：冷酷的仇恨，報復的欲望，痛苦的吶喊，死亡的恐懼，殺人的衝動，舉目無親的幻相，一身孑然地活於天地間的自我。**

　　這段意象極其鮮明而強烈的描繪手法，充分道出了小我的全貌，但只要我們選擇奇蹟，那一切在我們的知見與經驗裡便會徹底改觀。

(8:2~4) 然而，奇蹟溫柔地修正了你對自己所懷的可怕誤解，它好似慈母為愛子吟唱的一首搖籃曲。這不正是你想要聽到的歌聲嗎？這不正答覆了你想問的一切問題嗎？這一答覆會使問題本身顯得荒誕無稽。

　　要是我們只有一個問題，而且已經得到了答覆，所有的苦也都解除了，我們還會提出無盡的問題、要求無盡的答覆嗎？是的，問題會以各式各樣的形式不斷呈現，但真正的問題其實只有一個：為什麼我老是選擇小我而不選擇聖靈，選擇恨而不選擇愛，選擇特殊性而不選擇基督的慧見？無論如何，當溫柔的救贖之歌響起，所有的掛慮就在那純愛的答覆中消失了。

(9:1) 你的問題是沒有答案的，因那只是你為了掩蓋上主天音而發的噪音；而天音對每一個人只會提出一個問題：「你已準備好幫我拯救世界了嗎？」

　　想要拯救世界，絕不是靠我們的作為，而是要透過療癒自己打造的那個充滿恨的內心世界，方有可能。由於心靈是一體相通的，只要我們選擇了療癒，聖子奧體的心靈就會一併療癒。既然世界出自心靈，而且從未離開這源頭一步，那麼，它一定也跟著痊癒而散發出聖靈的寬恕光輝。

(9:2) 要問就問這個，不要再去問小我究竟是怎麼一回事了。你會在小我營造的世界突然看見一片光明籠罩其上。

　　簡言之，別再操心小我是什麼了，也別忙著分析它，千方

百計想要了解它以及這個世界。此刻，全心全意地追求聖靈的寬恕所帶來的光明體驗吧！

(9:3) 如今，奇蹟毫不保留地呈現在每個人面前。

這一句話極其重要，它的含意可說不斷重現於整部課程。我們在心內所體驗的愛，必然包含了所有的人，而且**絕無例外**，否則它就不是愛。唯有奇蹟「涵容一切的特質」才化解得了小我特殊性那一整套的思想體系。

(9:4) 世界便由你先前認定的妄見中解脫了。

我們認為世界充滿了痛苦和死亡，與地獄無異，其實，它不過是一個虛妄之念投射出來的魅影而已。想要解除這一念，唯有選擇耶穌的奇蹟，放下小我的判斷，所有的痛苦才會隨之煙消雲散。

(9:5) 如今，它的真相大白，不帶一絲罪罰的陰影，徹底純潔無染。

世界「不帶一絲罪罰的陰影，徹底純潔無染」，並非因為世界在形式層次發生了任何改變，而是因為孳生出世界的那個心念徹底轉變了。寬恕和純潔取代了判斷和罪惡，如今，只剩下上主的平安，它的光輝籠罩著聖子奧體的一體生命。

(10:1~3) 奇蹟寬恕人；小我詛咒人。除此之外，它們不需要任何定義了。沒有一個定義能比這個更確然，或是更接近救恩的

內涵了。

當你詛咒某人某事時，等於在肯定分裂，等於在宣稱：「我贏了，你輸了！因你罪孽深重且罪有應得。這罪一轉到你身上，我才能恢復清白。」這種各逐己利的心態，可說是小我思想體系的最佳寫照。反之，奇蹟只會寬恕，因為它解除了橫梗於你我，以及我與世界之間那一道分裂的高牆。

奇蹟寬恕人，小我詛咒人；奇蹟合一，小我分裂；奇蹟著眼於共同利益，小我則各逐己利。前者給人喜悅，後者讓人受苦。看透這一點，對我們已經綽綽有餘了。無需追究為何會發生或沒發生這種事，或如何才能讓它發生，諸如此類的問題泥淖。能夠這樣做，必會大大簡化生活，因為我們只需了解一事，即我們在幻相及真相，小我及奇蹟之間是大可選擇的。

(10:4) 問題與答案都在這裡，兩者終於碰頭了，你的選擇也顯而易見。

就這樣，我們把詛咒帶入了寬恕，十字架帶入復活，黑暗帶入光明；如此，便破解了小我「解離」式的防衛措施。因為兩者一旦碰頭，救贖便能溫柔地修正分裂，一切便消失了，只剩下天堂之愛的祝福。

(10:5) 有誰認出地獄的真相後還會選擇地獄？

可還記得這一段〈正文〉：「在聖愛的呵護下，還有誰會

在奇蹟與謀害之間舉棋不定？」（T-23.IV.9:8）在聖愛的呵護
及支撐下，我們才可能走出夢境，看清代表謀害仇恨及寬恕慈
愛這兩套思想體系之間的究竟不同處。一旦看清了，該選什麼
便毋庸多言了，《課程》的目的即是把這個選擇變得如此顯而
易見而且理所當然。只要真的認清了黑暗小我和光明奇蹟之間
的天壤之別，我們便會進一步領悟出小我的黑暗是如此虛無，
而奇蹟則充滿了生機。

(10:6) 只要讓他明白，餘程不遠，天堂已在望，誰還會在此流
連而踟躕不前？

　　一旦真正明白奇蹟才是領我們回家的道路，那麼，每當判
斷、詛咒、定罪或分裂之念一起，我們必會立刻求助的；不僅
如此，這選擇已變成了天經地義的事。只要我們有過一些平安
的體驗，心中就會有一把尺來評估其他的經驗了。如今，我們
總算真正懂了，選擇小我等於選擇絕望、罪咎、仇恨和恐懼陰
府；選擇奇蹟，等於選擇喜悅、幸福和平安。那麼，天堂還會
遠嗎？

參. 寬恕——基督聖容

　　本篇聚焦於《奇蹟課程》兩大重要名詞：**寬恕**與**基督聖容**。首先，可別被表面字義所惑，以為基督聖容是肉眼可見的，當然，它更不是指耶穌的面容。基督聖容象徵的是徹底純潔無罪的境界，在《課程》裡成了寬恕的最高象徵。當你收回自己投射到弟兄身上的恨時，剩下的就是上主之子的無罪本質——這一本來面目不只呈現於弟兄身上，也呈現於你自己及整個聖子奧體。另外，本篇也論及真實世界，那是我們這趟同行旅程的高峰，下一篇會深入這一主題。

(1:1) 寬恕是為了上主，也會帶你接近上主，但不是出自上主。

　　寬恕與上主扯不上任何關係：「上主不用寬恕，因為祂從不定人的罪。」（W-46.1:1）寬恕屬於一種修正，在上主心中，分裂既然不曾發生過，所以祂也不可能看到任何有待修正的問題。小我為了鞏固自己的存在，由妄念中提出種種問題，因此，這句話恰恰成了救贖給予小我的終極答覆。

(1:2) 祂所創造的一切怎麼可能需要寬恕，這是不可思議的事。

上主創造的聖子如此完美、純潔，而且永恆不易，天堂內沒有什麼需要寬恕的，唯有聖子的幻覺（例如我們愛恨交織的特殊對象、攻擊過的人，或是心裡死抓著不放的人）才有寬恕的必要。當耶穌告訴我們，真正的學習乃是**解除**昔日所學（M-4.(十).3:7），其實就是在談寬恕，他要我們撤回自己投射在他人身上的罪咎。由此可知，寬恕本身並不屬於正向的修法，它純然只是解除小我對真理的否定而已。

(1:3~4) 因此，寬恕也屬於幻相的領域，只因它以聖靈的目的為目的，故能脫穎而出。寬恕能幫人遠離錯誤，不像其他的幻相反會導致錯誤。

寬恕也屬於一種幻相，只因世間的**一切**全是幻相。但寬恕不同於世間之物，世間之物會讓我們更加執迷於妄造之境，而寬恕則能引導我們超越幻境，抵達非自己能力所及的創造之境。總之，寬恕只有一個目的，就是幫助我們由充滿攻擊與傷害的小我虛幻夢境覺醒過來。

(2:1) 寬恕也許可以稱之為一齣喜劇，也可視為幫助不明真相者跨越知見與真理之間的溝距的橋樑。

《奇蹟課程》常常使用「橋樑」這個象徵，有時將聖靈當作知見與真知之間的橋樑，有時則把真實世界視為幻相與上主真相的橋樑。另外還有幾處，**橋樑**意謂由小我的妄念體系轉向

聖靈的正念真理的一種過渡。

(2:2) 他們無法直接由知見跳到真知之境，因為他們不認為這是出自自己的意願。

　　對我們這群無知之輩而言，無法由小我夢境頓時覺醒而進入上主實相，真正的原因，並非在於我們欠缺能力，而是我們不相信自己辦得到，甚至不覺得有此必要！我們怕死了真知，因為在小我精心調教之下，我們已習得它的真髓，深信自己如果牽起耶穌的手，踏上奇蹟之路，由夢中醒來，我們的生命必會重歸虛無。因此，為了保全自我，絕對不能放下這個有形有相的知見世界；而這正是出於**我們自己**的意願。

　　這趟旅程原是由妄念之我啟程，經由正念之我而抵達唯一自性那兒，在那兒，我們的個體意識便會消失於自性光明中。如此一來，等於一刀刺中了小我的要害，也因此，小我在無始之始便為我們編織了一套罪咎懼的故事，讓我們身不由己地對天堂之愛退避三舍。小我再三警告：「我這個個體生命，一到上主跟前，就會被徹底摧毀。」其實，真相是個體之我一進入上主的臨在，不過是消失於它本有的虛無罷了。只要我們還認同自己所認定的這個生理與心理之我，就不可能不害怕消失於虛無。在小我眼中，那絕對不是溫柔地融於自性，而根本是一場毀滅性的浩劫。為此，我們才需要一場幸福美夢作為跳板，給我們一個機會療癒自己對上主的錯誤知見，把滿懷恨意的嚴父形象轉為慈愛的天父。我們也知道，究竟說來，上主並不是

什麼「天父」。由於我們早已相信了小我的謊言，才需要一齣喜劇，把我們的生命之源描寫成一位慈愛天父。當我們愈來愈習慣認同上主的愛，愈來愈少認同小我投射之恨，自然慢慢學會如何超越外在的愛恨經驗，而領悟到上主聖愛原來就是我們自己的聖愛，祂的自性就是我們的自性。我們終於看清了，先前那些個體意識與內在的怨恨竟然全是一套謊言。

(2:3~4) 為此，上主好似成了他們的死對頭，使他們無法看清祂的真相。也正是這個神智不清的知見，使他們難以心甘情願地啟程，平平安安地回歸上主那兒。

　　耶穌在此談的正是寬恕必經的過程。我們在〈教師指南〉第肆篇已經讀過「信賴形成的六個階段」。這個過程本來並不需要，只因我們對愛深懷恐懼，才不得不如此施設。正因這恐懼如此之深，所以也只能一步一步來──在全面放下「自我感」之前，我們必須先找回正念之我來修正妄念之我。在這個階段，我們還有一個自我，每天仍能在鏡中看到自己的形象，然而這個我已經能把所有的人視為聖子奧體的一部分，與他一起走在同一旅程。唯有到了最後，我們才可能悟出，連這個自我都是一個幻相，這意味著一體生命的倒影已逐漸回歸它的源頭，也就是一體生命的本然境界。

(3:1~5) 因此，他們需要一種虛擬的救援假相，因為他們是如此的無助；他們需要平安的聖念，因為他們一直活在衝突之中。上主在聖子開口求助之前，早已知道他的需要。祂不在意

人們以何種方式求助，袘的旨意只願他們了解袘所給予的內
涵。這就夠了。形式會隨著需要而調整，而內涵卻是不變的，
就像它的造物主那般永恆不易。

　　耶穌再次重申了導言的說法，他的《課程》是採用一種特
別形式呈現的。愛的內涵雖是同一個，但因人們的恐懼作祟，
必須以他們能夠接受的方式來傳達。舉例而言，一個「慈愛之
神」，遠比一個「根本不知道我們活在此地的神」讓人不那麼
畏懼；有個「叫作耶穌的救主」，也比「沒有救主，只因此處
無人有待拯救」的說法容易消受。由於我們實在害怕那絕對而
直接的真愛，自然會感到真愛的倒影「寬恕」容易接受多了，
只因它隔了一層。為此，耶穌也給了我們這個象徵，「一位知
道我們所需的上主」。儘管如此，終有一天我們會準備好面對
上主的真相，那時，我們自然能夠接受事實，明白袘不會知道
我們在世所需，只因袘對我們的分裂自我根本一無所知。

　　耶穌再度叮嚀我們著眼於內涵，不論他為了遷就我們而採
用哪一種形式。終究說來，選用這些形式的，其實是我們自
己。我們的心靈會把抽象的愛之體驗，轉化為某種自己可能了
解的具體形式，比如說，一位知道我們所需的上主、為我們指
點迷津的耶穌，還有這部教導我們如何以共同福祉取代個別利
益的《課程》。它們全是愛與真理的抽象內涵之象徵而已，只
因那是我們所能接受的形式。

　　請記住，我們要的不是那些形式，而是它們的內涵。世人

實在太容易愛上那些象徵了，動輒把它們當作偶像來膜拜，不惜為那些象徵建立祭壇和教會，卻不知不覺地悖離了它們的內涵。這就好比耶穌伸出手來為我們指出真理，結果人們卻去膜拜他的指頭。這一段引文等於是耶穌告訴我們：「我的指頭指向的真理才是你真正想要的，不要膜拜我、這部課程，或它的訊息，也別為書中的文字、觀念或神學瞎操心，這些不過是你真正想要之物的象徵，讓它們成為領你回家的工具吧！」

(4:1) 你必須先看到基督聖容，上主的記憶才可能回到你心中。

　　這句話正是《奇蹟課程》所給予我們的救恩程式：只要在弟兄身上看見基督聖容，我們便會憶起上主。在別人身上看到基督聖容，其實等於在自己身上看到。說到究竟，寬恕就是化解自己的罪咎。小我和它整個判斷之夢一旦隱退，剩下的便只有上主了。

(4:2~4) 理由很顯然。若要看到基督聖容，必然涉及知見問題。沒有人能直接目睹真知。

　　由於我們如此害怕寬恕之後的境地，為此，耶穌給我們的並不是「真知課程」或「愛的課程」，換句話說，整部課程只是循循善誘，教導我們如何選擇真知與愛的倒影而已。

(4:5~8) 基督聖容卻成了寬恕最醒目的象徵。這就是救恩。它象徵著真實世界。凡是著眼於此境的人，再也看不到世界了。

　　只要我們一著眼於世界的表相，必定是用分裂和罪咎的眼光去看的。尤有甚者，不只是我們的肉眼看到分裂幻相（其實肉眼只能看到分裂），我們的心靈還會加以詮釋：「這是善的、那是惡的，這個純潔、那個有罪。」在表相的層次，我們勢必會看到性別、身材、膚色、文化、種族、宗教、政治立場等種種的差異，為肉眼中的「分別相」撐腰。正因如此，我們極其需要一個已然修正的知見，它看得到差異，卻絲毫不起分別之念，且能在形形色色的表相下認出同一個分裂妄心──全都含有恨、愛，以及從中選擇的能力。一旦認出了心靈的同一性，基督聖容便會不請自來，只因我們再也不會以這些表面差異作為攻擊的藉口了。可還記得，基督聖容就是純潔無罪的象徵，它有能力化解分裂、罪咎，故說：「凡是著眼於此境的人，再也看不到世界了。」

(4:9~12) 他離天堂之門的距離不能再近了。他離天門不過一步之遙。這是最後的一步。我們把這一步交託到上主的手中。

　　天堂之門的那一邊即是完美的一體之境，而真實世界則緊貼著天堂之門的這一邊。藉著真理，反映出光明，我們才可能意識到自己原來活在夢中；而且不僅知道這是個夢境，還能不再陷入其中。抵達真實世界，表示已經徹底寬恕了一切，也表示正念已經修正了妄念。就在正念、妄念，連同抉擇者一併消失之際，所餘的即是基督的一心境界。至此，「最後的一步」便來臨了。

(5:1) 寬恕也是一個象徵，它象徵著上主的旨意，故是無法分割的一體。

上主的旨意屬於終極一體之境，因此寬恕不在其中；寬恕只是上主旨意的倒影，因它已能把你我及每一個人視為同一生命，這就是基督慧見。這也是「在弟兄身上看到基督聖容」的真義，正念之心再也不會為外在形相差異賦予任何意義了。

(5:2~3) 正是它反映出來的一體性，彰顯了上主的旨意。它是唯一存在世界之內卻能直通天堂彼岸的橋樑。

這幾句話形容的是寬恕，而非天堂、真愛或一體之境。一體之念必須透過寬恕方能回歸我們的意識。

(6:1~4) 上主的旨意是一切的究竟。我們只可能由虛無通向萬有，由地獄邁向天堂。這算得上是一種旅程嗎？不，在真理內它不是，因真理是如如不動的。

耶穌在〈正文〉曾說過，這是「當下即至的旅程，目標永遠不變。」（T-8.VI.9:7）一進入真理實相，我們霎時由虛無轉為一切，但這個真相對我們卻構成了莫大的威脅。也因此，我們需要一些緩衝，就是幸福美夢──這類代表救贖原則的形式，對我們的威脅顯然輕微得多了。

(6:5~9) 唯有幻相才可能由一處移向另一處，由一段時間邁向另一段時間。那「最後的一步」不過是一種扭轉而已。它既屬

於知見的領域，故有一部分也非真實的。然而，這一部分終將
隱沒。最後只剩下永恆的平安與上主的旨意。

　　連「最後一步」也只能算是由知見轉向真知的一種扭轉。
終究來講，知見世界根本不存在，因此也沒有真正的扭轉可
言。這個本質上毫不真實的過程，不過始於**小小瘋狂一念**，然
後順著分裂的階梯淪落到特殊關係所打造的世界。此後，它又
透過聖靈的寬恕，反向回溯，帶我們返回天鄉。我們靠著每天
的操練，攀上階梯，一步步拾級而上，讓耶穌幫助我們修正小
我的妄念，體會出上主原來是一位慈愛天父。如此，我們才能
愈來愈不受制於世界，愈來愈敢深入心靈的層次。終有一天，
我們會悟出：既沒有世界，也沒有心靈，因為一切全是幻覺。
所以才說，這個旅程是由無所不在（Everywhere）進入烏有之
鄉（nowhere），再由烏有之鄉回到無所不在。這一旅程並非發
生於時空領域，但只要我們相信自己仍活在時空世界，就會認
定這真是一條無限漫長的旅程。

　　接著，耶穌在下一段再度為我們對比了**願望**（或譯**心願**）
（wish）與**旨意**（或譯**願力**）（will）兩者的不同：

(7:1) **如今，再也沒有什麼心願了，因為願望是會改變的。**

　　至此，出自妄心之願望（如怨恨與排外）不復存在，出自
正心之願望（如寬恕與包容）也不復存在，唯上主旨意（Will）
永存。

(7:2~3) **連你的夢想都有失寵的一天。這是必然的，因為小我永遠不可能安心的。**

　　只要是出自分裂世界的「夢想」，必定與小我的運作體系脫離不了關係，故不可能不陷入恐懼。即使我們選擇寬恕，也可能因為害怕寬恕所象徵的那個源頭，而感到微微不安。這種經驗在天堂之境簡直匪夷所思，因為天堂無需歡迎真理，只因我們**就是**真理。然而，只要自我認同仍建立在小我的思想體系，就不能不倚仗小我，如此一來，我們必會害怕那個超乎一己私心的上主旨意。

(7:4~8) **上主的旨意，也是上主的恩賜，卻永恆不渝。祂所給的一切，必然與祂自身一樣。這便是基督聖容的宗旨所在。它是上主為拯救聖子而給的禮物。一看見這一聖容，你便被寬恕了。**

　　當我撤銷了自己的投射，開始著眼於弟兄的純潔面容時，便會慢慢認出自己純潔無罪的本質。這個重要的觀點，下一篇描述得更美。它要說的是：只要我撤回自己加之於你的罪咎，而且將它收回自己的心內，我便不能不承認，那個咎原來不在你內，它其實一直在我心裡。同時，我也會慢慢領悟出，這罪咎一直抵制的那個純潔面目，才是我的生命真相。日復一日，就這樣練習改變自己對弟兄的看法，等於是在學習改變我對自己的看法。這也充分反映出我不再拜小我為師，開始接受聖靈成為自己的內在導師了。

(8:1) 當你看到了反映在那境界的自我真相的那一刻，世界會顯得出奇美麗。

　　請記得，世界無需改變。即使身處集中營，心靈照樣可能療癒而活在真實世界裡。縱然死亡氣息跟以前一樣強烈，你卻再也聞不到它；即便你的肉體仍然有感受，但真正的**你**卻不再受限了。因為在你已然療癒的心中，一切不是代表愛的流露，就是對愛的呼求。你終於了悟：每個人都有同樣的愛與同樣的呼求，而在小我怨恨的表相下，我們真的全都一樣。就是因著這番了悟，世間萬物才顯得美麗的。〈正文〉有句耳熟能詳的話：「*為此，不要設法去改變世界，而應決心改變你對世界的看法。*」（T-21.in.1:7）是的，當你決心著眼於純潔而非罪咎時，你的心念改變了，一切在你眼中自然顯得出奇美麗。

(8:2) 如今，你不只純潔無罪，還會親眼看到自己的無罪本質。

　　從此，你再也不會在任何人身上看到罪的蹤影。可記得，罪會將人分為罪人與受害者，你若有罪，我就無罪了，這是小我的「非此即彼」的最佳寫照。反之，我若只著眼於自己的無罪本質，而且明白世上沒有一物改變得了這完美的愛，自然不可能在任何人身上看到罪。**投射形成知見**，倘若我在自己身上看不到罪，便不可能在聖子奧體的任何一部分看到罪了。

(8:3) 如今，你不只是神聖的，還會親眼看到聖潔的景象。

　　我一旦認出了自己的神聖本質，自然會推恩於外，因而也

會處處看到它的蹤影，因為**觀念離不開它的源頭**。神聖與無罪這些觀念都離不開心靈，表示我眼中只可能看到神聖無罪之相。於是，「只要向內看到罪，向外也一定會看得到罪」這個錯誤觀念，至此便修正過來了。

(8:4) 如今，心靈回歸它的造物主，天父及聖子終於結合了，合一之境的神聖一體性不只支撐著所有的結合，同時超越了所有的合一境界。

從此我不再由分裂之心去看聖子，我不只是上主與基督一體生命的**倒影**，我也開始**成為**那倒影所反映的一體生命了。

(8.5~6) 上主是無法目睹的，你只能領悟。祂的聖子不是讓你攻擊的，而是要你認出他的真相。

耶穌在〈正文〉第十九章的結尾說：「於是，我們便會一起消失於隱身在面紗之後的神聖『臨在』中；這不是迷失，而是被尋獲；不是被看見，而是被了知。」（T-19.IV.四.19:1）當我們消失於上主天心而與之合為一體時，便抵達了旅程的終點。耶穌在下一篇討論「正見與真知」時，還會更上一層樓，繼續深入這一主題。

肆. 正見──真知

　　前一篇談論寬恕時，以真實世界的悟境將全文推向高峰──「那一刻，世界會顯得出奇美麗」，最後以「上主的最後一步」收尾。耶穌在本篇繼續詩意地為我們描述真實世界，改由「正見是如何修正妄見的」這一角度，為我們做更全面也更深入的解說。修正一旦完成，正見與妄見一併隱退，唯真知獨存。

(1:1~2) 你眼前的世界只是一個幻相而已。上主從未創造過這樣的世界，因為祂的創造必是永恆的，如祂自身一般。

　　有些學員會斷章取義，以便為自己的奇蹟觀撐腰，他們將前一句解讀為：「上主創造了有形可見的宇宙，但其中的痛苦、仇恨、戰爭等等則出自小我之手」。只要細讀此文，便可看出那顯然不是耶穌的本意，不僅此處，他還在其他多處斬釘截鐵地點明：「上主沒有創造這個物質世界！」耶穌在下文為我們解釋原因何在。

(1:2~5) 上主從未創造過這樣的世界，因為祂的創造必是永恆的，如祂自身一般。然而，你眼前的世界沒有一物是永世長存的。也許有些會比其他東西持久一些。然而，時辰一到，一切有形之物都有個結束。

　　我們會在〈正文〉「寬恕與時間的終結」（T-29.VI）那一節看到同樣的論述，而且描繪得更富詩意。這個有形有相的知見世界不可能出自一個全知全能的造物主，因祂永恆不易而且圓滿無缺。反觀世間的一切，變化無常，沒有一物可以永存，更遑論完美了。耶穌據此推論：真實的上主不可能和這個物質世界有任何瓜葛。這等於說，整個宇宙全是幻相。雖然印度教和佛教的最深教義也提出同一主旨，但《課程》卻進一步揭發世界暗藏的陰謀——橫梗在我們與上主之間，證明天人確實分裂了。為此，當我們認定自己活在肉體內，五官知覺也一一證明了我們活在這兒，如此，無異於否定了上主的存在。事實上，不僅上主不在此地，祂在此也根本沒有存在的餘地，因為在小我體系「非此即彼」的運作原則下，上主與小我是無法並存的兩種生命。

　　總之，《奇蹟課程》不只教我們看出世界的虛幻，還進一步揭發它存在的目的：「世界為什麼會形成？我們為什麼會投胎於此？我們為什麼會百千萬劫死守此地？」世上林林總總的宗教為何總想把上主及祂的代言人拉進世界？理由很簡單：「如果世界是真的，那我當然也是真的；但它若只是幻相，那

麼，身為形相世界一部分的我也不過是一個幻相罷了。」

(2:1~2) **因此，肉眼的媒介不足以看見真實世界，它們所著眼的幻相，只會導向更大的幻境。這才是它們的能耐。**

　　真實世界仍屬於分裂心靈的層次，而非天堂的一心境界，只不過這分裂之心已經療癒了所有分裂與罪咎之念而已。由此，我們才可能悟出世界真的是夢幻泡影，而真正的自己，也就是自性，只可能存於夢境之外。即便耶穌**在世**時，也不能說他真正存在此處，因他知道自己並不**屬於**這個世界。縱然他在人們眼中仍是一具別有個性的身體，但他知道這不是真正的他。如今他要幫助我們完成的，就是這一領悟而已。

　　小我造出眼睛以及其他感官，目的就是要透過世界來證明自己「真的存在」；由此推知，真實世界絕非肉體肉眼所能看到的。這就是基督慧見和小我之見最根本的分野。根據《課程》的觀點，慧見屬於心靈層次，只可能出現於心中；而小我之見一向是指肉眼之見。故這虛幻的身體只能著眼於幻相，先把它弄假成真，然後與它互動。唯有在耶穌的光照下，我們的眼光方能越過身體而看到內心的真相──那真相正在耐心等候我們的決定。

(2:3) **肉眼所見的一切，不只無法久存，還會助長罪與咎的念頭。**

　　自從我們把心內的罪與咎投射到世界以後，世間萬物都甘

為罪咎妄念所用，難怪放眼望去，我們也只會看到小我的分裂之境。然而，眼前這批人物或紛紜萬象，根本談不上有罪或無罪，它們徹底虛無。只因心靈痛苦焦慮，已到了難以忍受的地步，那些妄心妄念亟需一個出口，因而不得不投射出去，落到哪個人或哪樣東西上，只能算是合當如此，並沒有什麼預設可言。小我基本上是個死亡之念，因它相信自己已經毀滅了生命，為此，它所打造的世界自然便呈現出死亡之境，只因**觀念離不開它的源頭**。小我又是一變化無常之念，自從基督自性轉變為小我之後，這一原始變化使它此後所見之物全都變化無常，也是因為**觀念離不開它的源頭**。

(2:4) 至於上主所創造的一切，則永遠不受罪的污染，故也不受內疚之苦。

　　這句話等於在說人間沒有一物能跟上主扯得上關係。只要我們還把彼此視為對立的個體，而且還把這種知見視為天經地義，就表明了我們仍然相信幻相。不論我們意識到與否，人間萬象在小我眼中只有一個基本分野，就是「我們無罪，他們有罪」，只因我們已把自己的罪投射到他們身上去了。如同無明法則第四條所說：「唯有他們有罪，我們才可能無罪。」（T-23.II.9~11）正因如此，我們來到世上，從誕生那一刻到死亡，千方百計要證明世界必須為所有的不幸負責。我們眼前這個充斥了罪人及代罪羔羊，加害者和受害者的對立世界，就是這麼幻化出來的。但在實相內，我們其實是同一個生命。

(3:1) 真知（knowledge）不是修補妄見（false perception）的藥方，因為兩者既屬於不同的層次，根本沒有碰頭的可能。

　　我們在〈正文〉也看過類似的說法。有一句《聖經》的名言：「聖言成了血肉，居住在我們中間。」（〈約翰福音〉1:14）（在福音裡，**聖言**是指耶穌，他是宇宙性的基督）對此，耶穌做了下列評論：「嚴格地說，這是不可能的事，因這似乎將某一層次之物轉譯為另一層次之物了。」（T-8.VII.7:2）聖言代表上主聖念，是不可能淪為血肉的，只因觀念和血肉，就像實相和幻相，兩者相互排斥，無法並存。也因此，耶穌降生為人一說，就不可能是真的了。

　　「真知不是修補妄見的藥方」，因為它不可能修正自己一無所知之物。妄見只有先接受正見的修正之後，才可能悄悄地融入真知之境。正見內不含任何與真知矛盾的念頭，但小我的知見則與真知南轅北轍，故兩者根本沒有碰頭的可能。

(3:2~4) 妄見只有一個修正之方，就是正見（true perception）。正見也非永世長存之物。但在它存在的那段時間裡，它能發揮療癒之效。

　　即使是正見，仍屬一種知見，故不出幻相的領域。耶穌在〈正文〉說了：「為此之故，所有的神視慧見不論多麼神聖，都只是曇花一現。」（T-3.III.4:6）歷史上的神秘學家或靈性大師，不論他們的神視或慧見顯現得如何神聖，但畢竟說來，仍

限於一種可見可聞的知見經驗，故也只具象徵的意義。遺憾的是，靈性狂熱人士偏偏喜歡在「神聖」大師證得「神聖」悟境的「神聖」地點，建立廟宇、祭壇或教會。這真是一種誤解，要知道，所有神視或慧見，畢竟屬於知見層次，不可能恆久不變，只有真知永恆不易。

換言之，唯一的神廟只能建造於上主一體聖子的**心中**，只有這座祭壇值得我們膜拜，因為只有心靈才可能獲此神視慧見。不論哪一種慧見，只要是真的出自上主聖愛，必然屬於一體心靈之境，那是人人共具的本然，只有那個祭壇才值得我們臣服奉獻。

(3:5~6) **正見這一帖藥方，具有多種別名。寬恕、救恩、救贖、正見，它們全是一回事。**

在此，耶穌把《課程》的重要術語都列舉出來了，每個都象徵了正念的不同修正效果，我們還可以加入**基督聖容、慧見、奇蹟**等等。它們都代表了同一個修正，勇敢面對那個充滿分裂與特殊性的小我思想體系，大聲對它說：「我再也不要這些玩意了！」

(3:7) **它們源自同一個起點，最後都會歸向那超越自身的一體境界。**

上述的修正象徵就是透過「對所有人一視同仁」的單一慧見，才能在人間反映出一體境界。這些慧見與經驗，在前為我

們鋪路，喚醒我們，將我們帶向一體不二的意識，最終臻於圓滿的一體之境。

(3:8~9) 正見乃是拯救世界脫離罪惡的媒介，因為罪根本就不存在。而正見所看到的正是這一真相。

　　正見不會先看到罪，然後再寬恕它，或為它贖罪的。它只會正視一下，看到背後的真相就成了，因為那兒真的什麼也沒有。這也是《奇蹟課程》的耶穌與《聖經》的耶穌最大的不同處。《聖經》的耶穌顯然還會著眼於罪。事實上，他之所以被派來拯救世人，表示天父也認為人類罪孽深重。然而，《奇蹟課程》的耶穌是看不到罪的，因為他不可能看到根本不曾發生的事。

　　世界就是因此得救的。正見會看著世人眼中的罪，然後輕輕一聲：「何罪之有？」在夢境裡，那是對愛的呼求，只有這一部分才是真實的。而且，它不只是某個人的呼求，它代表著所有人的呼求信號。這是真的，所有自以為活在世上的人，心中都在哀號：「請告訴我，我全搞錯了，我不知道何處才是我的家。至少讓我明白，這世界絕對不是眼前所見的。這個令人絕望的世界，根本就是痛苦、失落與死亡之地，請幫我找出其他的出路吧！」然而，我們若想看到那一出路（也是我們真正的家），至少必須有心學習另一種活在人間的方式，就是放下小我之眼，只透過基督之眼去看。或者說，放下個別利益而透過共同福祉去看。

　　因此，關鍵不在於改變世界、他人或自己，而是改變我們看待世界、他人或自己的眼光，最終抵達正知正見之境。套用哈姆雷特的話，真正有看見能力的，是我們的心靈之眼而非肉體之眼。無論如何，肉眼也是透過心靈之眼在看，只不過那是小我分裂之妄心罷了。也因此，耶穌才會要求我們轉變自己對肉眼之見所做的詮釋。

(4:1) 這世界有如擋在基督聖容前的一個障礙。

　　基督聖容是基督純潔無罪之本質的一種象徵說法，而那個純潔本質原是身為上主之子的我們所共有的。基於**非此即彼**的原則，分裂境內的知見世界充滿了勝方與敗方，只因它們全都源自個別利益之念；正是這個個別利益之念遮蔽了基督聖容，令我們視而不見祂的聖愛。

(4:2~3) 但在正見的眼裡，它不過是一張薄弱的面紗，不費吹灰之力就能在瞬間拆除。世界終於露出它的廬山真面目了。

　　世界至多不過是一片薄紗而已，它擋不住光明的照射。在〈正文〉「兩個世界」那一節，耶穌也把罪咎形容為「一片輕薄面紗」，「一團低垂的烏雲……擋不住一粒釦子掉落，也承受不了一根羽毛」（T-18.IX.5:4; 6:1,4）。看起來好似「銅牆鐵壁的罪」（T-22.III.5:6），阻隔在我們與上主之愛的中間，其實，它只是一片弱不禁風的面紗而已。只要與耶穌一起去看，我們的眼光便不難穿透這片薄紗，看到它背後隱藏的真相。唯

有在耶穌愛的臨在下，我們才敢正視自己心中的障礙，而且意識到它什麼也阻擋不了。換句話說，我們明白了原來什麼都沒發生，這個自我和基督自性之間根本沒有什麼障礙橫梗其間。只要我們愈來愈不去認同個別之我，轉而認同光明，基督的光明便會立即穿透過來，這表示我們的眼睛終於開啟了，正見便可功成身退了。

(4:4) 它只好悄然引退，如今，正見為你清理出一塊空間。

世界必會引退的，因為它的存在靠的是那想要遮蔽我們無罪本質的一個私願。世界是為了證明我們所有人的罪咎而存在的，這個咎，把罪反襯得真實無比，從此，上主不再真實，只有小我認同的生命顯得真實無比。為此，我們才會如此一廂情願地著眼於這個充滿歧異、判斷以及特殊性的世界。唯有正見能夠一眼看穿一切的障礙物，為我們的心靈清理出一塊淨地，準備上主聖愛的來臨。就在我們慢慢覺醒之際，上主的記憶逐漸由我們心中浮現。至此，祂的聖愛就只有一瞬之隔了。

(4:5) 基督會在世界消跡之處顯示祂的聖容；在這一刻，世界被遺忘了，它被捲回虛無的漩渦，也就是它的源頭。時間至此永遠告終了。

最後一句話很精要地重複了耶穌在〈教師指南〉之言（M-13.1:2）。我們之所以須臾不忘這個世界，是因為我們內心某處很清楚，世界若是虛無，我們必然也是虛無。只因我們一點兒

也不想掉回虛無的漩渦，或消失於上主天心內，小我才會編出罪的恐怖故事，造出隨時需要保護的脆弱身體。我們一旦把罪投射到別人身上以後，勢必更加感到需要保護這個脆弱的自己，以免受到傷害。小我從此便可穩坐江山，讓世界代它完成那個齷齪的陰謀。毀滅，乃是最受小我體系珍愛的觀念，因它反襯出罪的真實性。它等於在說：「我把天堂毀了，理當害怕它此刻會東山再起，轉身毀滅我們。打從我賦予自己一具身體那一刻起，真正的天堂以及被小我扭曲了的天堂觀念，全都變成極其遙遠的記憶，此後，我只會認定外面每一個人都存心毀滅我。」耶穌在〈正文〉已經解釋過，只要我們繼續投射，必定害怕自己投射之物遲早會轉過身來傷害自己：「他們若相信自己有辦法把投射之物由心中抹除，便不能不相信那個東西也可能設法溜回來。」（T-7.VIII.3:11）他在另一處把這種心態描述為攻擊與防衛的惡性循環（W-153.2~9）。

　　只要我們放下小我，不再矚目於利害衝突，上述的想法自然全都煙消雲散。分裂與身體之念不再升起，在這神聖一刻，我們只會看到真實世界。耶穌繼續描述下去：

(5:1~4) 被寬恕的世界也不會存留多久的。它一度成為身體的家園。但寬恕的眼光能夠超越身體之上。這正是它神聖之處，也是它的療癒之功。

　　「寬恕的眼光能夠超越身體之上」，意思並不是說我們看不到身體的存在，而是要我們越過小我賦予身體的目的，不再

把罪與分裂弄假成真。若要完成這一目標，無需否認眼之所見，也無需否定自己這一具得靠呼吸與食物而存活的身體。反之，只需明白，身體僅是一個畫框，它的目的是要遮掩我們心中隱藏的那幅充滿罪咎與仇恨的畫而已。然而，在那幅畫的後面藏著一幅光明之像，那才是我們目前所要著眼的。換句話說，我們的眼光先由身體表相移向身體之念（即咎），最後矚目於救贖的聖念。只因身體與世界先遮掩了罪咎，而罪咎又遮掩了救贖之故。寬恕能夠一舉化解這種一層一層的障眼法，將我們直接帶到一切問題的根源——那個錯誤的決定。如今，我們終於能夠作出更好的選擇，把眼光轉向那美得無與倫比的「被寬恕的世界」了（T-17.II）。

(5:5) 身體的世界屬於罪的世界，因為只有身體存在時，罪才可能依存其上。

身體只是小我思想體系的一個化身（W-72.2:1~3）。由於它建立在罪的基礎上，我們才會如此無情地對待自己的身體。即使我們自認為很有愛心，然而，每當我們把身體視為賞心悅目的偶像或令自己受苦的禍端時，就表示身體已經被我們誤用為攻擊自己與他人的工具了。不論是偶像或禍端，我們都已然把身體弄假成真，更好說是，我們已經把罪弄假成真了。

(5:6~7) 罪一定會孳生內疚，就如寬恕必能撤銷內疚一樣。罪咎一旦消失殆盡，那分裂的世界便會頓失所據。

　　罪與咎之念可說是連體嬰，兩者形影不離。不僅如此，耶穌還說，咎是推動世界的動力。世界和身體只是心靈之咎投射出的陰影而已，它們本是為了遮掩這個咎而存在的（T-18. IX.4~5）。我們一生都在聽從咎的唆使，根本意識不到心靈才是真正的根源。我們也總認為，自己的意念言行全是出於本能、衝動、記憶、欲望，或受世界的驅使，但事實絕非如此。身體的所思、所行、所感都是源自那個咎。一旦清除了咎，身體便失去了存在的目的。

(5:8) 空間也會隨著時間一起消逝。

　　連時間和空間也是咎投射出來的陰影。過去、現在與未來這類線性時間觀，就是從小我投射的罪、咎、懼衍生出來的；過去犯的罪，在此刻感受到了咎，以及擔心未來避免不了的報應。同理，世上的空間感，也是由分裂之念投射出來的。這些念頭一除，世界便會回歸原本的虛無漩渦裡。

(5:9~10) 世界是因著身體才顯得像真的一樣，它既是分裂的，豈能存活於不可能分裂之境？寬恕證明了這個不可能性，因為寬恕能夠視而不見那一切。

　　肉眼只會看到肉體，心靈才是負責詮釋肉眼之見的主體。《奇蹟課程》所說的「知見」，其實就是一種詮釋。肉眼所見盡是分別相，因為那是知見世界的本質，但如何詮釋這些分別相，則因人而異，端視我們決定拜小我還是聖靈為師。小我會

利用是非善惡、分別取捨這類知見，為世界的分別相撐腰；聖靈則利用肉眼所見，教我們對所有人一視同仁，認出種種形式背後的同一內涵，也就是同一個呼求的心聲。

(5:11) 你所眷顧之物，對你自然變得不可理解；就像你先前對它的存在那般肯定不疑，是同樣的道理。

　　一旦真心放下小我，它就消失了蹤影，那時，我們不僅會覺得它不可思議，甚至可能完全想不起來。記憶一向就是靠「咎」來維繫的，咎一撤除，記憶及過去便無以立足了。因為咎只有一個目的，就是證明「有件事」不僅真的發生了，而且就發生在「我」身上；這個記憶存心想遮掩的事實就是，那件事其實是「我」幹的！為此，小我一旦隱退，我們便只會體驗到耶穌所謂的「當下的記憶」（T-28.I），也就是開始覺於聖靈為我們護守在心內的那個「我是上主兒女」的記憶。

　　接下來的第六段，可說是為我所謂的「寬恕三步驟」做了一番美妙的總結。

(6:1) 正見帶給人的正是這一轉變：過去被投射於外的，如今他都由內看清了，而寬恕就在那兒消除了它的蹤影。

　　當我祈求耶穌幫我處理某個困境或某段關係時，他會告訴我，我所看到的外在景象只是我內在心境的一個反映而已（T-21.in.1:5）。因此，第一步我得先認清，我對他人的憤怒是我自己要演的戲，和對方一點關係都沒有，不論他幹了什麼

事，我對他的判斷純粹是自己心內之咎的投射。收回自己投射出去的咎之後，第二步就是認清那個「咎」本身也是一種幻覺。正如我過去為了覆蓋愛的記憶而選擇了咎，如今我又故技重施，為了遮掩內心的咎而選擇氣他恨他。

緊接著寬恕的前兩步，耶穌繼續解釋：

(6:2) 他在那兒築起了一座獻給上主之子的祭壇，他會在那兒憶起自己的天父。

　　祭壇是指我們心中能夠選擇小我也能選擇聖靈的那一部分。這句話是說，我們的抉擇者終於選擇了憶起天父的工具——寬恕。

(6:3) 在這兒，一切幻相都被帶到真相前，安置於祭壇之上。

　　這句話完全凸顯了《奇蹟課程》「把幻相帶到真相，而非把真相帶入幻相」的寬恕過程。我們先把自己的咎帶到內心的寬恕，也就是把我痛恨別人的這一陰影，帶入我對自己深惡痛絕的這一陰影中，然後再把一切都帶到耶穌為我們護守的真理之光內。在光明中，我們會看到，這些恨人恨己之念，只不過是我們存心抵制「自己是光明之子」這一真實身分的防衛措施而已。

(6:4~6) 凡是從外面所看到的問題，寬恕對它愛莫能助，因為它們看起來永遠都是罪不可赦。凡是從外面看到的罪，你對它

一定束手無策。有什麼妙方解除得了人的內疚？

　　這正是我們打造出物質世界的原因。耶穌再次提醒我們，世界的陰謀就是讓我們陷於失心（mindless）狀態而無法自拔。如果我認定問題是出在外邊，當然顯得難以寬恕，更難以化解，因為解決辦法只可能發生於心內。我若在問題和答案不在之處看到它們，表示我已離開了自己的心靈。比如說，我覺得倘若自己富有一點，健康一點，或和某人關係好一點，我才可能幸福。只要玩過這類人間把戲的人都知道，這是行不通的，而我們全是這類「特殊性」把戲的箇中高手。縱然一切皆如我所願了，我們也永遠不可能心滿意足的，因為那並非我們不快樂的原因。真正的原因其實藏身於心靈寧願選擇罪咎這一決定上。

　　為此，我們才說，在小我體系內是沒有出路的。「凡是從外面所看到的問題，寬恕對它愛莫能助」，表示它是永遠修正不了的。如果我們跟耶穌說，外面有個問題需要他幫點忙，他一定無可如何。倘若老是用這種心態向耶穌求助，我們反倒成了他最大的麻煩，令他束手無策。真正的問題始終在我們的心內，這就是為何我們總是把問題往外丟，然後再把耶穌、聖靈、上主拉進世界裡來解決根本不存在的問題。正因問題永遠無法從外面去解，為此才說「這個世界是沒有出路的」。誠如〈教師指南〉一開始所說的：

　　「如今只有時間還欲振乏力地在人間徘徊，世界早已

活得疲累不堪了。它歷盡滄桑，毫無指望地撐在那兒。」（M-1.4:4~5）

世界**確實**沒有任何指望，並不是因為世界所面臨的種種危機，而是它的存在本身就沒有希望，只因我們始終找錯了地方。人間的戰爭是不可能從外面解決的，即使撤換雙方的軍事領袖也無濟於事。真正的解決之道，唯有回到問題的根源，也就是我們心內與自己不斷交戰的那場戰爭。

(6:7~10) 但你若願往自己的心念看去，罪咎與寬恕便在那一刻碰頭了，齊身並列於祭壇之上。疾病與它的唯一解藥終於結合於同一個療癒的光明中。上主會來認領屬於祂的人。寬恕才算功德圓滿。

這是寬恕的第三步。耶穌告訴我們，前兩步是我們的責任，而第三步是聖靈的責任（W-23.5）。我們必須先盡自己這部分的責任，把幻相帶到真相前，也就是把自己投射在外的咎收回心內，而且認出這個咎原是自己的防衛措施，如此，便可以慢慢放下它了。唯有寬恕才消弭得了內心的咎，寬恕一旦完成了任務，它便功成身退了。一切頓時煙消雲散，只餘上主的記憶在我們的覺識中露出曙光。

最後一段，非常詩意地描寫了這一溫柔的破曉過程：

(7:1~6) 如今，上主那不變、肯定、純淨而且人人能懂的真知，終於回到它自己的國度。知見，不論是正見或妄見，都已

經過去了。寬恕也過去了，因為它完成了任務。身體也過去
了，消失於那獻給上主之子的祭壇的燦爛光明中。上主知道那
是祂的真知，也是聖子的真知。他們就在此結合了，而基督聖
容也在此驅散了時間的最後一刻；如今，最後的一個知見終於
看清了世界既無存在之因，也無存在的目的。

　　世界在小我的觀點下負有極重要的任務，就是讓小我的思
想體系運行不墜；而在聖靈的觀點下，它也負有別具意義的重
任，就是徹底解除小我。如今罪咎終於化解了，這兩個目的都
消融於燦爛的寬恕光明中。

(7:7) 上主的記憶所至之處，人生旅程便告結束，罪的信念不
復存在，沒有隔離的圍牆與身體，罪咎的陰森魅力亦已不再，
死亡自此永遠銷聲匿跡了。

　　只要我們還想保全自己的個別身分，罪、咎及死亡對我們
便有莫大的吸引力。當這需求一除，罪、咎及死亡的吸引力也
就一併解除了。剩下的，唯有基督自性之光明。

(8:1) 我的弟兄啊！你若知道那平安是怎樣庇蔭著你，將你安
全、純潔而美好地護守在天心之內，你不可能不奔向祂的祭
壇，迫不及待地與祂團聚的。

　　耶穌再三向我們呼籲：「但願你能明白，只要放下判斷、
仇恨和特殊性，你一定比現在平安快樂，何苦拒絕自己已被寬
恕的喜訊，耽擱喜悅幸福的來臨？」只可惜，我們尚未準備放

下自我，以至於堅持抵制他的呼喚。這才是問題之所在。

(8:2~3) 你與祂的聖名同時受到天地的頌揚，因它們已在此聖地合而為一了。在此，祂俯身將你提昇到祂那裡，由幻境昇至神聖之地，由世界昇至永恆之境，且將你由一切恐懼中救出，交還到愛那裡。

　　這段話讓我們聯想起「主的祈禱文」。不同的是，在〈新約〉裡，唯有上主的聖名受到頌揚；而在《課程》中，祂的聖名和我們的聖名變成了同一個名字。旅程到此總算結束了，因為當初把我們推上旅程的，正是聖子不願與上主同名的那一念。我們終於看清小我要我們認同它的真正企圖，也明白了那個分裂決定帶給自己的痛苦。唯有經由寬恕的操練，我們才可能了解自己在外面看到的一切，的確是我們把心裡的咎弄假成真而後投射到外面去的，也才會相信耶穌所說的：「只要放下這些投射，你會活得更快樂。」而今，我們終於做到了。罪咎的暗夜慢慢褪去，只剩下光明向我們伸出歡迎之手。此刻，自我終於融入自性了。

伍. 耶穌——基督

　　最後兩篇專門討論耶穌與聖靈，在語氣風格上，這兩篇迥異於前四篇。有意思的是，〈詞彙解析〉總共只有六篇，而其中兩篇就獻給了祂們兩位，這顯然有意幫助奇蹟學員避開特殊性的陷阱，只因我們實在太容易跟自己的內在導師建立起特殊關係了。若要了解如何向耶穌或聖靈求助，我們必須時時牢記，關鍵在於認清象徵與源頭之別，形式與內涵之別，知見與真知之別。畢竟，我們最終渴望的是真知，它就是聖愛那抽象而「毫不具體」的臨在。話說回來，仍然認定自己活在世上的我們，是不可能不成為恨的具體化身的，也因此，愛的具體化身便顯得格外必要了。如同寬恕化解了咎以後，它自身便隨之隱退，當愛的化身融解了恨的化身，它本身也就消融其中了。如果我們還抓著這些化身（也就是形式或象徵）不放，最終一定會落空的。最後，需要特別一提的是，本篇跟〈教師指南〉第貳拾參篇「耶穌在療癒的過程中可有特殊的地位？」一樣，用的都是第三人稱，但並不意味海倫聽到了**第二個聲音**。這兩篇和〈教師指南〉以及整部課程一樣，全都來自同一個內在天

音，只不過以不同的風格呈現而已。

(1:1) 你不需要任何人協助你進入天堂，因為你從未離開天堂一步。

　　耶穌要我們明白，連協助也是幻相。然而，只要我們還有期待協助的幻覺，就需要「捨棄小我之助，另選新的助緣」這個幻相。總之，我們必須時時謹記於心，這一切全都發生在幻相領域。

(1:2) 只因你對上主在實相中賦予你的本來面目產生了錯誤的信念，你才需要外力幫你走出那畫地自限的自我形象。

　　下一篇談論聖靈時，我們會讀到同樣的邏輯。唯有上主確知我們的神聖面目，表示**我們**對自己其實一無所知。《課程》的宗旨並非要我們去了解這個終極身分，反倒再三叮嚀我們該好好正視自己認為自己是什麼（也就是小我身分），那才是我們必須先放下的。可還記得？當正念之我修正了妄念之我後，**兩者**一併消失了；罪咎與寬恕會同時出現於祭壇上，然後共同消失於燦爛的光明中（C-4.6:7~8）。至於光明出現之後又會如何，就不是我們需要知道的，《課程》也未曾明示一二，它不過是溫柔地把我們導向那一方向而已。

(1:3) 上天賜你的神聖助手，外形有所不同，但在祭壇上，他們其實都是同一個。

　　他們共具同一內涵，即是愛，只是呈現出不同外形而已。此處把愛的內涵具體化為「救贖原則」，也就是：我們不曾與愛分裂過。

(1:4) 每一位神聖助手〔形式〕都出自上主的一個聖念，這是永恆不變的。

　　請注意，這兒說的就是在心靈夢境中反映出上主聖愛的那個救贖之念。

(1:5) 他們〔這些形式〕的名字會因時因地而有所不同；時間本身既非真實之境，故需要藉助於有形的象徵。

　　由於我們還承受不住上主聖愛的直接臨在，所以需要它化身為比較親切的形式，這些形式就是所謂的「神聖助手」。

(1:6) 他們的名字雖然眾多，我們在此只談本課程所涉及的名字。

　　「他們的名字雖然眾多」（There names are legion），句中的 legion〔譯註〕，是借用《聖經》的字眼，〈馬可福音〉用此字指稱一群魔鬼或不潔之靈。耶穌在此借用此字，卻轉化它的原意，用 legion 形容上主的助手多得不可勝數。《奇蹟課程》只用耶穌與聖靈兩個名字，但在「他們」之外還有許許多多的助手，只要能夠為我們象徵出一個超乎自我且沒有小我的愛，都

─────────────────────────

〔譯註〕原文 legion 為軍團、群、眾多之意，中文譯為「他們」。

堪稱為神聖助手。

(1:7~9) 上主本身是不會插手相助的，因為祂知道無此需要。但祂為那些仍把幻境當真的聖子造出形形色色的神聖助手。為他們而感謝上主吧！因為他們乃是領你回家之人。

　　雖然我們十分珍惜「上主會伸出援手」這類觀念，但上主與有形的助緣終究屬於不同的層次。可還記得前文說過，我們根本不待救助，因為什麼事也沒發生。問題是，夢中的我們相信**自己**不但存在，而且確實發生了一些事，為此，我們才需要援手。

　　「神聖助手」，原文用大寫 Helpers，意味他們已經不屬於形式領域了，就如同上主並沒有創造出耶穌的身體。上主創造的「神聖助手」就是愛，它既不伸出援手，也不會啟迪我們，因它對有待學習這一層次的事可說一無所知（W-193.1~2）。究竟來說，上主一無所作，祂只是永恆「如是」。只因我們先打造出一堆特殊偶像充當自己的助手，為此之故，才需要正念之心來加以修正，也就是把抽象的上主之念以及祂的救贖，轉譯成我們可以接受也可以交往的某種形相，耶穌只是其中之一而已。

(2:1~3) 耶穌之名，是指曾有這樣一個人，他在所有弟兄身上看到基督聖容，而憶起了上主。他一旦與基督認同了，便不再是一個人，而與上主合一了。這個人本身是個幻相，因他看起

來是個獨立自主的生命，子然走在人間，活在一具身體內，那具身體也如所有的幻相一樣，將他的自我與自性隔離了。

這一段告訴我們，世間稱之為耶穌的那個有形之人是個幻相。必然如此，因為他看起來既有獨立的身體，也有獨特的個性。然而，耶穌的實相不能算是人類一份子，故不宜用人名來界定他。耶穌之名也不過代表了夢境中已經擺脫了小我而能全面呈現上主之愛的那個象徵而已。它所彰顯的聖愛光明，其光輝遠非小我世界的特殊性打造出來的光明所能比擬。話說回來，雖說是幻相，但我們實在需要這樣一個人物或形相，與我們「認為自己是邪魔、黑暗與罪惡的淵藪」（W-93.1:1）的那個形相分庭抗禮。耶穌這個形相，代表了一個有形可見且是我們易於接受的修正「形式」，也代表了天堂的光明、喜悅與平安（W-93）。

(2:4) 只有能夠目睹種種幻相卻仍能與背後的真相認同的人，才具備了拯救的能力。

那毫不具體的上主聖念，若無法實際套用於現實人生，對我們可說毫無用處。由於我們已把自己視為一具身體，那個上主聖念就需要披上一具人形，甚至用人類的語言，我們才可能感受到它的存在。為此，它才會呈現出耶穌之相，或其他種種形相。

(2:5~6) 耶穌得以成為救世主，也因他能看見虛妄，卻不會把

它當真。基督需要借用他的形相方能向人顯示自己，好將他們
由自己的種種幻相中拯救出來。

這兒又重複闡釋了本篇的中心思想：耶穌的形相不算什麼（本篇第五段甚至稱耶穌為「在世渺小的生命」），重要的是這個形相所代表的「念」，也就是象徵背後的源頭。不論是世人崇拜的耶穌，或是我們心目中《奇蹟課程》的作者，全都是幻相，都只是聖愛之念的象徵；這個聖愛，不僅是耶穌，也是我們所有人真正的生命源頭。耶穌與我們唯一的不同，即是我們目前仍把代表分裂、罪咎與仇恨之念的小我視為自己的生命源頭，僅此而已。

這個觀念實在令人難以接受，因耶穌若是個幻相，表示我們的生命也成了幻相，這對我們是莫大的威脅，也因此，不能不把他弄假成真。我們也許希望這個耶穌會比主日學裡認識的耶穌更好一點，但絕不會輕易任人把他從我們生命中抹去。奇蹟學員當然更喜歡《課程》中的耶穌，因為他不亂發脾氣，不責備我們，既不強調受苦犧牲，對我們也一無所求。但即使這樣仁慈的耶穌，還是一個幻相。不過，這並不表示他對我們沒有幫助，也不表示我們不該向他求助。只是，我們遲早必須認清，我們之所以把他看成真實無比的人物，無非是想證明自己也真實無比。這一覺察極其重要，正因這個心理需求，才使我們深信不疑真有耶穌這號人物。然而，他在此再度告訴我們，他並非真的存在。《課程》內文其實也多次暗示了這一點，只

不過,未曾如此直截了當罷了。

(3:1) 基督乃是上主的完美之子,祂的唯一造化,也是祂的喜悅,永遠肖似上主且與祂一體不分;當耶穌徹底與基督認同後,便成了全人類的生命實相。

耶穌這個名字,僅僅是我們針對聖子奧體狀似分化出去的某一部分而賦予的一個稱謂而已。他所代表的這一部分心靈,已然全面憶起了真相,也認出小我說的盡是謊言,唯有聖靈所言才是真理。至於他究竟**何時**憶起真相的,壓根兒無足輕重,只因線性時間純屬虛幻。重要的是,每當我們念及耶穌時,要記得他只是象徵所有人類渴望達到的境界而已。猶如海倫那首美妙詩篇〈耶穌的祈禱〉〔原註〕所抒發的,「我們想要變得跟他一樣」。這意味著我們也想作出跟他相同的選擇,但並非模仿他的外在**表相**,而是活出他的心靈**內涵**,也就是發揮重新選擇與正確選擇的能力。終有一天,我們必會真心效法他,把那抽象的聖愛之念在人間具體地活出來。

(3:2~5) 他引導你跟隨他。將你領回上主那兒,因為他不只見過此路,還親身走過。他已能明辨真假虛實之別,你卻仍在懵懵懂懂之中。他為你做了最後的示範,證明沒有人殺害得了上主之子的,連罪孽、邪惡、怨恨、恐懼或死亡也動搖不了他的生命分毫。

〔原註〕《天恩詩集/暫譯》PP.82~83

　　這裡影射了《聖經》的一個故事，雖然不少說法與史實不合，但卻廣為人們採信。耶穌被釘上十字架是西方文明很重要的一段迷思（myth），若從正念之心的角度去了解，它等於證明了「沒有人毀得了上主的愛」。倘若拿掉故事裡象徵及神話的意象，它的中心思想便歷歷現前了：你不可能幹掉上主之子的！《課程》也有類似的說法「連天堂之歌的一個音符都不曾錯過」（T-26.V.5:4），只因什麼事也未曾發生，什麼事也沒有改變。耶穌這個象徵人物，不過為我們彰顯出小我毫無改變真相的能力。小我唯一的能力是靠心靈中的抉擇者賦予它的，只要抉擇者不再相信小我，它便一籌莫展了，出自虛無的罪或邪惡恐懼，也會隨著小我一起消失於它們所源自的虛無。為此，當我們還認定自己就是那其實一無所能的小我之際，耶穌為我們象徵出我們的本來面目——全能的基督。〈教師指南〉也提過類似的觀點：耶穌已經為我們完成了旅程，為什麼我們還不願跟隨他的腳步？（M-23.5）

(4:1) 你所有的罪就這樣得到了寬恕，因為它們起不了任何作用。

　　當我們說小我一無所能，等於是說罪不存在了。小我的咆哮畢竟只是虛張聲勢，成不了大事的。耶穌的形相可說是凸顯了有形生命的虛無本質，我們需要連結的不是他**這個人**，而是他代表的思想體系，也就是「不論小我做了什麼，絲毫影響不了上主之愛，也消除不了我們原是基督這一真相」。為此，我

們所要認同的救贖，並非僅屬於耶穌一人，而是身為上主唯一
聖子的所有人共有的。

　　我們內在都存有兩套思想體系：小我的虛妄及聖靈的真
理。耶穌在此告訴我們，他所作的選擇是為我們所有人作的，
也是依舊活在特殊關係中的我們每天都能作的選擇。至於耶穌
在世時究竟做了什麼事或沒做什麼事，絲毫不重要，我們的心
力應放在他所代表的「抵制小我，重新選擇」的那個思想體
系。只要我們鍥而不捨地練習，終有一天會悟出，所謂的罪在
自己身上並沒有帶來任何後果，我們既不曾跟任何人分裂，也
沒有一個人與我們分開過。一旦學會了透過耶穌「共同福祉」
之慧眼去看世界，引領我們安返天鄉的喜悅悟境便離我們愈來
愈近了。

**(4:2~4) 它們只是一場夢罷了。現在就隨著這位識途老馬一起
動身吧！因為你欠他這份恩情，他為驅散你的迷夢而不惜進入
夢中。他至今仍留在你的夢裡，等著與你結合。**

　　我們先前討論過，《課程》的復活觀與這具肉體毫無關
係，與釘死在十字架之後的那些事蹟也無任何關係（M-28）。
它是指由死亡之夢覺醒的過程，也就是決心抵制小我、認同救
贖，最終進入真實世界的過程。為此，耶穌要我們與他一同啟
程，一同覺醒。他必須走出夢境，才能幫助還在夢中的我們一
臂之力，點破人生的虛幻不實。他活在陷入昏睡的分裂心靈
內，卻已徹底了悟那只是一場夢。世界總是想方設法把耶穌拉

入夢境，要他成為夢中一份子，但我們的生命真相永遠存於夢境之外。嚴格說來，耶穌並非像我們一般活在世界的夢境內，他始終在我們心內，當我們決心走向他時，便會看清這一切的真相。由此可知，我們不需要寬恕夢境，只需正視一下，便可轉身而去。我們也無需與罪糾纏，而只需看清它的本質，明白它猶如一片薄紗，絲毫抵擋不了基督自性的光明，如此便綽綽有餘了。

(5:1~2) 他是基督嗎？是的，與你一起成了基督。

耶穌就是基督，我們全部都是。對依舊昏睡的我們，他成了重要至極的象徵。但在夢境之外，他只有一個名字，即是基督，與我們同名同姓。

(5:3~4) 他在世渺小的生命不足以傾囊傳授他為人類〔不是某些人或很多人，而是所有人〕學會的偉大課程。他會繼續陪伴著你，將你由自己所營造的地獄領回上主那兒。

請記得，與我們長相左右的，並非那個名叫耶穌的歷史人物，而是他在人間反映的愛之聖念。我們賦予那聖念一個具體名字，如同我們也以具體名字來自稱。《課程》一再提醒我們，切莫把象徵與源頭，形式與內涵混為一談。耶穌並沒有在海倫心靈內晃來晃去，跟她說一堆道理，他當然也不會跑到我們心中說一堆話。心靈內（而且是**每個人**的心靈內）只有那抽象而「毫不具體」的聖愛之念，也就是我們原是上主唯一聖子

的那個記憶。我們與具體之我認同有多深，就會同樣把那聖念
當成是耶穌或任何聖賢的具體形相，這是我們把自己視為具體
人物後的自然反應。正因如此，我們更需要提醒自己快點兒長
大，更加肖似於耶穌，如同先前提過海倫的詩作〈耶穌的祈
禱〉，詩中的「小孩，成人，靈性」，說的就是我們並不想當
個永遠長不大的小孩，整天向大哥求助，因在那種互動關係
中，我們永遠也不會憶起自己的靈性真相。我們必須謹記在
心，自己最終的目標是真正肖似耶穌的內涵，與他共享這無形
無名的聖愛之念。

**(5:5) 你的願心一旦與他的大願結合，你的眼光就成了他的慧
見，因基督的慧眼原是人類共有的天賦。**

　　我一旦釋放了自己的咎與妄念，便會自動加入耶穌的正見
行列。只要放下一邊，就會自動選擇另一邊，因為「非此即
彼」乃是分裂心靈的運作原則。我若透過特殊性眼光來看你，
表示我不只把小我弄假成真，還鞏固了整個小我體系。當我意
識到這個選擇所帶來的痛苦而決定放下小我之見時，便會自動
改由耶穌的慧眼去看待一切。我再也不會把別人視為另一生
命，而且明白我們心內都有同樣的小我以及救贖聖念。

**(5:6) 與他同行，就像與你一塊兒長大的弟兄同行那麼自然，
因他確實是你的弟兄。**

　　換句話說，我們不是與耶穌的形體建立關係，而是與他

的心靈，那是超乎時空之境的。他的愛之聖念永遠與我們同
在。容我再提醒一次，只要我們還認同有形有相的自己，就會
把那抽象聖念與具體之我混為一談。〈正文〉早已提醒我們：
「若沒有身體或是你熟悉的形式，你連上主是什麼模樣都想像
不出。」（T-18.VIII.1:7）我們既然把彼此視為一具一具的身
體，當然也會把上主及祂的代表人物視為一個一個不同的人，
為此，我們才會賦予聖念一個「耶穌」的名字。然而，終有一
天，我們會想要超越自己的個別身分，那時，自然也會超越耶
穌的特別身分。我們和耶穌屬於同一聖念，問題只在於我們始
終認為自己與他天差地別。

(5:7) 他一心只想作人類的弟兄，卻有人把他塑造成某種冷峻
無情的偶像。

　　即使我們不清楚基督教的歷史背景，也不難了解耶穌這
裡在說什麼。世人不只把他變成一個代表仇恨、批判、迫害
以及排外的無情偶像，同時也把他視為特殊之愛的對象。代代
相傳下來，人們一直把耶穌塑造成與眾不同的特殊人物，還
認為他才是上主「唯一」的聖子。為此之故，他在〈正文〉一
開始就設法破除自己的特殊性，強調只有在時間領域內他才顯
得與我們不同，在實相領域，他與我們毫無任何差異。（T-1.
II.3:10~4:1）

(5:8~9) 為你心中對他所懷的幻相而寬恕他吧，你就會看出他
原是你多麼親密的弟兄。因他會讓你的心靈安息，將你的心靈

連同你一起帶回上主那裡。

耶穌在〈正文〉裡也請我們寬恕自己投射在他身上的幻相（T-19.IV. 二.6,8; T-20.II.4）。不論我們投射的是特殊之愛或特殊之恨，都會遮蔽了他這象徵所要代表的真正意義，也就是自性的倒影。我用自己的方式來改述一下〈練習手冊〉的說法：他是我們追尋的終點，也是我們邁向他的途徑（W-302.2:3）。我們最終想要的乃是上主聖愛，由於這一聖愛透過耶穌的形相呈現於世，故他成了我們通往心靈那個抽象的愛之聖念的「道路」（也就是〈新約〉所說的「耶穌是道路、真理、生命」之意）。

耶穌叮嚀我們，務必放下過去對他所持的錯誤看法和不實幻相，才能看清他的真相。他既不是基督徒，也不是猶太人，他純然只是聖愛的象徵，代表了我們原是愛之聖念的那個生命真相。問題是，我們若不先把他從自己投射於他的種種幻相監獄裡釋放出來，他就無法將我們帶到聖念那兒。也因此，我們亟需放掉兩千年來那個充滿血腥的特殊形相，更不可把它套在《奇蹟課程》的耶穌身上，否則，我們便無法看清他的真相（即我們的自性）。由於我們太容易落回舊有的觀念，稍不警覺便會偏離這一正見。要知道，拋掉耶穌在《聖經》的那個形相，是小我最不樂見的，只因那個形相會鞏固我們對特殊個體之我的執著。

(6:1~3) 他是上主唯一的神聖助手嗎？絕對不是。基督會現形

於不同的形相與名字之下，直到人們領悟了自己的一體性為止。

　　請記得，耶穌並非上主的唯一象徵，他只是**其中之一**，這些形相遲早會消融於一體生命之內。這些個別的形相會將我們由夢中喚醒，領上歸鄉之路。然而，在尚未認出他們的一體性之前，我們仍少不了這些各具不同形相與名字的援助。

(6:4~5) **然而，對你而言，耶穌是傳遞基督的唯一訊息「上主是愛」的使者。你不需要其他助手了。**

　　我們會在這一段看到耶穌又在兩套思想體系之間反覆重申：「我不是唯一的助手，但沒有我，你是學不成這套課程的；而若無你的允許，我想幫也幫不了你。」耶穌在〈教師指南〉陳述過類似的觀念：「我的說法才是你喜愛而且能夠了解與接受的。」（M-23.7:1）他假設本書的讀者大多有基督教的文化背景（不論是否信仰基督教），對他們而言，耶穌可能是上主之愛一個真實偉大的象徵，但也可能成為聖愛的「特殊象徵」，而淪為歷史上的無情偶像。

　　所謂向耶穌求助，並不意味著「倘若不向他求助，我們這群誤入歧途的孩子就永遠回不了天鄉」，耶穌絕不會這樣威脅我們的。若以正念心態來了解這句話，就要誠實反省耶穌在我們生活中所扮演的角色，比如說，我是否和大多數人一樣把耶穌當成某號特殊人物，而且他在我心目中的這個特殊性正是我

尚未寬恕且有待化解的。如果我們真能如前段所言，放下他在我們心目中的虛妄形相，那麼，「神聖助手」的真相才可能現身。如此，我們也才算真正明白「向耶穌求助」的真義。

(6:6) 即使是還無法接受他進入自己的生活的人，仍能因著閱讀他的教誨而受益的。

究竟說來，耶穌傳達的訊息本身才是重點。無論是《課程》的訊息，或致力於《課程》的操練，都不必跟耶穌這個人綁在一起，而是必須進入心內向內在導師求助。這是學習《課程》的必備條件，而「內在導師」並不限於基督教的人物形相。當然，我們也不能否認一個事實，《課程》確實是透過基督信仰的形式傳下來的，書中的發言人一直暗示自己是耶穌。要之，我們只需避開傳統教會的陷阱即可，切莫以為若不承認耶穌是救主，便進不了天堂。這絕非耶穌的本意。

至此，耶穌語鋒又轉到了另一邊：

(6:7) 不過，你如果想要得到上主的平安而與他分享你的痛苦及喜悅，甚至將它們交託給他的話，耶穌對你的幫助一定更大。

只要願意向他求助，不論我們帶給他的是喜悅、痛苦或愛恨，全都毫無差別，他都能進一步幫助我們。因為把世界看成喜悅幸福之源，和把世界視為痛苦之淵藪，其實都是同一回事。只需把它們一併帶到祭壇前，我們便能在耶穌的教導下尋

回上主的平安，這才表示我們真正了解什麼是上主的平安。

　　再說一次：

(6:8) 這畢竟是他的「課程」，最重要的是，他要你學會下面的真理：

　　下面這一段所要凸顯的不是耶穌這個人物，而是他的救贖訊息：

(6:9) 沒有死亡這一回事，因為上主之子與天父一樣。

　　死亡是在我們相信自己與上主不同的那一刻才出現的。由這分別知見（亦即分裂信念）生出了第一個判斷，我們的特殊性就是由此誕生的。在罪的信念、咎的感受，以及恐懼懲罰之下，死亡成了這種心態最終極的表達形式。我們既然相信自己由上主那兒盜取了生命，不可能不認定祂必會奪回生命，死亡便因此念而顯得無比真實。

(6:10) 不論你做什麼，都改變不了永恆的聖愛。

　　這是救贖原則最美的說法：不論我們怎麼想，作何感，或相信什麼，都改變不了永恆的實相。

(6:11) 忘卻你那充滿罪與咎的人生大夢吧，與我一起分享上主之子的復活生命。

　　夢中的我們必然相信自己已經把永恆之愛轉變為特殊之愛

了。幸好，這只是我們作的一個夢而已，而所謂的**復活**，就是由這一死亡之夢醒來。在進入真實世界以前，我們必須能夠義無反顧地說出「我再也不希罕小我的十字架了」才行。唯有如此，才表示自己真願與虛妄之境一刀兩斷，也唯有如此，才可能領受復活的真相。耶穌在此等於告訴我們：「我要你變得跟我一樣，因為你**本來**就跟我一樣。」跟他一樣的**你**，與跟你一樣的**他**，其實就是那一體不分的唯一自性。也因此，下面的最後一句話可謂雷霆萬鈞，它道出了《奇蹟課程》每日修持的核心觀念：

(6:12) 偕同祂所指派給你且要你像我照顧你那樣去照顧的人，一起前來吧！

　　和上主「指派」給我們的所有人同行，包括了我們所能想起或偶然邂逅的每一個人，不論是過去的舊識，或未來可能結交的新知，**每一個人**！我們若真想加入愛的復活體系，與耶穌一起從分裂夢境覺醒，就不可剔除任何一人。耶穌等於告訴我們：「你在我身上感受到的溫柔仁慈與呵護的愛，我要你推恩到每一個人身上，而且不設例外。如果你做不到，不過表示你還沒有從我這兒領受到而已。要知道，愛與仁慈、溫柔全是同一回事，它必然涵括了上主所有的聖子。」這種無所不包的寬恕特質，正是《奇蹟課程》的核心訊息，唯有它才化解得了相信分裂以及特殊利益之念。也唯有如此寬恕，我們才會在喜悅中覺醒，共享上主唯一聖子的復活境界。

陸.聖靈

本篇所述,耶穌表面在談聖靈,其實說的是他自己。

(1:1) 耶穌乃是聖靈的化身。耶穌升天(或是說他徹底證入基督自性,成為上主創造的聖子)之後,曾經呼求聖靈降臨人間。

這幾句是借自〈新約‧使徒行傳〉的開場白,描述已升天的耶穌為他的門徒派遣了聖靈(〈使徒行傳〉1:1~11)。當然,《課程》所要傳達耶穌升天的觀念,其實跟教會相信的「肉體升天」的神話完全是兩回事。若由神學而非史學角度來說,升天確實是一個很美的想像,然而耶穌所說的升天,純粹是象徵與基督的徹底認同,也就是放下了小我,進入真實世界。由於他已經全面接納了救贖,故成為聖靈在世的化身。前文說過,耶穌之名純是我們為那代表上主圓滿聖愛之形相所賦予的名字而已。在分裂之初,尾隨我們進入夢境的那個聖愛記憶,稱之為聖靈,祂不斷提醒,我們的真實身分即是上主唯一的聖子。只因我們的身體成了分裂的化身,就把耶穌視為一體聖念的化

身。問題是，我們賦予了那形相一個名字以後，便誤以為那是真的。耶穌所要修正的，正是這個偏曲失實的觀念。

在我們昏睡的心中，聖靈乃是那抽象而「毫不具體」的聖愛之念的象徵，在世界的夢裡，耶穌成了那個象徵的象徵。如果我們還記得語言只是「象徵的象徵」，也因此它「離真相有雙重之隔」（M-21.1:9~10），那麼，我們也可以把耶穌視為聖靈所象徵的實相之象徵，因此他離真相也有雙重之隔。為此，我們要隨時警覺自己崇拜形相的傾向，縱然我們很需要這個形相幫助我們化解所有分裂及特殊性之念，反轉小我的瘋狂旅程，領我們返回天鄉。本篇最後還會邀請我們變成耶穌的化身，也就是成為象徵的象徵之象徵。

(1:2~3) 聖靈，不只是那唯一造物主的一個造化而已，祂繼續與上主一起創造，祂與上主同樣的靈性是永恆不朽且千古不易的。聖經說：「祂被派遣到世界上來。」意思是如今人們已經可能接受祂，且聽見祂的聲音了。

耶穌在此重新詮釋了「派遣聖靈」的真義，幫助我們了解愛之聖念如何成為我們分裂心靈的神聖象徵，拉近祂與我們的距離。多虧聖靈在人間夢境的有形化身，我們才得以接近祂，而且聽見祂的天音。不過，連這天音都屬於幻相，但這卻是我們與那方外之聖念相通的唯一途徑。別忘了，上主和祂的聖愛對世界的存在一無所知，所以我們很需要足以代表聖愛的種種象徵。聖靈即是那個聖念，耶穌則是聖念的化身，絕不可把象

徵與它們的源頭混為一談。

(1:4~5) 祂是代上主發言的天音，因此具有某種形式。這種形式並非祂的實相，只有上主偕同基督（即祂的真實之子，也是祂的一部分）方知那一實相。

　　愛是聖靈的真實內涵，它既沒有名字、聲音，也沒有什麼任務可言。《課程》把它在世的存在形式稱為聖靈，代表分裂心靈內僅餘的聖愛臨在，這個稱謂依舊是個幻相。難怪前一篇談及耶穌時說過，唯有上主與基督才知道聖靈的終極真相，這分明表示我們不可能知道，因為我們也只懂得幻相。由於我們已活成分裂的象徵，所以的確需要一個代表一體的象徵。縱然如此，耶穌還是再三警告我們，不要落入崇拜象徵的陷阱。我們賦予聖靈一個「位格」，視祂為導師、調停者、修正者、助手、天音，這一切均非祂的終極真相。同理，「耶穌」也是我們為那代表神聖臨在（Presence）的有形化身所賦予的一個名字而已。總之，只因我們早已把自己活成一種象徵，才需要上述的神聖象徵來修正我們。然而，倘若不懂如何從象徵超越到真相層次，這些修正也是產生不了什麼效力的。

(2:1) 根據整部《課程》的描述，聖靈負責為我們的分裂之境提供對治之道，為我們帶來救贖計畫，祂不只在那計畫中為我們指定了一個角色，還清清楚楚地告知我們的任務。

　　耶穌在下文美妙地解說了我們在世的具體任務，就是寬恕

自己的特殊關係：「每一個好似在世間落單的人，身邊其實都有一位人間救主……」（T-20.IV.5:3），那個人間救主就是你。這個你，可能是我的家人，也可能是我遇到或者想到的任何一個人。我的特殊任務及我在救贖計畫中所肩負的特殊使命，就是寬恕這些被我寫到自己劇本來掩飾小我投射陰謀的特別人物。這並非是出自聖靈的策畫，因祂純然是正念心境裡的愛與光明的神聖臨在，我們必須把特殊關係的黑暗帶到祂那裡才行。耶穌在第肆篇也要我們把罪咎和寬恕同時並置於祭壇上（C-4.6:7~8），在那段描述中，聖靈代表了引導我們走向祭壇的愛，它教我們如何將特殊關係帶入寬恕的光明內，我們賦予此愛一個名字——聖靈。

(2:2) 祂立耶穌為實現這計畫的領袖，因為他是圓滿完成自己那一部分任務的第一人。

乍聽起來，聖靈好似成了上主的將軍，同時祂又任命耶穌為自己的中尉似的。這種比擬只是幫助我們了解而已，千萬別在字面上過於當真。連「他是圓滿完成自己那一部分任務的第一人」，也只能算是一種象徵性的表達。我們一旦落入靈性特殊性的思維，就會把這句話詮釋為「兩千年前那個耶穌是人類接受救贖的第一人」，那麼，之前的佛陀或其他聖賢呢？這種特殊性的陷阱，其實是很容易避開的，只要不把耶穌的話語放入線性時間觀來理解就行了，更何況，耶穌也不斷在《課程》提醒我們，那個線性時間純屬幻相。

　　究竟說來，我們不可能真正了解這句話的意思的，因為耶穌顯然不是針對世界層次而說。接受救贖，根本不是發生於時空領域的事件，它只可能發生於時間之外的心靈內——所有的決定都出自這一中樞。始終認為自己是時空產物的我們，很容易把那個決定視為某一形體所作的選擇。為此，最好試著這樣去了解：**耶穌**只是我們為「第一位接受救贖」的那一**念**所賦予的名字而已。至於他是**何時**決定接受救贖的，根本無需去費心。我們最需要警覺的是，小我必會逮住這個機會，把「耶穌」變成某號特殊人物。這正是基督教所犯的一個悲劇性的錯誤，無怪乎各宗派間會如此互相較勁：「我的救主比你的救主更行！」

(2:3) 因此，天上地下的一切權能都賜給了他，當你完成了自己的任務之後，也會享有他的權能。

　　這一觀點在〈正文〉重複了無數次〔原註〕，轉用自〈馬太福音〉的記載，耶穌復活後曾說：「天上地下所有的權柄，都賜給我了。」（〈馬太福音〉28:18）耶穌在〈正文〉裡卻把這句話轉換成：「天上地下一切權能都賜給了**我們**，因為我們共具同一心靈。」也因此，耶穌教我們不要老是盯著他與我們的不同，而應著眼於我們相同的天賦：同樣擁有一個能作抉擇的心靈，也永遠都有選擇上主或小我的可能。

〔原註〕參閱 T-5.II.9:2; T-7.III.1:3; T-14.XI.2:4; T-26.VI.2:3。

(2:4) 救贖的原則遠在耶穌付諸行動以前就已賜給了聖靈。

救贖原則是在分裂那一刻同時出現的。當天人分裂那**小小瘋狂一念**狀似發生之際，分裂之心已分化為三部分：聽從小我的妄心，聽從聖靈的正心，以及能夠從中選擇的抉擇者。這「計畫」好似一開始就設定好了，但嚴格來講，那不能說是聖靈的傑作，就如我們說過的，聖靈只是代表真理在心靈內那**非具體**的神聖臨在，讓我們可以隨時求助，即使我們不求助，那個救恩計畫也一直都在。

當耶穌的形相一出現，聖靈終於有了一個世人能夠接受的有形象徵，祂的計畫就可以「付諸行動」了。重提一下先前說過的一個重點，線性時間基本上是個幻相，所以不要從褊狹的歷史觀點來看這一奧秘，同時也不要忽略《課程》原是「給」基督教背景的西方人讀的這一事實。總而言之，我們只需了解，抽象的救贖原則始終存於心靈之內，耶穌對我們而言也只是救贖的一個偉大象徵。這就是為什麼他在〈正文〉說他就是救贖（T-1.III.4:1），這句話不妨理解成：他是「我們不曾與上主聖愛分離過」的那個救贖原則之化身。

(3:1) 本課程把聖靈描述成上主與其分裂兒女之間僅餘的交流管道。

〈正文〉告訴我們，聖靈是我們的心靈與真理的連線（T-25.I），或如後來說的，祂是「當下的記憶」，能化解過去與未

來，領我們回到永恆的當下（T-28.I）。為此，也可把聖靈說成小我思想體系和天堂之間的神聖連線。無始之始，祂的愛曾這樣告訴我們：「你若選擇我而不選小我，我就能將你領回你不曾離開一步的天鄉，因為我就是那個神聖連線。」

(3:2~3) 為了達成這一特殊任務，聖靈負有雙重的任務。聖靈內有真知（knowledge），因為祂是上主的一部分；但祂同時具備了世間的知見能力（perception），因為祂負有拯救人類的使命。

換句話說，祂好似棒球場上能夠左右開弓的打擊者，不論在心靈本壘的哪一邊都能揮棒自如。容我再提醒一次，以上都是象徵性的說法，可別藉此大作文章。

(3:4~5) 祂就是那偉大的修正原則，為人類帶來了正知見，承繼了基督慧見的大能。祂是光明，只有透過這一光明，人們才看得見那已被寬恕的世界，只有透過這一光明，人們才能看見基督聖容。

小我的計畫就是讓我們永遠處在失心狀態（mindless），如此才能保住它的思想體系。為此，我們需要一套救贖計畫來修正這個錯誤，而聖靈所代表的正是那「解除小我」之大計。前文討論過，我們之所以稱聖靈為**祂**，是因為我們把自己看成有位格的人。終究來說，心靈並不屬於人類一份子，在形體出現以前，我們只是「念頭」而已。自從我們視自己為有位

格的人以後，自然也會把上主、耶穌、聖靈一樣視為具有位格者。小我又進一步編出一套神話，說我們觸犯了上主，祂會派出充滿義怒及復仇之火的將軍（聖靈）大展神威，伺機毀滅我們，只因我們不是什麼好東西！正因如此，耶穌才會仁慈地為我們編出另一套神話，重申我們的無罪，上主也沒發怒，我們僅僅是想錯了而已。而且天父愛我們如此之深，還創造了一位聖靈，送到我們心內，溫柔而仁慈地帶領我們回家。這安撫人心的神話，是所有疼愛兒女的父母會為孩子述說的床頭故事。無論如何，故事畢竟是故事，它純粹是為了修正小我的恐怖神話，而藉用小我愛用的象徵來傳達寬恕的訊息罷了。

(3:6~9) 祂絕不會忘記造物主及其造化的。祂也不會忘記上主之子。祂絕不會忘記你。祂在永恆的光輝中，為你帶來了天父之愛；那光輝永恆不滅，因為是上主親自將它安置於此的。

　　天堂之光是永不熄滅的，我們不可能由心中抹除對這光明的記憶（也就是它在我們心中的倒影）。儘管這一段話寫得如此優美，意象動人，關鍵還是在它的內涵。當我們遭逢逆境，心情低落、憤怒或內疚氾濫時，這個觀點非常實用。它提醒了我們，種種不順心全是因為害怕愛而衍生的併發症，但那些微不足道的過錯根本稱不上什麼罪。可還記得這句話：「上主之子，你並沒有犯罪，你只是犯了不少的錯誤。」（T-10.V.6:1）聖靈就是這神聖臨在的慈愛化身。不論罪咎如何用荒謬的論調來誆騙我們，上主聖愛的記憶卻認為，我們的錯誤絲毫沒有改

變我們的生命真相。

(4:1~2) **聖靈就住在你心內屬於基督之心的那一部分。祂同時代表著你的自性與你的造物主，兩者其實是同一生命。**

　　天堂從不分門別類。〈練習手冊〉告訴我們：「你絕對找不到天父的盡頭以及聖子獨立出去的那一點。」（W-132. 12:4）雖說「合一與一體」（T-25.I.7:1）那種境界遠遠超過我們的理解範圍，但我們仍能了解那象徵一體境界的倒影，這就成了活在人間的你我所共負的同一目的，只因我們都有同樣的瘋狂失常和神智清明。我們必須仰賴這一領悟才回得了家。總之，聖靈不過代表了我們在實相中的本來面目，祂就臨在於我們的正念之心內，成了我們與基督天心的唯一連線。

(4:3~7) **祂既與兩者同體，故能同時為上主及你發言。因此，也唯有祂能證明上主與聖子確實是同一個生命。祂好似一種「聲音」，透過那一形式為你說出上主的聖言。祂又如一位領你穿越蠻荒漠土的「嚮導」，因為你確實需要那種形式的指引。為了答覆你心目中的種種需求，祂不惜化身為任何形式。**

　　誠如上文所述，聖靈代表了一種連線。在此，多打個比方，當我們想起過世的親人時，心中往往浮現愛恨交織或悲喜難言的情緒。此時，我和這位已經不在人間的親人之唯一聯繫，就是藉著我對他的記憶。同理，即使我們認定自己已經背棄了上主，但心中猶然存有祂「在」的記憶（即上主的

天音），正是它，把我們連接到「源頭」那裡去。聖靈所代表的，也正是這個記憶。

請留意這幾句話裡重複出現「好似、又如」這些字眼。說聖靈「好似」是答覆我們祈求的那一位，正意味著其實那並非祂的真相。切莫忘記〈詞彙解析〉反覆重申的主題──象徵和源頭，形式和內涵之別。但也別忘了，只要我們還認定自己是這具身體（即分裂的象徵），我們就不能沒有一個愛的象徵，為此，我們才會把聖靈視為某個特殊人物，把耶穌視為長兄或導師。然而，我們遲早得越過象徵，看清他們的本然，認清原來耶穌跟我們一樣也只是一念；聖靈也不是什麼天音或神聖嚮導，祂只是代表上主及聖子一體生命的那個聖念而已。

若不能充分了解象徵的意義，便很容易把象徵與實物混為一談。因此，我們絕不可掉以輕心，如果認不出象徵背後所代表的「念」，修練《課程》，動輒會被障蔽。要知道，我們是上主天心的一**念**，而非這一具**身體**。我們是愛之念，耶穌則是那一念的象徵。只要我們還認為自己有某些需求，自然會感到聖靈似乎答覆了那些需求。終有一天，祂在我們心目中會恢復為天堂光明的象徵，引導我們穿越這個小我異鄉，把流浪在外的聖子安全地領回天鄉。

(4:8~10) 祂不會被那些困擾你的子虛烏有的需求所蒙蔽。祂就是要幫你由這些需求中解放出來的。祂就是要保護你免受這類需求之苦的。

　　每個人都希望自己受到特殊待遇，即使是「公平待遇」，也要公平得特殊一點方才如願以償。也因之，唯有真心把這些特殊性的需求帶到聖靈那裡，祂才能幫我們從中解脫。否則，這些需求會將我們領入險地，因為它們出自罪咎，而罪咎要求懲罰，隨之，我們不能不相信世界必會傷害我們。不僅如此，我們甚至期待世界傷害我們，因為這樣才能證明自己確實罪孽深重。那時，小我便出現了，它教我們如何否認自己的咎而將它投射到他人身上，就如我若認定你傷害了我，你顯然成了有罪的一方，我就脫罪了。然而，耶穌卻要我們明白，這種特殊性對我們百害而無一益，那絕不是我們真正想要的禮物。

(5:1~3) 你是祂在世的化身。你的一位弟兄正呼求你與他一起充當祂的「聲音」。他無法獨自成為上主之子的神聖助手，因為僅憑自己，他一籌莫展。

　　耶穌心內的小我之音徹底銷聲匿跡後，他便成了上主聖愛的象徵。我們一旦療癒了，自然也成了聖愛的象徵。可以說，耶穌與聖靈的功能其實是互通互換的，他們只是唯一內在導師所呈現的不同形相而已，而這位神聖導師就是臨在於所有人心靈內的真理實相，所有的幻相遲早都得帶到這一真相之內。已經放下形相的耶穌，成了聖靈的化身後，也邀請我們在世上成為他的有形化身。〈正文〉和〈練習手冊〉都這樣說過：「請勿向人宣揚我無謂的死亡。而應教他們看出我並沒有死，我正活在你內。」（T-11.VI.7:3~4）「你是我的聲音、我的眼

晴、我的手足,我必須藉著它們才能拯救世界。」(W-PI.複習五.in.9:3)顯然,需要拯救的不是外在的世界,而是存於聖子心靈的內在世界。一言以蔽之,耶穌只要我們學會一課,就是「小我全搞錯了,只有聖靈的說法才是對的」,如此一來,我們才有資格傳授世人這一課。

(5:4) **唯有與你攜手,他才能成為世界的光明救世主,他的救贖任務因你而得以圓滿。**

當我們結合於耶穌之內,我們也成了「光明救世主」(基督在世界的象徵),活在已無小我陰影的心靈境界。這種境界反映於人間,即是一種仁慈溫良而且樂於助人的生活表率,不再評比好壞,對所有的人都一視同仁。

(5:4~7) **唯有與你攜手,他才能成為世界的光明救世主,他的救贖任務因你而得以圓滿。他向你,同時也向他致謝,因為你在他拯救世界之際,與他攜手並進。時間結束之後,你就會與他同在;先前隨著死亡哀歌而起舞的那個噩夢從此無跡可尋。代之而起的,是上主之頌的裊裊餘音。**

在耶穌接受了救贖,由死亡之夢覺醒的那一刻,我們必然與他同在,因為心靈是一體相通的。可記得:「當我痊癒時,我不是獨自痊癒的。」(W-137)但請勿從歷史或線性時間的角度去解讀它,否則,我們便會落入靈性特殊性的陷阱。上主之子接受救贖,是發生於心靈內的,不屬於時間領域。這事真的早已發生,而且不折不扣地存在我們心裡。為此,我們可

說已經從死亡夢境醒來了，而且憶起了那首久被遺忘的天堂之歌，上主兒女終於進入了真實世界。聖子奧體任何一部分覺醒時，全體都會領受這一禮物，因為我們共享同一心靈。問題是，我們仍然寧可選擇留在自己支離破碎的夢裡，相信只要繼續昏睡下去就不必去領受救贖了。

(5:8) 最後，連天音也將消逝，抖落一切形式，終歸於那永恆無相的上主之境。

永恆無相的上主，是不可分割也無法分別的一體，這表示天堂內並沒有所謂的「三位一體」，上主、基督及聖靈全屬於象徵性的存在，天堂內只有「上主首位」（「上主首位」一詞，出自天主教神祕學家Meister Eckhart，他的神祕學超越了「位格神的觀念」，曾被視為異端）。旅途一旦結束，聖靈消失了，天音也不復聞，「抖落一切形式，終歸於那永恆無相的上主之境」。耶穌在〈正文〉論及「最後的覺醒」時，也提到類似的過程：「……祂〔聖靈〕在世的特殊使命即是將你領回永恆之境，在那兒繼續祝福你所創造的一切。」（T-5.VI.12:6）文中美麗的意象呈現了完美一體不可名狀的真相。最後，再引一段〈正文〉的話，作為本篇的結束：

> 天堂不是一個地方，也不是某種境界。它只是對一體生命的圓滿覺悟，也就是悟出「此外無他」的那個真知：在這一體之外，別無他物，在這一體之內，也別無他物。（T-18.VI.1:5~6）

結　語

　　我們終於進入了這篇精彩絕倫的「結語」，它以抑揚格無韻詩體寫成，好似耶穌刻意把最詩意的文字保留到最後。雖然《課程》三部書的結尾在形式與內涵上都極其優美動人，但最為高妙殊勝的，莫過於本篇了，全文充滿意象豐富的意涵，可謂登峰造極之作。即使如此，我還是必須先逐句解說，最後再一氣呵成地朗讀詩意盎然的全篇文句。本文雖是〈詞彙解析〉的結語，其實也可視為整部課程的結語，雖然它沒有進入〈正文〉「最後慧見」那一層次，卻給了旅途終點一個如詩的畫面。「結語」是在1975年聖誕季節完成的，全文一口氣引用了五個《聖經》的意象，這種罕見的筆法，只在〈正文〉最開始的那幾頁出現過。它最後把耶穌比喻為「曉明之星」，就是引用〈啟示錄〉那一光明意象，十分貼切地為這趟由黑暗到光明的旅程畫下句點——天堂終於在望了。

(1:1) 可別忘了，這旅程一旦展開，結局就已成定數。

　　〈正文〉說過這麼一句話「最後的結果必如上主一般屹

立不搖」（T-2.III.3:10; T-4.II.5:8），因為根本沒有旅途這一回
事，我們也無需擔憂最後的結局，因為什麼也未曾發生，什麼
也沒有改變。我們「正安居於上主的家園，只是在作一個放逐
之夢而已」（T-10.I.2:1），夢是左右不了真相的。

(1:2~3) 一路上，你的疑慮難免此起彼落，周而復始。然而，結局已定。

　　縱然我們一直在小我和聖靈之間來回擺盪，但終究會覺
醒的，只因我們早已覺醒了。耶穌在〈正文〉說「那是當下
即至的旅程」（T-8.VI.9:7），這旅程的始與末其實是一個，只
因旅程在它開始之際便結束了。耶穌這句話讓我們想起他在
《聖經・啟示錄》說的「我是阿爾法與歐米加……開始與終結」
（〈啟示錄〉21:6）；耶穌在《奇蹟課程》為我們說明原因，開
始與終結之間沒有任何間隙，因為沒有任何東西能橫梗於上主
及聖子之間。

(1:4~5) 沒有人會完成不了上主指派給他的任務。當你忘卻自己的任務時，請記住，有祂伴你同行，祂的聖言已銘刻在你心上。

　　「上主的聖言」是指救贖，也就是聖靈對小我的修正。也
可以說，它是我們對上主與基督這完美一體生命的記憶，這記
憶已隨著我們進入了夢境。這救贖之念或上主聖言，始終存於
正念之心中，它化身為聖靈。

(1:6) 懷有這希望的人怎麼可能絕望？

　　唯有自絕於希望之外的人才可能絕望。耶穌在〈正文〉再三保證，給了我們一顆定心丸──「無需如此」（T-4.IV）。每當我們焦慮、擔心、內疚、恐懼，或抑鬱消沉時，只需記得這一句話「無需如此」。我們之所以放不下小我的種種感覺，只因這種夢境保全了我們的個別身分，也因之，我們才不想牽起神聖助緣之手。縱然如此，我們不但能夠，並且終會作出另一選擇的。

(1:7) 雖然絕望的幻相仍會不時來襲，但你已學會不受它們的蒙蔽。

　　可還記得耶穌在〈教師指南〉提醒我們，不要因為自己的缺陷而灰心喪志：「你的任務乃是擺脫束縛，而不是逃避束縛。」（M-26.4:2）他在〈正文〉同樣溫柔地勸慰我們，別為覆蓋在自己願心上的魅影而懊惱不已（T-18.IV.2:4~5）。他其實是在教導我們：「不要為自己那些消沉或恐懼的幻覺而煩惱，只要你真心學習放下它們，我自會教你如何不帶批判及罪咎地觀看，那些幻覺就會慢慢消失的。」我們一旦開始害怕它們，或企圖跟它們搏鬥，那些幻覺反倒顯得更為真實，令你無路可退。耶穌要我們學的就是：正視小我夢境內的紛紜萬象，不論正面或負面的，全都一視同仁。夢境到頭來畢竟只是一場夢。這就是我們的出路。

(1:8~9) 每個〔絕望的〕幻相的背後，就是實相，就是上主。在幻相的盡頭，上主的聖愛只有剎那之隔，你為何還踟躕不前，繼續以幻相取代實相？

耶穌好似在問我們：「你可願意把自己和他人那些無用之物換成聖愛的體驗？」他的意思是，何苦對小我之念小題大作，我們其實可以輕易越過它們，直抵上主聖愛之境的。

(1:10~11) 結局已定，且有上主親自作保。就在一步之遙，至聖聖所為你開啟了那道遠古之門，領你遺世遠颺，還有誰會繼續獃立於了無生機的幻相之前？

「至聖聖所」原是出自《聖經》的話，指稱猶太教的至聖聖所，也就是安置法櫃之處（〈出埃及記〉26:33），裡面藏著摩西從西乃山帶下來的兩塊刻著十誡的石碑。它們供奉在聖殿的聖所內，只有大祭司才能進入。耶穌用它來象徵我們必須穿越的一道大門，它會為我們開啟那通往天堂的遠古之門。

(2:1~3) 你在此是異鄉的過客。但你原是上主的家人，祂愛你之深如同祂愛自己。讓我幫你推開古墓的石板吧！這原是上主的旨意。

在整部課程裡，耶穌再三提到，我們是世界的異鄉人（W-160; W-262），因為我們直屬上主，祂愛我們如同愛己。耶穌在此又引用了〈新約〉的復活故事，藉著古墓的石門被推開作為象徵。毋庸多言，他只是藉此比喻要我們求助於他，一起

推開那代表十字架與死亡的小我思想體系之石門。只要牽起耶穌的手，我們便已超越小我，承行了上主旨意，重申祂只有一個聖子，不曾分裂過，也不曾被釘十字架，更不是死亡之子。

(2:4~6) 我們已經步上這一旅程。始自遠古，結局就已寫在星辰上了，掛在光明燦爛的重天之上，它永存不朽，萬古常新。它至今猶存，既未改變，也不會改變，且永不改變。

這一小段引用的意象，與〈正文〉結尾美妙的描繪可謂互相呼應：

> 上主對你的聖念，有如鑲在永恆穹蒼的恆星，千古不滅。它高懸於天堂之上，自絕於天堂之人自然無緣目睹它的丰采。（T-30.III.8:4~5）

即使在分裂狀似發生、萬物分崩離析之際，真相猶如燦爛星辰高掛天際，因為上主始終慈愛地將我們守護在天堂裡，確保我們遲早會回歸自己不曾離開一步的天心之內。

(3:1) 不要害怕。

這是《聖經》記載耶穌從十字架復活後對門徒所說的話。這句話在《奇蹟課程》的真義是：「不要害怕自己或別人的小我，因為它什麼也不是。它沒有令你昏睡不醒的能力，也阻礙不了你的覺醒。你豈會害怕這個什麼也不是的東西？」

(3:2~4) 我們只是再度踏上這段飄泊已久的遠古旅程，雖然感

覺上好像是頭一遭。我們再度邁上以前一起走過卻一度迷失的路。如今，讓我們重新開始。

這是耶穌給我們的另一顆定心丸。他好似說：「你在操練我的《課程》，這一事實便已證明你與我攜手同行。讓我幫助你吧！不要被小我騙了，以為它比上主萬能而灰心喪志。放心吧，小我根本無此能耐。為此，不用害怕，你在我的愛中安全無虞。」

(3:5~7) 這個新開始會給你前所未有的肯定感與明確感。向上仰望吧！瞻仰祂寫在星辰上的聖言，祂已將你的名字與祂的銘刻在一起了。向上仰望吧！你會找到你生命的定數，那才是世界一直隱瞞著你而上主卻願你親眼目睹的結局。

一點也沒有錯，世界從來不允許我們仰望天堂的星空，瞻仰那顆銘刻了我們聖名的明亮星辰。它只容許我們看到自己在人間的卑微名字，還有一堆背叛、遺棄和拒絕我們的名字。總之，小我只會著眼於我們的卑微，不願矚目我們原是基督的偉大生命。

(4:1) 讓我們在此靜靜地等待，屈膝片刻，向那召喚我們且幫我們聽見召喚的「那一位」，表達我們的感恩。

請注意，「靜靜地等待」，並不表示什麼都不做，耶穌的「靜」一向是指「消除小我之音」，也就是由特殊性所發出的刺耳叫囂：「我要，我需要，我非要不可……！」唯有消除這

些噪音，才可能聽見上主天音正在輕聲細述我們的真相。這一段饒富詩意地表達出《課程》消除小我之音的意涵。話說回來，除非我們先聽見小我的聲音，才有消音的可能。為此，耶穌教我們如何認出小我之音，就是由他人的聲音裡聽出那是自己把分裂、痛苦、判斷及死亡之音弄假成真後，投射到別人身上的。終有一天，我們會學習認出，並且聽懂那些話語及想法，那時候，必會自然而然心懷感激，放下它們而重新選擇的。於是，在這片刻的寧靜中，我們聽到了天堂催促我們回家的呼喚。

(4:2~4) 然後我們就起身，滿懷信心地向祂邁進。如今，我們相當肯定自己並非獨自走在人間的路上。我們有上主同行，還有與祂同在的所有弟兄。

　　在〈練習手冊〉感人的跋文裡，耶穌向我們保證過，聖靈必將與我們同行：「你的神聖道友會與你同行。你不會落單的。」（W-跋.1:2~3）他告訴我們，做完這些練習後，應該將它們具體運用在日常生活中，「那一位」必然長相左右，與我們同行。他還在〈練習手冊〉的最末尾說了這麼一句：「……這一點你可以肯定：我絕對不會讓你在世上活得孤苦無依的。」（W-跋.6:8）

　　請再次留意「所有弟兄」一詞，與我們同行的，不是某個弟兄、某些弟兄，而是所有的弟兄，否則，就表示我們已經誤入充滿特殊性與死亡的小我歧途了。

(4:5~6) 如今，我們知道，我們再也不會迷路了。歌聲再度揚起，聽來猶如一首絕響，其實這首天堂之歌不過沉寂了片刻而已。

這個「片刻」，指的是我們相信自己離開了上主的那一瞬。事實上，「你連天堂之歌的一個音符都不曾錯過」（T-26. V.5:4），是的，什麼也未曾發生，什麼也沒有改變，上主之歌不曾錯失任何一個音符。

(4:7) 我們在此開始的一切，會生出更多的生命、力量與希望，直到世界能夠靜止片刻，忘卻整個罪咎之夢的滄桑。

此刻，不只心靈沉寂下來，連我們眼中的世界都反映著它的寂靜。忘卻世界，表示它從我們的心中消失了。支撐世界的念（也就是要證明罪真的存在那個目的）一旦消失，我們所有的念頭與記憶也一併跟著消失。於是，人間沒有一事值得我們憶起。

(5:1) 讓我們一起走出去，迎向新生的世界，深知基督已在世間重生了，而這重生的神聖生命將亙古常存。

這就是真實世界，基督在此重生了。這與外境如何，根本毫無關係，世界得以重生，純是因為我重生了。在〈練習手冊〉「我願安靜片刻，回歸家園」（W-182）那一課裡，耶穌提到我們裡面有位神聖小孩，他一心渴望回家。我們在旅途上遲早會意識到自己就是那個重生的神聖小孩，隨之，世界由痛

苦和死亡的灰燼中重生了，搖身一變成為引領我們直奔永恆天鄉的康莊大道。

(5:2~3) **我們一度迷失過，但祂已將我們尋回。讓我們一起迎接祂回到我們這兒來，慶祝救恩的來臨，也慶祝我們自以為打造出來的那個世界終於結束了。**

我們一度認為自己真的打造出一個世界，然而從實相的角度觀之，什麼也未曾發生，這確實是「當下即至」的無程之旅（T-8.VI.9:7）。

(5:4) **在這嶄新的一天，曉明之星照在煥然一新的世界上，它向上主伸出歡迎的手，聖子終於與祂團圓了。**

在真實世界裡，既無分別，也無痛苦。旅途上一路溫柔忠實地相伴的嚮導，耶穌，有如曉明之星，為我們照路，將我們引領到正等候我們歸來的真實世界之門。

(5:5~6) **祂感謝我們使祂重歸圓滿，我們對祂也懷著同樣的感謝。上主之子進入了寂靜，懷著天賜的安寧，步入自己的家門；他的心，終於平安了。**

旅程就這樣結束了。它始於衝突，在血腥戰場上苟延殘喘，如今總算結束了。我們的心靈一旦獲得溫柔的療癒，「血跡斑斑的大地已然洗淨」（T-26.IX.4:6），寬恕的恩慈只可能在人間逗留片刻，轉瞬便會消失。我們終於靜下來了，上主踏出

祂的最後一步，將我們領回天鄉，我們終於回到祂願我們所在之處了（T-31.VIII.12:8）。

最後讓我們一氣呵成地讀一遍「結語」的美麗詩篇：

可別忘了，這旅程一旦展開，結局就已成定數。一路上，你的疑慮難免此起彼落，周而復始。然而，結局已定。沒有人會完成不了上主指派給他的任務。當你忘卻自己的任務時，請記住，有祂伴你同行，祂的聖言已銘刻在你心上。懷有這希望的人怎麼可能絕望？雖然絕望的幻相仍會不時來襲，但你已學會不受它們的蒙蔽。每個幻相的背後，就是實相，就是上主。在幻相的盡頭，上主的聖愛只有剎那之隔，你為何還踟躕不前，繼續以幻相取代實相？結局已定，且有上主親自作保。就在一步之遙，至聖聖所為你開啟了那道遠古之門，領你遺世遠颺，還有誰會繼續獃立於了無生機的幻相之前？

你在此是異鄉的過客。但你原是上主的家人，祂愛你之深如同祂愛自己。讓我幫你推開古墓的石板吧！這原是上主的旨意。我們已經步上這一旅程。始自遠古，結局就已寫在星辰上了，掛在光明燦爛的重天之上，它永存不朽，萬古常新。它至今猶存，既未改變，也不會改變，且永不改變。

不要害怕。我們只是再度踏上這段飄泊已久的遠古旅程，雖然感覺上好像是頭一遭。我們再度邁上以前一起走過卻一度迷失的路。如今，讓我們重新開始。這個新開始會給你前所未有的

肯定感與明確感。向上仰望吧！瞻仰祂寫在星辰上的聖言，祂已將你的名字與祂的銘刻在一起了。向上仰望吧！你會找到你生命的定數，那才是世界一直隱瞞著你而上主卻願你親眼目睹的結局。

讓我們在此靜靜地等待，屈膝片刻，向那召喚我們且幫我們聽見召喚的「那一位」，表達我們的感恩。然後我們就起身，滿懷信心地向祂邁進。如今，我們相當肯定自己並非獨自走在人間的路上。我們有上主同行，還有與祂同在的所有弟兄。如今，我們知道，我們再也不會迷路了。歌聲再度揚起，聽來猶如一首絕響，其實這首天堂之歌不過沉寂了片刻而已。我們在此開始的一切，會生出更多的生命、力量與希望，直到世界能夠靜止片刻，忘卻整個罪咎之夢的滄桑。

讓我們一起走出去，迎向新生的世界，深知基督已在世間重生了，而這重生的神聖生命將亙古常存。我們一度迷失過，但祂已將我們覓回。讓我們一起迎接祂回到我們這兒來，慶祝救恩的來臨，也慶祝我們自以為打造出來的那個世界終於結束了。在這嶄新的一天，曉明之星照在煥然一新的世界上，它向上主伸出歡迎的手，聖子終於與祂團圓了。祂感謝我們使祂重歸圓滿，我們對祂也懷著同樣的感謝。上主之子進入了寂靜，懷著天賜的安寧，步入自己的家門；他的心，終於平安了。

奇蹟課程基金會簡介

　　奇蹟課程基金會，創始人為肯尼斯‧霍布尼克（暱稱肯恩）。1968年，肯恩榮獲艾德非（Adelphi）大學臨床心理學博士學位。他是海倫‧舒曼和威廉‧賽佛（暱稱比爾）的摯友兼同事，由於海倫與比爾兩人的同心一志，促成了《奇蹟課程》的「默啟」因緣。肯恩自1973年起，便加入了《奇蹟課程》的編校與教學行列，並將奇蹟理念融入他的心理治療行業。在世時，擔任出版《奇蹟課程》的「心靈平安基金會」董事會一員〔譯註〕。

　　1983年，肯恩與其妻葛洛莉聯手創建了「奇蹟課程基金會」。1984年在紐約Crompond城逐漸發展為教學與療癒的中心，轉眼之間，因學員日增，空間已不敷使用，基金會遂於1988年遷至紐約上州，同時轉型為教學與避靜的學院。1995年，為發揚《奇蹟課程》宗旨，傳播心靈平安之道，在紐約

〔譯註〕肯恩於2014年12月27日與世長辭。

州的督導委員會（Board of Regents）立案，成為正式的教學機構。2001 年，基金會遷至加州德美鎮（Temecula），教學形式開始轉型為電子化教學，並定期發行免費的〈燈塔通訊〉季刊。茲將肯恩與葛洛莉創建基金會的初衷與願景簡述於下：

　　自從我開始研讀《奇蹟課程》，隨後又將奇蹟理念融入我的心理治療行業，負起教學及行政工作，期間，我深切感受到，要將《奇蹟課程》的思想體系融會貫通，甚至得其三昧，絕非易事。因它不僅處處顛覆傳統思維，若要把它的教誨具體運用到個人生活，更是莫大的挑戰。所以我們一開始心裡就有數：這部課程需要人講解，才能透過具體的人際關係與聖靈的隨機指引，互為表裡，相得益彰。這個關鍵點，〈教師指南〉一開篇就已經為我們點明了兩者的依存關係。

　　許多年前，海倫與我討論到這類構想時，她跟我們分享了一個預見的意象：她有一個教學中心，形似白色的廟宇，頂端矗立著一個金色的十字架。當然，我們都明白，這一意象純屬象徵性──那教學中心不過代表了一個宣揚耶穌本人以及他的訊息的道場而已。有時，我們看到的是一個「燈塔」意象，在茫茫大海，光芒四射，好似在指引偏離航線的船隻及時調頭，又宛如在呼喚迷途的過客早日歸來。那道光芒，在我們心目中代表著《奇蹟課程》的寬恕教誨，這正是我們一心要跟世人分享的，尤其是那些認同基金會的願景與教學傳承的學員。

　　這個奇蹟願景基於一個很深的信念。我們相信耶穌在人類

歷史上某一特定時期，給出這一特定形式的教誨，是有其特定目的的，以下列舉其三：

1）眼前的當務之急：療癒人心中誤把攻擊視為救恩的信念；唯有寬恕，方為療癒之不二法門，從而解除我們對分裂與罪咎根深柢固的信念。

2）重申耶穌或聖靈所扮演的重要角色：我們亟需與這位慈愛溫良的神聖導師建立個人的關係。

3）修正基督教義的一些偏差：比如它所強調的痛苦、犧牲、分裂，以及它把聖事當成上主救恩計畫不可或缺的要素。

《奇蹟課程》的思路深受柏拉圖（及其恩師蘇格拉底）之風範與教誨的啟發。柏拉圖在世時吸引了當代不少真心求知的賢士前來問道，他的學院提供了一種特殊的氛圍，幫助學生把學到的理念帶回去落實到自己的專業上。柏拉圖學院這種「將抽象理念融入現實生活」的典範，成為我們這一教學中心始終戮力不墜的精神與宗旨。

為此，基金會的首要目標即是幫助奇蹟學員不只在學理上，同時也在經驗上，加深他們對奇蹟思想體系的體驗。唯有如此，每一位學員回到各自的領域，才可能成為耶穌教誨活生生的表率。只會紙上談兵而活不出來的寬恕，必是空泛無力的，故基金會的具體指標就是充當這個「寬恕過程」的觸媒，

讓人們在此更容易體會到自己的罪已被寬恕，而且深切感受到上主的愛。如此，聖靈才可能透過他們，把聖愛推恩到所有人身上。

　　為了迎接「電子革命」的挑戰，基金會遷至加州德美鎮，開始新的里程碑。教學中心不再提供住宿，而把精力由實體教學轉向電子化的教學形式。當然，我們並未完全排除實體課程，但透過電子媒體的無遠弗屆，適足以將教學的效益發揮到極致。教學的**內涵**始終不變，只是藉用新的**形式**，把我們的理念伸向更廣的範圍，迎接二十一世紀的來臨。

奇蹟資訊中心
出版系列：

《奇蹟課程》
（A Course in Miracles）──新譯本

　　《奇蹟課程》是二十一世紀的心靈學寶典，更是近年來各種心理工作坊或勵志學派的靈感泉源。中文版已在 1999 年由若水譯出，並由作者海倫‧舒曼博士所委託的「心靈平安基金會」出版。

　　新譯本乃是根據「心靈平安基金會」2007年所出版的「全集」，也是原譯者若水在「教」「學」本課程十年之後再次出發的精心譯作。全書分為三冊：第一冊：〈正文〉；第二冊：〈學員練習手冊〉；第三冊：〈教師指南〉、〈詞彙解析〉以及〈補編〉的「心理治療」與「頌禱」二文。新譯本網羅了《奇蹟課程》所有的正式文獻，使奇蹟讀者從此再無滄海遺珠之憾。（全書三冊長達 1385 頁）

《奇蹟課程》
〈學員練習手冊〉新譯本隨身卡

　　《奇蹟課程》第二冊〈學員練習手冊〉共三百六十五課，一日一課地，在力求具體的操練中，轉變讀者看事情的眼光，解開鬱積的心結。

　　若水由十餘年的奇蹟課程教學譯審經驗出發，全面重譯這部曠世經典。新譯版一本經典原文的精確度，語意更為清晰，文句更加流暢。精煉再三的新譯文，吟誦之，琅琅上口，饒富深意，猶如親聆J兄溫柔明晰的論述，每天化解一個心結，同享奇蹟。

　　為方便現代人在忙碌生活中操練每日一課，經三修三校的重譯版，首度以隨身卡形式發行，以頂級銅西卡精印，紙版尺寸 8.5 × 12.6 公分，另有壓克力卡片座供選購。（全套卡片共 250 張）

奇蹟課程導讀與教學系列

　　《奇蹟課程》雖是一部自修性的課程，只因它的理論架構博大精深，讀者常易斷章取義而錯失精髓，故奇蹟資訊中心陸續推出若水的導讀系列、米勒導讀，以及一階理論基礎及二階自我療癒DVD、其他演講錄音或錄影教材，幫助讀者逐漸深入這部自成一家之言的思想體系。

若水導讀系列

（一）《創造奇蹟的課程》（全書 272 頁）
（二）《生命的另類對話》（全書 272 頁）
（三）《從佛陀到耶穌》（全書 224 頁）

　　若水在這三冊中，解說《奇蹟課程》的來龍去脈與理論架構，透過問答的形式，說明崇高的寬恕理念如何落實於生活中；最後透過《奇蹟課程》的理念，闡釋佛陀和耶穌這兩位東西方信仰系統的象徵，在實相裡並無境界之別，而只有人心的「小我分裂」與「大我一體」的天壤之隔。

米勒導讀

《奇蹟半生緣》

　　一位慧心獨具卻不得志的記者，三十多歲便受盡「慢性疲勞症候群」的折磨，群醫束手無策，他在走投無路之下，不禁自問：「究竟是誰把我這一生搞得這麼慘？」

　　《奇蹟課程》讓他看到，自己竟是一切問題的始作俑者。他對這一答覆百般抗拒，直到有位心理治療師對他說：「恭喜你！你若讀下這本書，大概就不需要心理治療了！」

　　《奇蹟半生緣》全書穿插作者派屈克‧米勒浮沉人生苦海的經歷，但他並不因此獨尊自身的經驗和詮釋，而以記者客觀實証的精神，遍訪散居全美各地的奇蹟講師與學員，甚至傾聽圈外人的質疑。本書可說是一部美國奇蹟團體的成長紀實。（全書 319 頁）

奇蹟課程有聲教學教材

　　奇蹟資訊中心歷年發行《奇蹟課程》譯者若水的演講錄音或錄影光碟，將《奇蹟課

程》的抽象理念與現實生活銜接起來，幫助讀者了解《奇蹟課程》的精髓所在，是奇蹟學員不可或缺的有聲輔讀教材，由於教材內容每年不盡相同，欲知詳情，請上網查詢。
www.acimtaiwan.info 奇蹟課程中文網站
www.qikc.org 奇蹟課程中文部簡体網

肯恩實修系列

《奇蹟原則50》

許多讀者久仰《奇蹟課程》之盛名，興沖沖地讀完短短的導言後，就怔忡在一條一條有如天書的「奇蹟原則」之前。讀了後句忘前句，「奇蹟」的概念好似漂浮在字裡行間，始終無法在腦海中落腳，以至於閱讀了一兩頁之後便後繼無力，難以終篇，竟至棄書而逃。

「奇蹟原則」前後五十條，其實是整部課程的濃縮，若無明師指點，讀者通常都不得其門而入。於今多虧奇蹟泰斗肯尼斯旁徵博引，以深入淺出而又幽默的答問形式，將寬恕與奇蹟的精神落實於生活中，為初學者乃至資深學員提供了一個實修的指標。（全書209頁）

《終結對愛的抗拒》

追尋心靈成長的人，學到某個階段往往面臨一個瓶頸：儘管修習多年，一遇到某種挑戰，就不自覺地掉回原地，因而自責不已。問題到底出在哪裡？

佛洛依德在他的臨床經驗中，驚異地發現，病人的潛意識中有「拒絕療癒」的本能，肯尼斯根據《奇蹟課程》的觀點，犀利地剖析人們「拒絕療癒或轉變」的原因，又仁慈地為讀者指出穿越小我迷霧的關鍵，由停滯不前的窘境中突圍。對於追尋心靈成長和平安的人而言，本書不但有提點指授的功效，更有當頭棒喝的力道。（全書109頁）

《親子關係》

坊間論及親子問題的書籍可謂汗牛充棟，泰半繞在親子關係複雜且微妙的糾結情懷，唯獨肯尼斯·霍布尼克不受表象所惑，借用《奇蹟課程》的透視鏡，澈照出親子之間愛恨交織的真正關鍵。

本書表面上好似在答覆「如何教養子女」、「如何對待成年子女」以及「如何照顧年邁雙親」等具體問題，它其實是為每一個人點出我們在由「身為兒女」，到「照顧兒女」，繼而「照顧雙親」的艱苦過程，以及我們轉變知見時必然經歷的脫胎換骨之痛。（全書238頁）

《性·金錢·暴食症》

在紛紜萬象的世界裡，性、金錢與食物可說是人生問題的「重頭戲」，最易牽動小我的防衛機制，故也最具爭議性。作者肯恩沿用《奇蹟課程》中「形式與內涵」的層次觀念，針對性、金錢等等所引發的光怪陸離現象（形式），揭露它們背後一貫的目的（內涵）——小我企圖藉無止盡的生理需求，抹滅心靈的存在，加深孤立、匱乏、分裂等受害感，最後連吃飯、賺錢與性交都可能變成一種攻擊的武器。

肯恩與學員的趣味問答，反映出我們日常是如何受制於這些生理需求的；然而，我們也能藉聖靈之助，將現實挑戰化為人生教室，將小我怨天尤人的陰謀，轉為寬恕與結合的工具。（全書196頁）

《仁慈——療癒的力量》

這是一部針對奇蹟教師及資深奇蹟學員的實修指南。全書分上下兩篇，上篇列舉奇蹟學員常有的現象，例如以奇蹟之名攻擊他人，或以善意為由掩蓋自己批判的心態；下篇探討如何用仁慈的眼光來看待自己與他人的缺陷，教我們將自身的限制或缺陷轉為此生的「特殊任務」，在人間活出寬恕的見證，成為聖靈推恩的管道。（全書251頁）

《逃避真愛》

本書是針對道理全懂卻難以突破的資深學員而寫的，它一針見血地指出，綑綁我們修行腳步的，不是世界的黑暗，也非人間的牽絆，而是自己打造出來的一道心牆。

只因我們深怕真愛會消融了自己的特殊性，故把心靈最深的渴望隱藏到心牆之後，與之「解離」，在人間展開一場虛虛實實又自相矛盾的追尋。一邊痛恨小我的束縛，一邊又忙著為小我說項；以至於內心有一部分奮力向前，另一部分則寧可原地觀望。藉著裝傻、扭曲、辯駁，把回歸真愛的單純選擇

渲染成複雜又艱深的學問。

《逃避真愛》溫柔地解除了人心無需有的恐懼，讓我們明白心牆的「不必要」，陪伴我們無咎無懼地跨越過去。（全書156頁）

《假如二二得五》

從古至今，多少人心懷救苦救難的大志，傾注一生之力貫徹自身理想，卻往往受現實所囿而終不能及。我們這些凡夫俗子，亦不乏拼搏自救之心，然而在現實面前，還是屢屢敗陣，活得憋屈而無奈。問題究竟出在哪裡？

對此，本書剴切提出：整個世界其實一直按照 $2+2=4$ 的「鐵律」來運作，萬物循著固定的軌跡盈虧盛衰，一切可謂「命中註定」，無怪乎歷史上的種種救世之舉皆以失敗告終。然而，《奇蹟課程》識破世界的詭計，小我既然使出 $2+2=4$ 的苦肉計，它便祭出 $2+2=5$ 的救贖原則，破解小我編織的羅網，溫柔地引領我們走出世界的幻境。本書即是教導我們，如何在貌似 $2+2=4$ 的世界活出 $2+2=5$ 的生命氣象，而且更進一步，迎向天地間唯一真實的等式 $1+1=1$。（全書171頁）

肯恩《奇蹟課程釋義》系列

《奇蹟課程序言行旅》

如果說《奇蹟課程》是一首曠世交響曲，《序言》便奠定了整首樂曲的氣質與基調，不僅鋪敘出奇蹟交響樂的關鍵理念，還將讀者提昇到奇蹟形上思想的高度和意境，堪稱《正文行旅》最佳的暖身之作。

肯恩有如一流的樂評家，領著讀者在宏觀處，領受樂章磅礴的主旋律，在微觀處，諦聽暗藏其中的千百種變奏，致其廣大，盡其精微，深入課程之堂奧，回歸心靈之家園。（全書121頁）

《正文行旅》（陸續出版中）

《奇蹟課程》在人類靈性進化史上的貢獻可謂史無前例，而《正文行旅》乃是《奇蹟課程釋義》三部曲的完結篇。肯恩由文學，詩韻，音樂三重角度，依循各章節的主題，提供了「重點式」以及「全面性」的導覽，幫助學員深入奇蹟三昧，沉浸於智慧與慈悲之海。

這部行旅可說是肯恩一生教學的智慧結晶，奇蹟學員浸潤日久，必會如他所願：奇蹟，發自心靈，必將流向心靈。（第一冊335頁）

《學員練習手冊行旅》（陸續出版中）

整套《奇蹟課程釋義》的問世，可說是無心插柳。1998年起，肯恩應學生之請，為〈學員練習手冊〉做了一系列的講解，基金會將研習錄音增編彙整為逐句詮釋的〈練習手冊行旅〉。此案既定，〈正文行旅〉以及〈教師指南行旅〉應運而生，為奇蹟學員提供了最完整且精闢的修行指針，訂名為《奇蹟課程釋義》，幫助學員將〈正文〉理念架構所引伸出來的教誨，運用到現實生活中。這三部《行旅》，可說是所有踏上奇蹟旅程的學員最貼心的夥伴。

《學員練習手冊行旅》的宗旨，乃是幫助奇蹟學員了解三百六十五課的深意，以及它們在整部課程中的作用。更重要的是，幫助學員將每日一課運用於現實生活中，否則《奇蹟課程》那些震古鑠今之言可謂枉費唇舌，徒然淪為一套了無生命的學說。（第一冊346頁）（第二冊292頁）（第三冊234頁）

《教師指南行旅》（共二冊）

〈教師指南〉是《奇蹟課程》三部書的最後一部，它以「如何才是上主之師」為主軸，提綱挈領地梳理出〈正文〉的核心觀念，全書以提問的形式鋪敘而成，為其他兩部書作了最實用的補充。

肯恩在逐句解說〈教師指南〉時，環繞著兩個主題：「個別利益」對照「共同福祉」，以及「向聖靈求助」。因為若不懂得向聖靈求助，我們根本學不會「共享福祉」這門功課。當然，全書也穿插不少副題，如「形式與內涵」、「放下判斷」等等，就像貝多芬的偉大樂章那樣，不時編入數小節旋律，讓主題曲與變奏曲銜接得更加天衣無縫。肯恩說：「我希望藉由本書讓學員看出，耶穌是如何高明地把他的基本訊息串連為一個整體，一如交響樂以主旋律與變奏曲那般交叉呈現、迴旋反覆地將我們領上心靈的旅程。」（第一冊337頁）（第二冊310頁）

其他出版品

《寬恕十二招》

　　《寬恕十二招》的作者保羅‧費里尼，有鑒於人們的想法與情緒反應模式，早已定型僵化，成了一種「癮」，不是一朝一夕可以化解得掉的。因此，他將《奇蹟課程》的寬恕理念，分解為十二步驟，一步一步地引導我們超越自卑、自責以及過去的創痛，透過自我寬恕而領受天地的大愛。這是所有準備好負起自我治癒之責的人必讀的靈修教材，也是曠世靈修經典《奇蹟課程》的輔讀書籍。（全書 110 頁）

《無條件的愛》

　　作者保羅‧費里尼繼《寬恕十二招》之後，另以老莊的散文筆法，細細描述我們每一個人心中都擁有的「無條件的愛」。他由大我的心境出發，以第一人稱的對話方式，直接與讀者進行心與心的交流，喚醒我們心中沉睡已久的愛，開啟那已被遺忘的智慧。此書充滿了「醒人」的能量，是陪伴你走過人生挑戰的最好伙伴。（全書 215 頁）

《告別娑婆》

　　宇宙從哪兒來的？目的何在？我究竟是什麼？為什麼會在這裡？我要往哪裡去？我該怎麼活在這個世界裡？當你讀完本書，會有一種「千年暗室，一燈即亮」的領悟。

　　全書以睿智而風趣的對話談當今世局、原子彈爆炸，一直說到真愛、疾病、電視新聞、性問題與股價指數等等，讓我們對複雜詭異的人生百態，頓時生出「原來如此」的會心一笑。它說的雖全是真理，讀起來卻像讀小說一樣精彩有趣，難怪一問世便成了西方出版界的新寵。（全書 527 頁）

《一念之轉》

　　作者拜倫‧凱蒂曾受十餘年的憂鬱症所苦，一天早上，她突然覺悟了痛苦是如何形成又如何結束的。由此經驗中，她發明了四句問話的「轉念作業」（The Work），引導你由作繭自縛中徹底脫身，是一本足以扭轉你人生的好書。（全書 448 頁，附贈轉念作業個案 VCD）

《斷輪迴》 阿頓與白莎回來了！

　　繼《告別娑婆》走紅之後，葛瑞的生活形態發生重大的轉變，也面臨了更多的挑戰。葛瑞仍是口無遮攔地談八卦、論是非、臧否名流，阿頓和白莎兩位上師在笑談棒喝中，繼續指點葛瑞如何在現實挑戰下發揮真寬恕的化解（undo）功能，徹底瓦解我執，切斷輪迴之根。（全書279頁）

《人生畢業禮》

　　本書是保羅與 Raj 在 1991 年的對話記錄。對話日期雖有先後，內涵卻處處玄機，不論由哪一篇起讀，都會將你導入人類意識覺醒的洪流。

　　Raj 借用保羅的處境，提醒所有在人間孤軍奮鬥的人，唯有放下自己打造的防衛措施，才可能在自己的心靈內找到那位愛的導師。也唯有從這個核心出發，我們才會與所有弟兄相通，悟出我們其實是一個生命。（全書 288 頁）

《療癒之鄉》

　　《療癒之鄉》中文版由美國「獅子心基金會」委託台灣「奇蹟資訊中心」出版。

　　作者羅賓‧葛薩姜把《奇蹟課程》深奧又慈悲的教誨化為一套具體的情緒啟蒙和心靈復健課程，協助犯罪和毒癮的獄友破除心理障礙，學習處理人與人之間的衝突，調整情緒，建立自信，切斷「憤怒→攻擊→憤怒」的惡性循環。《療癒之鄉》陪伴無數受刑人度過獄中歲月。

　　《療癒之鄉》也是為所有困在自己心牢裡的讀者而寫的。世間幾乎沒有一人不曾經歷童年的創傷、外境的壓迫，以及為了生存而形成種種不健康的自衛模式。獄友的心路歷程給予我們極大的啟發，鼓舞我們步上心靈療癒之路。（全書 440 頁）

《我要活下去》

　　這本書不只是一本鼓舞信心的療癒指南，還是一個女人把自己從鬼門關前拉回來的真實故事。

　　作者朱蒂‧艾倫博士（Judy Edwards Allen, Ph.D.） 原本是成功的專業顧問、大學教授、大學教科書作者，四十歲那年獲知

罹患乳癌的「噩耗」，反而成為她生命的轉捩點，以清晰、熱情的文筆，記錄了她奮力將原始的求生意念成功地轉化為「康復五部曲」的歷程。讀者會看到她如何軟硬兼施地與醫生打交道，如何背水一戰克服無助感，又如何透過寬恕，喚醒內心沉睡已久的愛與生命力。最後，她終於超越自己對生死的執著，在這一場疾病與療癒的拔河大賽中，獲得了靈性的凱旋。（**全書 280 頁**）

《時間大幻劇》

人們對於時間，存在著種種截然不同的看法，比如：時間是良藥，可以癒合一切創傷；善惡終有報，只待時候到；時間是無情的殺手，終將剝奪我們的一切……。人類早已視時間的存在為天經地義，戰戰兢兢地活在過去的懊悔、現在的焦慮和對未來的恐懼中。我們好似活在一座無形的牢籠裡，苟延殘喘，等待大限的到來。

《奇蹟課程》的泰斗肯恩博士曾說：「不了解時間，不可能讀懂《奇蹟課程》的。」他引經據典，將散落全書有關時間的解說，梳理出一個完整的思想座標，猶如點睛之龍，又如劃破文字叢林的一道靈光，讓我們一窺《奇蹟課程》的究竟堂奧（究竟義）。此書可說是肯恩留給奇蹟資深學員最珍貴的禮物。（**全書413頁**）

《奇蹟課程誕生》

《奇蹟課程》的來歷究竟有何玄虛？為什麼它選擇經由海倫·舒曼博士來到人間？它的記錄方式及成書過程，與它傳給人類的訊息有何內在關係？有幸親炙此書的我們，又該如何延續奇蹟精神的傳承？

不論你只是好奇《奇蹟課程》的精采傳奇，還是有心以「史」為鑑，窮究奇蹟的傳承精神，本書都提供了最可靠的第一手資料。作者因與茱麗、海倫與比爾等人交往密切，故受這些開山元老之託，冷靜而客觀地梳理《奇蹟課程》的記錄及成書經過，在以三位奇蹟元老的親筆自白，融鑄成一部信實可徵的《奇蹟課程》誕生史，帶領讀者重新走過五十年前那段精采神奇的心靈歷程。

（**全書195頁**）

《飛越死亡的夢境》

本書榮獲美國出版界著名的「活在當下書籍獎」（Living Now Book Awards），全書以嶄新的視角詮釋曠世靈修經典《奇蹟課程》的教誨，為讀者剴切指出「起死回生」的著力點。

作者特別選取在人間每個角落不時作祟的「死亡陰影」入手，揭露小我抵制永恆生命的伎倆。作者以親身的經歷為奇蹟作證，並且提供了極其實用的反省練習，解除我們潛意識中對死亡的恐懼，為百害不侵的生命本質開啟了一扇門，真愛與喜悅得以流過人間，讓奇蹟成為日常生活裡「最自然的事」。（**全書524頁**）

國家圖書館出版品預行編目資料

奇蹟課程釋義：教師指南行旅. 第二冊（18～29篇）／
肯尼斯‧霍布尼克博士（Kenneth Wapnick, Ph.D.）
著；若水譯 -- 初版 -- 臺中市：奇蹟課程‧奇蹟資訊中
心，2019.9
　　　面；　　　公分
　譯自：Journey through the manual of a course in
miracles

　ISBN 978-986-95707-7-0（平裝）

　1. 靈修

192.1   108014172

奇蹟課程釋義

教師指南行旅　第二冊

作　　者　肯尼斯‧霍布尼克博士（Kenneth Wapnick, Ph.D.）

譯　　者　若 水

校　　譯　林妍蓁

責任編輯　李安生

校　　對　李安生　黃真真　吳曼慈

封面設計　林春成

美術編輯　陳瑜安工作室

出　　版　奇蹟課程有限公司‧奇蹟資訊中心

　　　　　桃園市光興里縣府路 76-1 號

聯絡電話　（04）2536-4991

劃撥訂購帳號　19362531　戶名　劉巧玲

網　　址　www.acimtaiwan.info

電子信箱　acimtaiwan@gmail.com

印　　刷　世和印製企業（02）2223-3866

經銷代理　聯合發行公司

　　　　　電話（02）2917-8022 # 162

　　　　　　　（03）212-8000 # 335

定　　價　新台幣 320 元

出版日期　2019 年 9 月初版

ISBN　978-986-95707-7-0